FORUM KRITISCHE PSYCHOLOGIE 55

Einführen in die Kritische Psychologie

Menschliche Natur und moderne Genetik

Biologie und Psychologie

FORUM KRITISCHE PSYCHOLOGIE 55

Gründungsherausgeber: Klaus Holzkamp (†)
Herausgeberin: Ute Osterkamp
Redaktionssekretariat: Morus Markard

Redaktion: Frigga Haug, Lorenz Huck, Christina Kaindl,
Markus Lauenroth, Vanessa Lux, Wolfgang Maiers, Morus Markard,
Christof Ohm, Ute Osterkamp, Thomas Pappritz, Gisela Ulmann,
Santiago Volmer, Christian Wille, Michael Zander

Alle Rechte vorbehalten
© Argument Verlag 2011
Glashüttenstraße 28 · 20357 Hamburg · 040/40 18 00 0 · www.argument.de
Umschlag nach einem Entwurf von Johannes Nawrath · Signet: Hans Funk
Texterfassung und Satz durch die AutorInnen und die FKP-Redaktion
Druck: docupoint magdeburg
Erste Auflage 2011
ISSN 0720-0447 · ISBN 978-3-88619-794-1

Abo-Verwaltung:
Argument-Versand · Klaus Gramlich · Reichenberger Str. 150 · 10999 Berlin
Tel.: 030/61 13 98 3 · Fax: 030/611 42 70 · E-Mail: versand-argument@t-online.de
Gegen Vorlage des Blindenausweises ist das Heft als PDF-Datei auf CD erhältlich.

Redaktionsadresse:
Morus Markard · Nymphenburger Str. 4 · D–10825 Berlin · Tel.: 030/853 98 04
Fax: 030/857 26 473 · E-Mail: mmarkard@zedat.fu-berlin.de

Eingereichte Beiträge sollten nicht mehr als 40 000 Zeichen (inkl. Leerzeichen) haben.

Inhalt

Editorial 4

Morus Markard
Nachruf auf Erich Wulff (1926 – 2010) 6

***

Ralph Baller
Auf der Suche nach der magischen Linie 9

Lorenz Huck
„Natürlich ist das alles glatter Unsinn..." 25

Hans-Peter Michels
Soziale Beratung von Menschen in Armut. 45

Leonie Knebel & Marcel Thiel
Markard lesen? – Studentische Erfahrungen mit der „Einführung in die Kritische Psychologie" 63

***

Vanessa Lux
Gattung – Gen – Epigen 79

Volker Schurig
Ausgewählte biologische Grundlagen der Kritischen Psychologie (I): Populationsgenetik, Gehirnforschung und Tier-Mensch-Übergangsfeld (TMÜ) 103

***

Joseph Kuhn
Evidenz in Interessenkonflikten: Das Beispiel Passivrauchen 140

***

Zusammenfassungen der Beiträge/Summaries 152
Über die Autorinnen und Autoren 157

Editorial

Morus Markards „Einführung in die Kritische Psychologie" (2009) gab uns im FKP 54 Anlass, zu einer „Diskussion über Grundlagen, Entwicklung und Aufgaben der Kritischen Psychologie" aufzurufen.

Da Markards „Einführung" mittlerweile in der dritten Auflage vorliegt und die „7. Ferienuniversität Kritische Psychologie" (24.-28.8.2010 an der FU Berlin) über 600 Teilnehmer/innen anzog, besteht für uns kein Zweifel an der Aktualität der Fragestellung, wie in die Kritische Psychologie eingeführt werden kann. Die bislang eingegangenen Beiträge bilden den ersten Schwerpunkt von FKP 55.

Ralph Baller zeichnet die großen Entwicklungslinien im Lebenswerk Klaus Holzkamps nach. Er plädiert dafür, an dessen postum erschienene Arbeiten zum Konzept der „alltäglichen Lebensführung" anzuknüpfen: Statt Metadiskussionen über kritisch-psychologische Begriffe zu führen, sei die eigene Lebensführung zum Gegenstand und Instrument psychologischer Forschung zu erheben. Dazu sei eine neue, narrative und literarische, Theoriesprache zu entwickeln.

Hans-Peter Michels, Professor für Sozialwesen an der Hochschule Lausitz, legt seinem Beitrag eine Analyse der aktuellen Literatur zur sozialen Beratung zugrunde: Er kritisiert, dass darin lediglich Bezug auf psychologische Ansätze genommen wird, die soziale Probleme individualisieren und keine interdisziplinäre Perspektive eröffnen. Als alternative Grundlage für ein Konzept sozialer Beratung sieht er die Kritische Psychologie. Zu einer „Bedingungs-Bedeutungs-Begründungsanalyse" gehöre immer auch der Bezug auf ökonomische, gesellschafts- und rechtswissenschaftliche Entwicklungen. Aktivierende Verfahren in der Beratung analysiert Michels vor dem Hintergrund der als „Hartz-IV"-Gesetzgebung bekannten Revision des Sozialgesetzbuches.

Lorenz Huck arbeitet eine Auswahl einführender Texte zur Allgemeinen Psychologie inhaltsanalytisch durch. Seine Frage ist, ob und inwieweit Studierenden der Psychologie in Lehrbüchern Kritikpunkte an der Methodologie des psychologischen Experiments nahegebracht werden, die auch für die Kritische Psychologie grundlegend sind. Das geschieht entweder gar nicht, nur unzureichend oder diese Kritikpunkte werden zur Unkenntlichkeit entstellt. Huck empfiehlt daher interessierten Studierenden einschlägige Passagen in Markards „Einführung" und Texte Klaus Holzkamps.

Leonie Knebel und Marcel Thiel referieren die Ergebnisse einer Online-Umfrage, die sie zu Markards „Einführung" durchführten und berichten von Erfahrungen, die sie in selbstorganisierten Seminaren bzw. Lektürekursen zur „Einführung" sammeln konnten. Dabei zeigen sie ein altbekanntes Problem im neuen Zusammenhang: Eine Einführung in die Kritische Psychologie soll möglichst gut verständlich und voraussetzungsfrei sein; gleichzeitig darf sie Kritische Psychologie nicht trivialisieren oder kanonisieren.

Die Frage, wie beide Anliegen vereinbart werden können, ist möglicherweise nicht abschließend zu beantworten. Auf jeden Fall wird uns dieses Dilemma wohl noch lange beschäftigen.

Zweiter Heftschwerpunkt ist das Verhältnis von Kritischer Psychologie zu ihren biologischen Grundlagen. Wichtige Voraussetzung für die Entwicklung kritisch-psychologischer Begriffe war schon seit den Vorarbeiten in Holzkamps „Sinnlicher Erkenntnis" eine Rekonstruktion der Naturgeschichte, genauer: der Psychophylogenese. Da diese Rekonstruktion notwendigerweise auf einen bestimmten Stand der biologischen Theoriebildung Bezug nahm, ist sie im Lichte neuerer Entwicklungen in der Biologie immer wieder zu überprüfen.

Vanessa Lux bearbeitet gestützt auf ihre Dissertation das Feld der Genetik. Sie sieht hier einen Paradigmenwechsel „vom Gen zum Epigen". Im biologischen Diskurs werde die Vorstellung einer mechanisch kausalen Beziehung zwischen Genotyp und Phänotyp immer mehr in Frage gestellt und durch die Annahme komplexer Regulationssysteme mit permanenter Interaktion auf den verschiedenen molekularen, biochemischen und zellulären Ebenen ersetzt. Die Herausbildung der gesellschaftlichen Natur des Menschen im Tier-Mensch-Übergangsfeld betrachtet Lux – in Anlehnung an Konzepte der Psychologin und Wissenschaftstheoretikerin Oyama – als Ergebnis einer Verschiebung in einem gesellschaftlich vermittelten Entwicklungssystem, in dem die DNA nur ein Element unter anderen darstellt.

Volker Schurigs Beitrag zum Verhältnis von Biologie und Psychologie liegt sein Vortrag auf der Ferienuniversität „Kritische Psychologie" zugrunde. Der Artikel wird – in zwei Teilen – in diesem und im nächsten Heft erscheinen: Der hier vorliegende erste Teil befasst sich mit neueren biologischen Erkenntnissen zur Hirnforschung und zum Tier-Mensch-Übergangsfeld. Seine Ausführungen zum biologischen Rassebegriff geben im FKP 56 den Auftakt zu einer um diesen Begriff organisierten Debatte.

In einem „Einwurf" stellt Joseph Kuhn am Beispiel des Passivrauchens die Rhetorik des Denialismus dar. In öffentlichen Debatten, denen politische und wirtschaftliche Interessenskonflikte zugrundelägen, werde durch bestimmte Argumentationsweisen (bspw. indem man dem Gegner unterstellt, Teil einer Verschwörung zu sein, oder nicht einlösbare Erwartungen an die Belastbarkeit wissenschaftlicher Erkenntnisse stellt) Unsicherheit geschürt und würden unliebsame politische Entscheidungen gehemmt oder verhindert.

Red.

Nachruf auf Erich Wulff (1926 – 2010)

Erich Wulff, der am 31. Januar 2010 gestorben ist, zu würdigen ist nicht einfach, weil er in unterschiedlichen Bereichen gewirkt, argumentiert, gedacht, gestritten, gelitten und sich gefreut hat – in unterschiedlichen Bereichen, die doch dadurch verbunden waren, dass er immer den Zusammenhang von Wissenschaft, Politik und gesellschaftlichem Eingriff mit dem Ziel gesellschaftlicher wie individueller Emanzipation hergestellt hat. Immense Bildung, klares Denken, gleichzeitig konkrete Beschreibungen und eine einen immer wieder einnehmende Herzlichkeit und Menschenfreundlichkeit, das ist das Bild, dass ich von Erich Wulff gewonnen habe. Diese Herzlichkeit und Menschenfreundlichkeit waren m.E. auch der Grund dafür, wenn er sich theoretisch und praktisch mit anderen anlegte – keine Streit- oder Profilierungssucht.

In einer Laudatio zu Erich Wulffs 60. Geburtstag beschrieb Oskar Negt seinen Eindruck von Erich Wulff, dessen politische und wissenschaftliche Schriften ihm Respekt für „geordnetes" Denken abgenötigt hatten, den er persönlich aber nicht kannte, folgendermaßen: „Im Gewühle einer hannoverschen Party entdeckte ich einen Mann mit schmalem Gesicht und langen Haaren, der mit den Umstehenden intensiv diskutierte und in einer Sprache redete, deren Tonfall mir vertraut war. In einer Zeit, als die älter gewordenen Repräsentanten der Studentenbewegung sich bereits von ihren Bärten getrennt hatten, erschien er mir wie ein Fossil aus der bewegten Protestperiode, dem die Anpassung an den veränderten Zeitgeist missglückt war." Als Negt hörte, dass dies Erich Wulff war, fragte er sich: „Das soll Erich Wulff sein? Erwartet hatte ich einen glatt Rasierten im Maßanzug; einen, der Gradlinigkeit ausstrahlt und sich nicht etwas linkisch unter den Gästen bewegt."

Darin war er Klaus Holzkamp übrigens nicht unähnlich, und beide waren ja auch altersmäßig nahe beieinander: Erich Wulff, der ein Jahr ältere, wurde 1926 in Estnien geboren und 1939, also mit 13 Jahren, nach Posen umgesiedelt. Vom Juli 1944 an, also mit 17 Jahren, leistete er noch Wehrdienst und geriet in Kriegsgefangenschaft (auch dies eine Parallele zu Klaus Holzkamp).

Erich Wulff studierte in Köln Medizin und Philosophie und absolvierte seine Psychiatrieausbildung in Marburg und Freiburg. Danach arbeitete er von 1961 bis 1967 im Rahmen eines Lehrauftrags an der Universität Hue in (Süd-) Vietnam, wo er Kontakt zur vietnamesischen Befreiungsbewegung bekam, illegale und lebensgefährliche Kontakte unterhielt und Informationen über Mord und Folterpraktiken außer Landes schmuggelte. Seine die europäische Sichtweise dezentrierenden fachlichen und seine politischen Erfahrungen hat er 1968 unter dem Pseudonym „Alsheimer" unter dem Titel „Vietnamesische Lehrjahre" veröffentlicht. Dieses Pseudonym hat er sich damals zusammen mit Wolfgang Fritz Haug ausgedacht – bei einer Flasche eines Weins, der „Alsheimer" hieß, mit „s" geschrieben, wohl gemerkt. 11 Jahre später hat Erich Wulff sich, wenn auch solidarisch, mit den Entwicklungen in Vietnam nach dem Sieg über die USA auseinander gesetzt. Er ersparte auch Freunden unbequeme Wahrheiten nicht, wenn er von ihnen überzeugt war – so auch, als er die sowjetische Indienstnahme der Psychiatrie zur Unterdrückung von „Dissidenten" kritisierte (und dabei auch herausarbeitete, dass diese Psychiatrisierung die Rettung vor Gefängnis und Zwangsarbeit sein konnte).

Als sich Mitte der 90er Jahre Kritische Psychologinnen und Psychologen über die politischen und psychologischen Dimensionen der *Kampagnen* zum sexuellen Missbrauch zerstritten, war ich froh, neben Gisela Ulmann, Christina Kaindl und anderen in ihm einen Mitstreiter gegen den gesellschaftlichen Konformitätsdruck zu haben; vor allem war für uns neu, uns mit Klaus Holzkamp und Ute Osterkamp (in ihrer diesbezüglichen Koalition mit Frigga Haug) auseinanderzusetzen. Dass auch für Erich Wulff diese Auseinandersetzung nicht einfach war, hat er in seinem Beitrag für die Festschrift zu meinem 60. Geburtstag zum Ausdruck gebracht. Im letzten von ihm überhaupt geschriebenen Artikel hat er sich allerdings noch einmal – streitbar – mit dem Thema und dessen gesellschaftlicher Funktionalität wie Instrumentalisierung befasst, abgedruckt im „Forum Kritische Psychologie" 54.

Persönlich kennen gelernt habe ich Erich Wulff Mitte der 70er Jahre, als ich im Audimax der TU eine riesige Vietnam-Veranstaltung moderierte, an der er maßgeblich beteiligt war, und bei der er mich durch die Verbindung von Analyse, persönlicher Erfahrung und abwägenden Urteilen, allen Aufgewühltheiten dieser Veranstaltung zum Trotz, beeindruckte.

1974 wurde Erich Wulff Professor für Sozialpsychiatrie an der Medizinischen Hochschule in Hannover. Über den Zusammenhang von Kultur und „seelischer Krankheit" hat er 1978 ein Buch veröffentlicht, nachdem 1972 schon seine Arbeit über Psychiatrie und Klassengesellschaft erschienen war. Er war Wegbereiter des Gedanken und der Konzeption der „Transkulturellen Psychiatrie". 1970 war er Mitbegründer der „Deutschen Gesellschaft für soziale Psychiatrie", und er war wesentlich an der Psychiatrie-Enquete beteiligt, also dem „Bericht über die Lage der Psychiatrie in der Bundesrepublik Deutschland", in dem in einem Zwischenbericht 1973 festgestellt wurde, dass „eine sehr große Anzahl psychisch Kranker und Behinderter in den stationären Einrichtungen unter elenden, zum Teil als menschenunwürdig zu bezeichnenden Umständen leben" müsse. Gegen derartige „Befriedungsverbrechen" anzukämpfen, bestimmte Erich Wulffs Leben. Der Ausdruck „Befriedungsverbrechen" ist der Titel eines 1975 von Basaglia, dem italienischen Psychiatriekritiker mit herausgegebenen Buches, an dem auch Erich Wulff beteiligt war.

Zeitlebens, glaube ich sagen zu können, hat er sich mit dem Problem von Subjektivität und Wahnsinn beschäftigt, und hierüber entstand auch sein Interesse an der Kritischen Psychologie. Er sah in den bei uns ausgearbeiteten Konzepten der Handlungsfähigkeit und der gesamtgesellschaftlichen Vermitteltheit individueller Existenz mit dem Verhältnis von Bedingungen, Bedeutungen, Prämissen und Gründen einen Bezugspunkt in seiner Beschäftigung mit den „Selbst- und Welterfahrungen" auch seiner „am tiefsten verstörten Patienten". Das ist die Frage nach dem Verhältnis von Psychiatrie und Psychologie vom Standpunkt des Subjekts. 1986 beschrieb Erich Wulff seine „Faszination durch den Wahnsinn, der nicht nur das Ferne, sondern Alienation, entfremdetes Leben ist, das ganz Andere, der psychiatrischen Klassik zufolge unerreichbar, [nach Jaspers, M.M.] ‚durch einen Abgrund' geschieden von jeder Möglichkeit des Verstehens. Die Herausforderung, diesen Abgrund zu durchtauchen", war Erichs Wulffs lebenslanges Ziel: in der Erfahrung der wahnhaften Akte der Verfremdung auch diejenigen, die davon betroffen sind, zu verstehen. Dabei sah er deutlich die Klassen- und die institutionelle Lage der Betroffenen und, das finde ich zentral, die Klassenbezogenheit der Theorienbildung: So stellte er fest, dass die phänomenologischen psychiatrischen Analysen vor allem in „luxuriösen Privatsanatorien" stattfanden, an Menschen, „die durch ihr Geld und den Einfluss ihrer Familie ziemlich unabhängig waren von der Macht der Verhältnisse. Dies machte es leichter, ihre ‚Daseinsverfassung' als lediglich inneren Sachverhalt [...] zu erfassen." Der Welt den Rücken zu kehren, war aber auch Realität des „Irrenhauses", in dem der Psychiater den Patienten nur „gelöst von allen realen Beziehungsverflechtungen", also „als isolierten psychischen Apparat" zu Gesicht bekam. Später befasst er sich immer wieder damit, wie Wahnsinn als Entfremdung und Isolation, als Verlust einer fundamentalen Anerkennung von Welt begriffen werden kann. Wie virulent diese Frage für die Kritische Psychologie ist, hat Christian Küpper in seiner kürzlich geschrieben Diplomarbeit gezeigt.

Erich Wulff war in seiner Verbindung von emanzipatorischer Wissenschaft und Politik, die auch organisiertes Handeln in Verbänden einschloss, ein Intellektueller im besten Sinne. So war er auch Jahrzehnte der Zeitschrift „Das Argument" verbunden, in der seinerzeit wesentliche Debatten über Lage und Entwicklung der Psychiatrie stattfanden.

Das Letzte, woran er, schon schwer krank, arbeitete, war eine Besprechung meiner „Einführung in die Kritische Psychologie" für „Das Argument". Er hat sie nicht mehr zu Ende bringen können. Es hätte mich verdammt interessiert, was er davon gehalten hat.

Morus Markard

Ralph Baller

Auf der Suche nach der magischen Linie
Anmerkungen zur Kritischen Psychologie anlässlich Morus Markards „Einführung"

Der Über-Text

Zu den bedeutendsten psychologischen Büchern, die jemals geschrieben wurden, gehört zweifellos Klaus Holzkamps „Grundlegung der Psychologie" (GdP). Für mich steht dieses Buch auf Platz 1 der psychologischen Alltime-Charts. Wer erfahren will, zu welchen Leistungen die Disziplin Psychologie in der Lage ist, muss sich durch diesen 600-Seiten-Wälzer durchfräsen. Jeder Halbsatz ist wichtig. Holzkamp leistet darin etwas schier Unglaubliches: Er rekonstruiert die Entwicklung des Psychischen von seiner primitiven Urform bis hin zu seiner komplexen Gestalt beim heute lebenden Menschen. Umfang und Hermetik des Buches sind Holzkamps Kraft zur schöpferischen Aneignung zu verdanken, seiner Fähigkeit, mit anderen Theorien zu kommunizieren und diese in die Systematik der eigenen Theorieentwicklung zu übersetzen.

Doppeltes Vermächtnis

Gleichwohl ist Holzkamps Werk mit GdP nicht vollendet. Bis kurz vor seinem Tod arbeitete er am Umbau seines Gedankengebäudes. Von Ute Osterkamp wissen wir: Holzkamp erwartete, dass die von ihm begonnene Neugestaltung fortgeführt wird (vgl. 1995).

Seine Nachkommen stehen mithin vor zwei Herausforderungen: Zum einen gilt es, das komplexe Werk Holzkamps würdig zu übernehmen und in die Welt hinauszutragen. Zum anderen soll dieses Werk erneuert werden. Dieses doppelte Vermächtnis könnte zu einer Überforderung geführt haben, denn nach Holzkamps Tod im Jahr 1995 wurden in der kritisch-psychologischen Küche nur noch kleinere Häppchen zubereitet. Die Zeit der großen Menüs, des großen Glanzes, der Aha-Erlebnisse und der wissenschaftlichen Sternstunden schien vorbei, auch wenn fleißig weitergearbeitet und zahlreiche spannende Themengebiete aufgegriffen wurden. Doch es war eher ein ungerichtetes Tummeln auf verschiedenen psychologischen Themengeländen. In vielen der im „Forum Kritische Psychologie" (FKP) veröffentlichten Aufsätze wurde Holzkamps Begriffsapparat immer wieder ausgebreitet und verschieden akzentuiert. Die Konturen wurden dabei aber nicht geschärft, sondern fransten eher aus. Da auch das Klima an den Universitäten immer frostiger wurde, musste man schon fast eine kritisch-psychologische Eiszeit befürchten.

In dieser Situation war es eine große Leistung, dass das FKP weiterhin regelmäßig erschien und Kongresse, Vorträge sowie Seminare organisiert wurden. So blieb das kritisch-psychologische Netzwerk am Leben und es gelang, Studentinnen und Studenten für die Kritische Psychologie zu begeistern und sie bei praxisbezogenen Forschungsprojekten zu unterstützen. Insbesondere Morus Markard hat in den letzten 15 Jahren dafür gesorgt, dass es in der kritisch-psychologischen Küche nicht kalt wurde. Markard übernahm die Verantwortung und war die treibende Kraft. Er hielt Lehre und Forschung aufrecht und zeichnete sich durch eine beachtliche Publikationsdichte aus.

Gleichwohl litt die Kritische Psychologie unter einem Perspektivverlust. Aus diesem Grund wurde die Idee geboren, im FKP 50 mit anderen Auffassungen zu diskutieren, um wieder Dampf in den Kessel zu bekommen. Das war ein guter Ansatz, doch die Artikel brachten keinen richtigen Schub. Ein hervorragender Aufsatz von Dimitris Papandopoulos, der die „magische Linie" in Holzkamps Denken aufzeigt, wurde lediglich als Hommage an Holzkamp abgehakt. Es wurde nicht erkannt, dass Papandopoulos feinsinnig die Logik der Holzkampschen Denkentwicklung skizziert, an der sich die Nachfolger hätten orientieren können. Stattdessen wuchs die Unzufriedenheit, die sich schließlich im FKP in einem destruktiven internen Streit entlud (vgl. Osterkamp 2008, Markard 2009a).

Vielleicht wäre diese Auseinandersetzung konstruktiver verlaufen, wenn das FKP 50 nicht unter das Motto „Mit Holzkamp weiterdenken" gestellt, sondern die Devise „Gegen Holzkamp weiterdenken" ausgegeben worden wäre. Man weiß, dass wissenschaftliche Selbstständigkeit auf den ödipalen Vatermord angewiesen ist. Nur durch eine selbstbefreiende Kritik kann man aus dem Schatten der Altvorderen heraustreten. Doch Holzkamp hat keine Vatermörder hinterlassen. Wer ihn kannte, bewunderte ihn und verspürte kaum den Impuls, ihn aus dem Weg zu räumen, zumal ziemlich klar war, dass man sich dabei überheben würde. Aus diesem Grund fehlte aber eine gemeinsame Orientierung, in welcher Weise der von Holzkamp aufgegebene Umbau bewerkstelligt werden könnte.

So blieb auch die kritische Aufarbeitung von GdP aus. Zudem wurde nie systematisch untersucht, ob und inwieweit Holzkamp selbst in seinem „Spätwerk" GdP hinter sich gelassen hatte. Unter diesem Blickwinkel hätte die Weiterentwicklung der Kritischen Psychologie unter das Leitmotiv „Mit Holzkamp gegen Holzkamp weiterdenken" gestellt werden können. Deswegen konnten auch einzelne Versuche, Holzkamps letztes Projekt „Alltägliche Lebensführung" unmittelbar aufzugreifen (vgl. etwa Osterkamp 2001, 2008), keinen nachhaltigen Beitrag zu der geforderten Erneuerung leisten.

Stolpersteine

In GdP wird scharfsinnig in einem historisch-rekonstruktiven Verfahren ein psychologisches Gesamtsystem aufgebaut. Die psychologische Systembildung ist jedoch nicht nur in der Entstehungsgeschichte des Psychischen verankert, sondern auch an die Zukunft gekoppelt: Psychologische Erkenntnis wird eingebunden in eine gesamtgesellschaftliche Befreiungsperspektive, in der die psychischen Betriebskosten des alltäglichen Opportunismus überwindbar werden. Wie ein roter Faden zieht sich durch GdP die Vision einer von kapitalistischer Macht und undurchschauter Unterdrückung befreiten Welt, in der die „gesellschaftliche Natur" des Menschen heimisch wird. Man wird aufgeheizt durch die Hoffnung auf eine neue gesellschaftliche Praxis, die von den Subjekten selbst getragen wird.

Dieser visionäre Zug verdankt sich der Konstitution der Kritischen Psychologie als Teil einer emanzipatorischen Idee, die in Folge der Stundenbewegung Wirklichkeit werden wollte. Man darf nicht vergessen, dass noch 1983 – dem Erscheinungsjahr von GdP – mehr als die Hälfte der Weltbevölkerung in Staaten lebte, die sich auf den Marxismus beriefen. Bei aller Kritik am real existierenden Sozialismus gab es eine Bereitschaft, auf die humanen Potenziale dieses Systems zu vertrauen.

Das „Prinzip Hoffnung" hat inzwischen diesen Bezugspunkt verloren. Der Glaube, dass der Kapitalismus an seinen eigenen Widersprüchen in bestimmter Negation zugrunde geht, hat sich aufgelöst. Der „utopische Wärmestrom" der revolutionären Bewegungen des 19. und 20. Jahrhunderts – angetrieben durch einen geschichtsphilosophischen Rückenwind – ist versiegt. Die den Fortschritt tragende Moderne zeigt Ermüdungserscheinungen. Wir haben Zweifel, ob wirklich noch etwas Gutes und Umwälzendes von uns gestaltet werden kann. Zudem ist das Vertrauen verloren, dass die Befreiung der kapitalistisch abgehetzten Menschen nicht in neue Formen der Unterdrückung mündet. Heute kämpfen wir oftmals desillusioniert für den Erhalt der zivilen Errungenschaften des Kapitalismus in seiner westeuropäischen Prägung. Und angesichts neoliberalem Strukturwandel und Refeudalisierung erkennen wir vielleicht deutlicher als im Jahre 1983 die guten Kerne der bürgerlichen Gesellschaft wie Demokratie, Öffentlichkeit sowie Rechts- und Sozialstaatlichkeit.

Zweifelsohne braucht die psychologische Forschung einen gewissen utopischen Überschuss. Denn ohne gedanklichen Überstieg in eine bessere Welt, in der wir anders handeln können, und ohne die Hoffnung, dass dies irgendwann und irgendwie möglich ist, sind wir blind in der Gegenwart gefangen. Aber solche Visionen müssen immer wieder mühsam und unter Bezugnahme auf politische und sozialwissenschaftliche Diskussionen erarbeitet werden. Jede Gesellschaft kann zum Guten geändert werden. Das Maß, der Umfang, die Mittel und der Zeithorizont sind aber offen.

Genau an dieser Front vermisst man heute bei der Lektüre von GdP die notwendige Sensibilität. Man trifft immer wieder auf Formulierungen und Konstruktionen, die in das beginnende 21. Jahrhundert mit seinen vielschichtigen Innen- und Außenwelten nicht richtig passen wollen. Störgefühle entstehen da, wo Holzkamp die Spezifik des Psychischen in kapitalistischen Gesellschaften zu entwickeln versucht (vgl. 1983, 356ff). Dabei bezieht er sich abstrakt und exklusiv auf ökonomisch vermittelte Unterdrückungsszenarien und operiert mit Begriffen wie „Macht", „Herrschaft", „Willkür", „Unterdrückung", „Ausgeliefertheit" und „Klassenkampf". Diese Szenarien expliziert er psychologisch unter dem Blickwinkel der Bedrohung des menschlichen Strebens nach Handlungsfähigkeit. Holzkamp betont zwar, dass solche Explikationen nur exemplarisch seien. Zugleich verfolgt er aber den Anspruch, allgemeingültige Grundbegriffe für jedwede konkrete psychologische Analyse zu entwickeln. Wenn man diesen kategorialen Anspruch ernst nimmt, gewinnt man unweigerlich den Eindruck, dass Holzkamp viele Aspekte unseres gesellschaftlichen Lebens psychologisch unbestimmt lässt. Man vermisst eine systematische Unterscheidung zwischen Begriffen, die universellen Charakter beanspruchen können, und Begriffen, die an die einzeltheoretische Analyse von konkreten Mensch-Welt-Beziehungen gebunden sind (vgl. Baller 1995).

Markards „Einführung"

In dieser nicht einfachen Situation hat Morus Markard eine „Einführung in die Kritische Psychologie" vorgelegt. Seine Einführung ist die erste genuin kritisch-psychologische Monographie seit Holzkamps „Lernen" aus dem Jahr 1993. Allein dies ist schon ein Grund zum Jubeln. Denn eine Durststrecke von 16 Jahren geht zu Ende. Vielleicht war diese Latenzphase notwendig, um Kraft zu sammeln für ein ganzes Buch auf eigene Rechnung und ohne Beistand des großen Mentors.

Markard hat mit seiner Einführung ein aktuelles Referenzwerk geschaffen. Das Buch ist eine schlüssige Zwischenbilanz, die für den Fortbestand und die Weiterentwicklung der Kritischen Psychologie Bedeutung hat. Sie gibt dem Gesamtprojekt Halt und Orientierung. Zudem ist es ein gelungener Einstieg für Studentinnen und Studenten, die die Entwicklung der Kritischen Psychologie nicht mehr unmittelbar miterlebt haben. Gerade in den ersten Kapiteln, in denen die Entstehung der Kritischen Psychologie aus der Kritik an der experimentell-statistisch orientierten Mainstream-Psychologie nachgezeichnet wird, werden Psychologie-Studenten in ihrer universitären Realität abgeholt.

Im Hauptteil zeichnet Markard den Weg von der Kritik an der bestehenden Psychologie zur Kritischen Psychologie nach. Die Meilensteine aus Holzkamps natur- und gesellschaftsgeschichtlicher Rekonstruktion des Psychischen werden dargestellt, wobei die „kategoriale" Stoßrichtung der Kritischen Psychologie deutlich wird: Ziel ist die Ableitung psychologischer Grundbegriffe in einem „logisch-historischen Verfahren". In diesem Zusammenhang übt Markard aber auch Kritik an zentralen Passagen in GdP, die sich auf das Psychische unter kapitalistischen Verhältnissen beziehen. Dabei greift er die oben dargelegten Störgefühle auf und nimmt Pathos, Überfrachtungen und Einseitigkeiten aus dem kritisch-psychologischen System heraus. So entsteht eine neue Ordnung im kritisch-psychologischen Begriffs- und Methodenraum (s.u.).

In einem weiteren Abschnitt konzentriert sich Markard auf die Themengebiete, die im Zusammenhang mit der Individualentwicklung stehen. Dabei geht er auf die Ausführungen zur Ontogenese in GdP ein, bezieht aber auch neuere Werke ein, u.a. Holzkamps „Lernen" oder Gisela Ulmanns Erziehungsbuch (1987). Damit gelingt ihm eine Anbindung an den aktuellen Entwicklungsstand der Kritischen Psychologie. Eine weitergehende systematische Zusammenführung der zahlreichen in den letzten 15 Jahren produzierten kritisch-psychologischen Beiträge hätte den Rahmen einer Einführung gesprengt.

Im letzten Kapitel fasst er die methodischen Beiträge der Kritischen Psychologie zusammen, an deren Erarbeitung er selbst einen wesentlichen Anteil hatte. Auf diese Weise schafft er eine nützliche Arbeitsgrundlage für konkrete Forschungsprojekte auf kritisch-psychologischer Basis.

Insgesamt ermöglicht die „Einführung" einen fundierten Einstieg in die Kritische Psychologie. Ergänzt werden könnte sie a) durch einen knappen Abriss der Kritischen Psychologie (analog zu Freuds „Abriss der Psychoanalyse"), in dem ausschließlich das kritisch-psychologische Gegenstandverständnis entfaltet wird, oder b) durch die Zusammenführung verschiedener Audiodokumente in einem gut strukturierten Hörbuch, in dem Holzkamp noch einmal selbst zu Worte kommen könnte.

Es gibt ein richtiges Leben im falschen

Relevant im Hinblick auf die Weiterentwicklung der Kritischen Psychologie sind insbesondere jene Passagen, in denen Markard „gegen Holzkamp weiterdenkt" und zu einer Neubewertung jener einschlägigen Begriffe kommt, die sich auf gesellschaftlich-historische Konkretisierungen des Psychischen beziehen. Nach seiner Einschätzung liegen derartige Bestimmungen in einem Grenzgebiet: Man wisse nicht genau, ob es sich hierbei *noch* um kategoriale Explikationen oder *schon* um theoretische Hypothesen handle. Die wissenschaftliche Begriffsbildung gerate hier in ein Dilemma: „Wenn wir die – historisch-empirische – Kategorialanalyse zu weit treiben, legen wir die (aktual-)empirischen Verhältnisse zu sehr fest, machen Begriffe zu dogmatischen Scheuklappen, die für empirische Korrekturen kaum erreichbar sind. Greifen wir dagegen kategorial zu kurz, entgehen uns im Chaos empirischer Daten wesentliche Dimensionen." (a.a.O., 153).

Nach Markards Einschätzung birgt insbesondere das hierbei einschlägige Konzept der „restriktiven und verallgemeinerten Handlungsfähigkeit" das Risiko, sich zu einer derartigen Scheuklappe zu entwickeln. Die dort vorgenommenen Explikationen seien nicht als kategoriale Grundbestimmungen zu werten, sondern als konkret-historische Füllungen der Kategorie der „doppelten Möglichkeit", mit der eine dem Menschen bei jeder Handlung gegebene Alternative angesprochen wird: Entweder unter Anerkennung oder in Überschreitung gesellschaftlich vorgegebener Restriktionen zu agieren.

Wenn man wie Holzkamp derartige Explikationen kategorial bestimme, bestehe die Gefahr, die doppelte Möglichkeit über Gebühr konkret-historisch aufzuladen und infolge dessen entsprechende Veränderungen nicht mehr fassen zu können.

Eine besondere Problematik sei, dass Holzkamp die historisch-konkretisierenden Begriffe nicht gesellschaftstheoretisch präzisiere, sondern lediglich aus abstrakten gesellschaftlichen Merkmalen ableite. Dadurch komme es zu zahlreichen Ungereimtheiten und überzogenen kategorialen Festlegungen. So seien Holzkamps gesellschaftstheoretische Konkretisierungen stark an politischen Kämpfen orientiert. Ihnen fehle jede Einlassung zu historischen Ausprägungen und Errungenschaften in gegebenen Machtverhältnissen. Holzkamp operiere pauschal mit dem abstrakten Terminus „Willkür der Herrschenden" und unterstelle generell eine permanente Gefährdung jedes individuellen Handlungsrahmens. Auf dieser Grundlage komme Holzkamp dann zu der Annahme, dass im restriktiven Rahmen alle persönlichen Erfahrungen vom Arrangement mit den

Herrschenden durchsetzt seien und dass beispielsweise jede Depression als Kern die Anerkennung der Macht der Herrschenden habe (vgl. a.a.O., 194ff.)

Markard argumentiert dagegen, dass eine chronische Bedrohtheitsfixierung kaum die Implikation eines Arrangements mit den Herrschenden sei, sondern lediglich eine mögliche Begleiterscheinung. Überhaupt sei die von Holzkamp angenommene subjektive Funktionalität restriktiver Handlungsfähigkeit kaum verständlich, wenn sie die von ihm aufgezeigten gravierenden Folgen hätte.

Zusammenfassend kommt Markard zu der Ansicht, dass weite Teile der begrifflichen Bestimmungen im Kontext des Konzeptes restriktiver und verallgemeinerter Handlungsfähigkeit einschließlich der funktionalen Aspekte (Denken, Emotionalität, Motivation) keine Kategorien, sondern lediglich Hypothesen oder Veranschaulichungen seien, die konkrete empirische Analysen nicht ersetzten. Solche Hypothesen seien zwar kategorial veranlasste, aber im konkreten Kontext empirisch offene Fragestellungen. Sein Fazit: „Was restriktive Handlungsfähigkeit ist, lässt sich nur auf der einzeltheoretischen und aktual-empirischen Ebene klären" (a.a.O., 200).

Mit seiner grundsätzlichen Kritik öffnet Markard die Kritische Psychologie für die Analyse konkreter Lebensläufe in unserer Gesellschaft. Er überwindet damit die Gefahr einer schleichenden Entfremdung zwischen Gesellschaft und Kritischer Psychologie, die ich als Stolperstein beschrieben habe. Das, was schon kategorial festgezurrt war, wird zur Hypothese, die ergebnisoffen im konkreten Fall mit anderen Hypothesen abzuwägen ist. Markards Botschaft kann man im Prinzip wie folgt zusammenfassen: Es gibt ein der Möglichkeit nach selbstbestimmtes Leben innerhalb unserer Gesellschaft, wenn auch in umfassender Fremdbestimmung. Mit anderen Worten: Es gibt ein richtiges Leben im falschen.

Konfliktanalyse

Markards Relativierung des kategorialen Status von gesellschaftlich konkretisierenden Bestimmungen des Psychischen könnte auch der Schlüssel sein, um den oben angesprochenen Konflikt mit Osterkamp zu erklären.

Osterkamp wirft Markard und dem von ihm geleiteten Ausbildungsprojekt „Subjektwissenschaftliche Berufspraxis" vor, zur Verschleierung der Klassenstruktur beizutragen, selbstgerecht die eigene Beteiligung an der Unterdrückung anderer zu ignorieren, die eigene Unterdrücktheit zu verdrängen, subaltern die Entgegensetzung von Individuum und Gesellschaft zu reproduzieren, Probleme zu personalisieren und nicht zu den Verlierern gehören zu wollen.

Meines Erachtens liegen diese Vorwürfe in der von Markard kritisierten kategorialen Lesart der Begriffe „restriktive und verallgemeinert Handlungsfähigkeit" begründet. Bei Osterkamp repräsentiert dieses Begriffspaar weder eine Hypothese noch ein mögliches Ergebnis von aktualempirischen Fragestellungen, sondern eine apriorisch gültige Anschauungsform. Durch dieses Verständnis entsteht der Eindruck, dass Osterkamp, ohne sich auf den konkreten Fall einzulassen, schon alles weiß und überheblich Antworten verkündet, während Markard noch Fragen stellt und sich in den Niederungen psychologischer Berufspraxis abmüht.

Diese Kontroverse macht exemplarisch deutlich: Die kategoriale Auslegung des Begriffspaares „restriktive und verallgemeinerte Handlungsfähigkeit" führt zu Verwerfungen. Was als analytisches Instrument zur Selbstverständigung gedacht ist, entpuppt sich in wissenschaftlichen Auseinandersetzungen als Waffenkammer. Denn, wenn ich mich „kategorial" der Kollaboration mit den Mächtigen verdächtige, gibt es keinen Grund, nicht auch die wissenschaftlichen Beiträge anderer an diesem Verdacht zu messen. Deren kritisches Engagement erscheint dann als Tarnung, um sich mit gutem Gewissen der alltäglichen Normalität zu unterwerfen. Auf diese Weise wird jedoch positive Energie zersetzt und es kommt genau das Gegenteil von erweiterter Handlungsfähigkeit heraus: Man demoralisiert sich gegenseitig. Anstatt sich zu fördern, isoliert man sich voneinander. Wenn man etwas von anderen Ansätzen lernen will, wenn man – wie Holzkamp – um wissenschaftlichen Anschluss und kreative Aneignung bemüht ist, kommt man so jedoch nicht weiter.

Entdeckung der Mikrowelten

Wenn man Markards Kritik an GdP liest, ist man allerdings verwundert, dass sie nicht mit den von Holzkamp selbst gelegten Spuren unterfüttert wird. Die „magische Linie", auf der sich Holzkamp bewegt, führt über die globale Einbindung des Psychischen in die gesamtgesellschaftliche Reproduktion hinaus in die Mikrowelten unserer gesamtgesellschaftlichen Existenz, in denen das alltägliche Leben stattfindet. Auf dieser Linie liegen einige Meilensteine im „Spätwerk" Holzkamps:

a) Der Nachweis, dass sich nahezu sämtliche psychologische Theorien als Begründungsmuster, als Aussagen über vernünftiges Verhalten angesichts einer dem Individuum konkret gegebenen Prämissenlage reformulieren lassen (vgl. Holzkamp 1987).

b) Die expliziten Bemühungen um Selbstverständigung in Holzkamps letzter großer Monographie „Lernen", in der er eigene Lernerfahrungen und Lernproblematiken analysiert und verallgemeinert (vgl. Holzkamp 1993).

c) Die postum veröffentlichten Manuskripte (vgl. Holzkamp 1995, 1996), in denen Holzkamp die „alltägliche Lebensführung" in den Mittelpunkt der Psychologie stellt und sich ausdrücklich vom Stand der Jahre 1983 und auch 1995 distanziert (siehe 1996, 98).

Gerade in den beiden Manuskripten zur „alltäglichen Lebensführung" präzisiert Holzkamp die in GdP gewählte Vorgehensweise: In der subjektwissenschaftlichen Forschung dürfe man die sozialstrukturellen Voraussetzungen zwar nicht beiseite lassen, man dürfe sie aber auch nicht einfach übernehmen. Es sei ein Kunstfehler, wenn man umstandslos etwa nach dem Einfluss der bürgerlichen Klassenverhältnisse auf die individuellen Subjekte frage, ohne sich klar zu machen, dass gesellschaftstheoretische Ideen und Konzepte nicht automatisch Realität für die Subjekte werden. Um sinnvolle Hypothesen über lebensweltliche Handlungsmöglichkeiten bzw. Handlungsbeschränkungen aus gesellschaftstheoretischen Konzepten ableiten zu können, seien zunächst die Vermittlungen der angesetzten Strukturmomente in die konkrete Alltagswelt präzise aufzuzeigen (vgl. Holzkamp 1995, 841).

Hier wird deutlich: In der hochgradig ausdifferenzierten, widersprüchlichen und unübersichtlichen Weltgesellschaft, in der wir leben, ist es eine offene Frage, welche gesellschaftlichen Möglichkeiten und Restriktionen das Subjekt in seiner Lebensführung antrifft. Aufgrund der unzähligen Möglichkeitsbeziehungen des Menschen zur Welt verbieten sich gedankliche Kurzschlüsse zwischen allgemeinen Strukturmerkmalen unserer Gesellschaft und individuellen Handlungsbegründungen (vgl. Baller 1995, 274).

Vor diesem Hintergrund wird bei Holzkamp „alltägliche Lebensführung" zum Schlüsselbegriff der lebensweltlichen Erdung der Kritischen Psychologie: Durch die Explikation der Situiertheit des Subjekts in einer Szene alltäglicher Lebensführung biete sich die Möglichkeit, eine wissenschaftliche Begrifflichkeit zu entwickeln, die die bisherige Abstraktheit und Leere vermeidet (vgl. Holzkamp 1996, 84).

Holzkamp gibt damit einen Auftrag an die Kritischen Psychologen: Psychologische Forschung braucht einerseits ein genaueres Bild über unsere Gesellschaft, andererseits muss sie ermitteln, was aus dem Gesamtsystem in der Lebenswelt des Einzelnen ankommt und was er daraus macht.

Emphatisches Alltagsverständnis

In seinen letzten Schriften stellt Holzkamp den Alltag als den primären Gegenstand der Psychologie heraus. Bereits in GdP war der Alltag Ausgangs- und Endpunkt der psychologischen Reflexion. Um das Psychische einzufangen, stand dort aber mit der Kategorie der Handlungsfähigkeit ein Schlüsselbegriff zur Verfügung, der sich sehr schnell wieder vom Alltag in Richtung Gesellschaftsformation löste. Mit der „alltäglichen Lebensführung" steht nun ein neuer Schlüsselbegriff bereit, die sich sehr viel stärker an die konkrete Lebensaktivität haftet und deren Vielschichtigkeit einfängt. Das ist eine entscheidende Akzentsetzung. Der Alltag, der lange unter dem Verdacht stand, reine Oberfläche und „uneigentliches" Leben zu sein, wird als zentraler Bestimmungsort psychologischer Forschung erkannt. Es wird noch deutlicher als in GdP, dass aus subjektwissenschaftlicher Perspektive die alltägliche Lebensführung keinesfalls unselbständige Ausdrucksform gesamtgesellschaftlicher Prozesse ist, auch kein historisches Spätprodukt der Menschheitsentwicklung, sondern der Angelpunkt der Reflexion. Lebensführung mit ihren Routinen, Sternstunden, Tiefen und ihrer Zeitlichkeit ist die unhintergehbare Existenzform des Psychischen. Die Vorstellung eines Menschen außerhalb seiner Lebensführung ist dagegen eine Abstraktion.

Darüber hinaus wird in Holzkamps letzten Aufsätzen klar, dass in der alltäglichen Lebensführung viel Platz ist, sowohl für das – aus der Sicht der gesellschaftlichen Lebenserhaltung – *Wesentliche*, als auch für das – aus der Sicht des Subjekts – *Wichtige*. Wesentliches und Wichtiges können dabei zur Deckung kommen, müssen aber nicht. Sie können sich auch von einander abkoppeln. Deshalb muss man sich davor hüten, kurzschlüssig das subjektiv Wichtige durch Rekurs auf das objektiv Wesentliche zu „entwichtigen" (vgl. Baller 1995, 238). Diese Gefahr, die in GdP noch angelegt war, wird im Konzept der alltäglichen Lebensführung überwunden. Holzkamp öffnet in seinem Spätwerk, das er unter dem Eindruck von starken Schmerzen und dem herannahenden Tod verfasste, den Blick für das Wichtige, ohne dabei das Wesentliche zu vernachlässigen.

Zuspitzung der subjektwissenschaftlichen Wende

Die dargestellte Differenzierung des subjektwissenschaftlichen Forschungsparadigmas im Zuge der Hinwendung zu den Mikrowelten steht bei Holzkamp auch im Zusammenhang mit Reflexionen über das Erkenntnisinteresse der Kritischen Psychologie. Dieses habe sich immer an der Idee des gesellschaftlichen Fortschritts orientiert. Kritik an der traditionellen Psychologie und Fundierung im Marxschen Denken sei als hinreichend angesehen worden, um sich selbst Fortschrittlichkeit zu attestieren (vgl. Holzkamp 1996, 97).

Ohne von der marxistischen Theorie abzurücken und ohne die Kritische Psychologie von der Orientierung am gesellschaftlichen Fortschritt zu entbinden, rückt Holzkamp nun die Selbstverständigung in den Mittelpunkt des psychologischen Erkenntnisinteresses. Im Selbstverständigungsprozess solle etwas über das Individuum zutage gebracht werden, was es wissen könne, aber bisher noch nicht wisse (vgl. Holzkamp 1996, 78). Um dieses verborgene und aktiv verschwiegene Wissen offen zu legen, müsse man jeweils den individuellen Realitätsbezug präzise aufschlüsseln. Nur so könne man tiefer in Dilemmata, Problematiken und Widersprüche des Verhältnisses zwischen gegebenen Prämissen und individuellen Handlungsbegründungen eindringen und sich dabei selbst „auf die Schliche kommen" (vgl. Holzkamp 1995, 836). Die von der Kritischen Psychologie erarbeiteten Kategorien dienten dabei lediglich als Eckpunkte, die keinesfalls eine Struktur vorgäben, sondern nur den Zweck hätten, „gelegentlich das Auge darüber schweifen zu lassen" (vgl. Holzkamp 1996, 107). Man erkennt hier: Eine Psychologie der Selbstverständigung akzentuiert Begriffe und Methoden anders als eine Psychologie, die sich primär im Dienst der Befreiung des Menschen aus Unterdrückungsverhältnissen sieht.

Papandopoulos hat diese Entwicklung in Holzkamps Denken treffend charakterisiert: Holzkamp gebe die Kritik an das Subjekt zurück (vgl. 2006, 11). Anders ausgedrückt: Die Kritische Psychologie kritisiert nicht mehr für das Subjekt und sagt dem Subjekt auch nicht mehr, was Fortschritt ist. Vielmehr stellt sie dezent eine zur Kritik befähigende Begrifflichkeit zur Verfügung, um das Subjekt im Prozess der Selbstreflexion zu unterstützen. Das ist gewissermaßen eine Zuspitzung der mit GdP angestoßenen subjektwissenschaftlichen Wende der Kritischen Psychologie.

Reformierte Theoriesprache

Wenn Selbstverständigung das Erkenntnisinteresse und alltägliche Lebensführung der Gegenstand ist, dann hat das Konsequenzen für die psychologische Theoriesprache: Sie muss nicht nur die Weltlosigkeit der abstrakten Experimentalpsychologie hinter sich lassen, sondern sich auch an die wirkliche alltägliche Lebenswelt anbinden. Die kritisch-psychologische Theoriesprache muss formulierbar machen, wie ein konkretes Individuum permanent aus den ihm gegebenen Gesellschaftsausschnitten

Prämissen für sein Handeln extrahiert. Dazu muss sie aufzeigen, wie der Mensch herausfindet, was er in einer bestimmten Szene seiner Lebensführung tun oder lassen muss, um sich selbst zu nützen bzw. nicht zu schaden.

Dabei orientiert sich die Syntax dieser Theoriesprache am „inneren Sprechen". Denn die ständigen Bemühungen des Subjekts, gegebene Möglichkeiten und Einschränkungen zu erkennen und zu strukturieren und daraus handlungsrelevante „Prägnanzfiguren" abzuleiten, erfolgt in Form eines inneren Sprechens. Dieser innere Begründungsdiskurs ist für Holzkamp die Sprache der psychologischen Subjektwissenschaft (Holzkamp 1995, 837). Nur im Begründungsdiskurs sei Lebensführung als Aktivität des Subjekts und aus der Perspektive des Subjekts verständlich (vgl. Baller 1995, 272).

Die neue Theoriesprache ist durchaus komplex. Denn die subjektiven Begründungen im Kontext alltäglicher Lebensführung sind aufgrund der Uneindeutigkeit, Widersprüchlichkeit und Unübersichtlichkeit der jeweils gegebenen Bedeutungen komplizierte Akte. Zudem sind – so Holzkamp – verschiedene Anforderungen durch Synchronisations-, Koordinations- und Planungsleistungen aktiv zu integrieren und zeitlich zu strukturieren. Deshalb seien Prägnanzfiguren niemals optimal und niemals abschließbar. Vielmehr würden sie in erneute Such- und Prüfbewegungen münden. Hier deutet Holzkamp ein neues Verständnis von welthaltigen psychologischen Theorien an, das zu unserer unübersichtlich gewordenen Welt passt.

Zur neuen Theoriesprache gehört für Holzkamp auch die sehr intensive Beschreibung der konkreten Szenen alltäglicher Lebensführung. Er betont ausdrücklich die Bedeutung der Phänographie: Zur Selbstverständigung über alltägliche Lebensführung gehöre die umfassende Deskription der einzelnen Szenen und Lokalitäten, in denen sie stattfindet. Diese neue Sensibilität und dieses Interesse für die Details des Alltags bedeuten nicht, dass gesellschaftliche Strukturmomente zu vernachlässigen sind. Vielmehr ist die alltägliche Lebensführung das psychologisch relevante Scharnier zwischen Individuum und Gesellschaft.

Mit seinen Vorstellungen zur Theoriesprache positioniert Holzkamp die Kritische Psychologie als eine wissenschaftlich fundierte Diskurstechnik, die einen wachen, informierten, sich für die Details interessierenden, diese aber auch hinterfragenden Blick auf die je eigene Lebensführung erlaubt. Nicht mehr und nicht weniger: Ein Orientierungsrahmen für einen reflektierten Umgang mit sich selbst und anderen, der aus der Weltlosigkeit der Psychologie herausführt.

Psychologische Forschung als Selbstverständigung

Wenn Kritische Psychologie um Selbstverständigung bemüht ist, dann sind jene Passagen besonders aufschlussreich, in denen konkret Selbstverständigung betrieben wird. Deshalb sind Holzkamps zahlreiche Veranschaulichungen, Episoden, Randnotizen und Anekdoten interessant, in denen er eigenes Denken, eigene Gefühle und eigenes Handeln analysiert. In seinen Büchern, Artikeln, seiner Lyrik und vor allem in seinen inzwischen auf DVD erhältlichen Vorlesungen gibt es zahlreiche Fundstellen.

Die Selbstanwendbarkeit von psychologischen Begriffen war immer Ziel, Qualitätskriterium und Selbstverpflichtung der Kritischen Psychologie. Man wollte nicht Psychologie *über* Menschen, sondern *für* Menschen machen – letztlich für sich selbst. Das Subjekt wird als sein eigener Begriffsbilder und Theorienkonstrukteur verstanden (vgl. Holzkamp 1995, 76). Entsprechend sind die kritisch-psychologischen Begriffe als Beitrag zur eigenen Selbstverständigung zu verstehen.

So könnte sich auch in dem Begriffspaar „restriktive und verallgemeinerte Handlungsfähigkeit" das Leben von Klaus Holzkamp widerspiegeln, sein innerer Kampf zwischen Aufbruch und Anpassung als Psychologie-Professor an der Freien Universität in Berlin. Ebenso die Hoffnungen und der Zeitgeist des gesellschaftlichen Umbruchs nach 1968. Insofern muss man solche Passagen auch als Lebensanalyse verstehen. Wenn man sie mit konkreter Lebensführung unterlegt, dann werden diese Begriffe authentisch, dann erkennt man sie als wichtige Eckpunkte einer individuellen Selbstverständigung, die verallgemeinert wurden. Lebensführung ist insofern der Schlüssel zu ihrer lebensweltlichen Erdung.

Vor diesem Hintergrund kann man die Kritische Psychologie als ein wissenschaftliches Projekt verstehen, in dem die eigene Lebensführung sowohl zum Gegenstand, als auch zum Instrument psychologischer Erkenntnis gemacht wird. Möglicherweise muss dabei die Theoriesprache um narrative Elemente angereichert werden und sich in Richtung auf eine literarische Sprache weiterentwickeln, weil Selbstverständigung im Rahmen einer formalisierten und bisweilen steifen Psychologiesprache an ihre Grenzen stößt. Ulmann hat bereits früher darauf hingewiesen, dass psychische Sachverhalte in der Alltagssprache sehr viel differenzierter dargestellt werden können als im „Psychoslang" (vgl. 1989).

Selbstverständigung vs. psychologische Berufspraxis?

Die Kritische Psychologie würde sich allerdings zu einem esoterischen und elitären Unterfangen entwickeln, wenn jeder nur noch damit beschäftigt wäre, sich selbst zu verstehen. Meine Selbstverständigung schließt zwingend ein, mich anderen und andere mir verständlich zu machen. Selbstverständigung ist also kein selbstgenügsames Erkenntnisstreben eines isolierten Individuums, sondern ein intersubjektiver Prozess und eine wichtige soziale Kompetenz. Dabei ist es in diesem Prozess völlig normal, sich von Mitmenschen helfen zu lassen. Dies ist insbesondere dann nötig, wenn ich nicht weiter komme und in der Unmittelbarkeit einer belastenden Situation gefangen bin, so dass ich resigniert habe oder mit dem Kopf durch die Wand will. Dann hilft es mir unter Umständen, wenn andere Personen sich an meiner Selbstverständigung beteiligen und mir ihre Einschätzungen oder Verbesserungsvorschläge mitteilen.

Manchmal nötigen mir andere gegen meinen Widerstand Selbstverständigungsprozesse auf. Erst hinterher bin ich ihnen dankbar, dass sie die Initiative ergriffen haben, weil sie mir früher auf die Schliche gekommen sind als ich mir selbst. Auch das ist, sofern die andern es gut mit mir meinen und keine Kontrolle über mich ausüben wollen, keine Verletzung subjektwissenschaftlicher Prinzipien. Die anderen haben von meinem Standpunkt aus hypothetisch meine Situation analysiert und klären dann im Dialog mit mir ihre Hypothesen. Das sind alltägliche Konstellationen, die in eine subjektwissenschaftliche „Forschungsdyade" münden können (vgl. Baller 1995, 280ff).

Das heißt auch: Das kritisch-psychologische Erkenntnisinteresse an Selbstverständigung ist keine Absage an das gegebene Berufsbild von Psychologen, die – u.U. von Dritten beauftragt – problembezogene Beratung und Unterstützung anbieten. Im psychologischen Berufsalltag ist Selbstverständigung der Betroffenen oftmals nur eine Richtungsbestimmung, die in der konkreten Tätigkeit unvollständig eingelöst werden kann. Diese Unzulänglichkeit ist aber kein Grund, es mit der Selbstverständigung und der psychologischen Berufstätigkeit sein zu lassen. Grundsätzlich muss dabei allerdings klar sein: Weder Selbstverständigung noch gesellschaftlicher Wandel werden alle psychischen Probleme lösen und uns zu glücklichen Menschen machen. Glück ist eine Sisyphus-Arbeit. Man darf also nicht überzogene Erwartungen an die Psychologie haben.

Ausblick

Wir können noch Jahrzehnte Metadiskussionen darüber führen, was kritisch-psychologische Kategorien sind und was unter „restriktiver und verallgemeinerter Handlungsfähigkeit" zu verstehen ist. Ich befürchte, dass wir uns so im selbstgebauten Labyrinth verlaufen. Wir zerreden die Kritische Psychologie anstatt zur Weiterentwicklungen beizutragen. Formale Diskussionen über das Begriffssystem sind vielleicht ein Selbstmissverständnis: So stringent wie viele zeitweise glaubten, ist das System der Kritischen Psychologie (noch) nicht.

Vielleicht müssen wir selbst durch eine Art Lehranalyse, bei der wir versuchen, uns selbst in unserer alltäglichen Lebensführung mit kritisch-psychologischen Begriffen und Methoden zu verstehen. Möglicherweise kommen dabei Ergebnisse zustande, die den kritisch-psychologischen Begriffs- und Methodenapparat anreichern und die Selbstverständigung anderer unterstützen.

Kritisch-psychologische Selbstverständigung schließt aber auch zwingend ein, gesellschaftstheoretische Konzepte und zeitdiagnostische Analysen mitschwingen zu lassen und sie aus der Sicht der alltäglichen Lebensführung zu rezipieren. Alle Theorien, die uns helfen, den Bedeutungsraum auszuleuchten, in dem wir unser Handeln begründen, sind für die Selbstverständigung nützlich.

Gefragt ist Holzkamps Fähigkeit zur kreativen Aneignung. Anschlüsse sind nicht nur an Philosophie, Soziologie und Ökonomie, sondern auch an andere psychologische Ansätze notwendig. Solche Schnittstellen ermöglichen umgekehrt den Zugriff anderer auf die Kritische Psychologie. Dies ist im Hinblick auf ihre wissenschaftspolitische Durchsetzung unerlässlich.

Man darf zudem nicht vergessen: Die Kritische Psychologie ist von Holzkamp – trotz der messerscharfen Kritik an der experimentell-statischen Mainstream-Psychologie – als übergeordneter Rahmen konzipiert worden, der alle psychologischen Theorien und Methoden auf einem höheren Erkenntnisniveau in sich einschließt. Insofern ist das Engagement für die Kritische Psychologie immer auch als Kampf um die Einheit der Psychologie zu begreifen. Auch das gehört zur „magischen Linie", auf der wir uns bewegen müssen.

Literatur

Baller, R. (1995): Restriktive und verallgemeinerte Handlungsfähigkeit. Zur Neubestimmung eines kritisch-psychologischen Zentralkonzepts. Dissertation an der FU Berlin.
Holzkamp, K. (1983): Grundlegung der Psychologie. Frankfurt/M.
Holzkamp, K. (1987): Die Verkennung von Handlungsbegründungen als empirische Zusammenhangsannahmen in sozialpsychologischen Theorien: Methodologische Fehlorientierung infolge von Begriffsverwirrung. In: Forum Kritische Psychologie 19, 23-58..
Holzkamp, K. (1993): Lernen. Subjektwissenschaftliche Grundlegung. Frankfurt/M.

Holzkamp, K. (1995): Alltägliche Lebensführung als wissenschaftliches Grundkonzept. In: Das Argument 212, 817-846.

Holzkamp, K. (1996): Psychologie: Verständigung über Handlungsbegründungen alltäglicher Lebensführung. In: Forum Kritische Psychologie 36, 7-112.

Markard, M. (2009): Konzepte und Probleme kritisch-psychologischer Praxisforschung. Versuch einer Antwort auf Ute Osterkamps Kritik des Ausbildungsprojekts Subjektwissenschaftliche Berufspraxis. In: Forum Kritische Psychologie 53, 9-33.

Markard, M. (2009): Einführung in die Kritische Psychologie. Hamburg.

Osterkamp, U. (1995): Mitten im Umbau – Impulse aus Klaus Holzkamps letzten Lebensabschnitt. In: Das Argument 212, 847-856.

Osterkamp, U. (2001): Lebensführung als Problematik der Subjektwissenschaft. In: Forum Kritische Psychologie 43, 4-35.

Osterkamp, U. (2008): Soziale Selbstverständigung als subjektwissenschaftliches Erkenntnisinteresse. In: Forum Kritische Psychologie 52, 9-28.

Papandopoulos, D. (2006): Klaus Holzkamp und die Kritische Psychologie. In: Forum Kritische Psychologie 50, 8-12.

Ulmann, G. (1987): Über den Umgang mit Kindern. Frankfurt/M.

Ulmann, G. (1989): Gedanken beim Lesen von Praxisberichten. In: Forum Kritische Psychologie 24, 111-133.

Lorenz Huck

„Natürlich ist das alles glatter Unsinn..."
(Wie) wird radikale Kritik an den Verfahren der Allgemeinen Psychologie in einführenden Texten dargestellt? – Eine Analyse aktueller Lehrbücher

Zwei frühe kritisch-psychologische Aufsätze: Zur „Relevanz" und den „verborgenen anthropologischen Voraussetzungen" der psychologischen Forschung

Die beiden Aufsätze „Zum Problem der Relevanz psychologischer Forschung für die Praxis" (Holzkamp 1972a) und „Verborgene anthropologische Voraussetzungen der allgemeinen Psychologie" (Holzkamp 1972b) entstanden bereits Ende der 1960er Jahre[1]: Sie dokumentieren Holzkamps Entwicklung von einem (im Sinne Dinglers) „konstruktivistisch" orientierten Wissenschaftler, der mit seiner Kritik zur Optimierung der Verfahren des psychologischen Mainstreams beitragen wollte, zu einem marxistisch orientierten, der sich vom psychologischen Mainstream lossagen musste, weil er die Gegenstandsunangemessenheit und die gesellschaftliche Funktion dieser Verfahren zu begreifen begann. Gleichzeitig markieren sie den Beginn des kritisch-psychologischen Projekts, eine alternative Grundlegung der Psychologie zu erarbeiten.

Beide Aufsätze spiegeln wider, wie wenig entwickelt zentrale Theorien und Begriffe zum Zeitpunkt ihrer Entstehung waren. Beide enthalten aber auch schon wesentliche Argumente zur Kritik des psychologischen Mainstreams, die m.E. bis heute nichts an Überzeugungskraft verloren haben.

Thesenartig zusammengefasst lauten die für die Zwecke dieses Artikels m.E. wichtigsten dieser Argumente wie folgt:

1. Psychologische Forschung orientiert sich weitgehend an nomothetischen Idealen der analytisch-empirischen Wissenschaft: Uneingeschränkt allgemeine Gesetzesaussagen sollen dadurch belegt werden, dass man Zusammenhänge zwischen Bedingungen und Effekten (trotz der Wirkung von Störbedingungen) feststellt (vgl. 1972a, 10; 1972b, 47ff).

2. Menschen sind „Lebewesen, die eine Geschichte haben, die – der Möglichkeit nach – auf reflektierte Weise Subjekte dieser Geschichte sein

---
[1] Lange vergriffen, sind sie seit 2008 durch die von Fr. Haug, Maiers und Osterkamp herausgegebene „Schriften"-Reihe wieder allgemein zugänglich (Holzkamp 2008).

können, die – ebenfalls der Möglichkeit nach – sich bewußt eine ihren Bedürfnissen gemäße, nicht entfremdete Welt schaffen können und die schließlich in freiem, symmetrischen Dialog vernünftig ihre Interessen vertreten können" (ebd., 54), bzw. „Individuen, die sich selbst gegeben sind und denen Welt gegeben ist und die zu sich selbst und der Welt aktiv und reflektiert Stellung nehmen können" (1972a, 14)[2].

3. Der psychologische Experimentator kann daher sein „Objekt" nicht direkt manipulieren. Das Verhalten der Vp. ist immer eine *Stellungnahme* zu den experimentellen Bedingungen. Die Hintergründe dieser Stellungnahme sind dem Experimentator nicht zugänglich. Daher sind experimentelle Effekte nur unzureichend kontrollierbar (vgl. ebd., 15f).

4. Aus den Besonderheiten des „menschlichen" Gegenstands folgt auch: Anders als in den Naturwissenschaften, in denen das Verhältnis von Subjekt zu Objekt der Forschung ontisch begründet ist (die Chemikerin experimentiert mit dem Schwefel, nicht der Schwefel mit der Chemikerin), ist in der Psychologie das Verhältnis zwischen Versuchsleiter und Versuchsperson lediglich das Ergebnis einer Rollenübernahme (zwei Studierende, die ihre Abschlussarbeit schreiben, können ohne Weiteres verabreden, dass sie gegenseitig an den jeweiligen Experimenten teilnehmen; vgl. Holzkamp 1972a, 14f; 1972b, 39f).

5. Im Zuge dieser Rollenübernahme wird instruktionsgemäßes Verhalten der Versuchsperson vereinbart. Sie verzichtet auf einen Teil ihrer menschlichen Handlungsmöglichkeiten und verhält sich, soweit möglich, dem Ideal einer „Norm-Versuchsperson" entsprechend: Die Norm-Versuchsperson durchschaut die Versuchsanordnung nicht, nimmt sie als unbeeinflussbar hin und ist durch die Bedingungen der Versuchsanordnung komplett determiniert. Ihr Verhaltensrepertoire ist auf wenige vorgegebene Handlungsmöglichkeiten eingeschränkt (vgl. ebd., 52ff). Verhält sich die Versuchsperson instruktionswidrig, fällt sie als „Drop-out" aus der künstlich geschaffenen experimentellen Realität heraus. Bei instruktionsgemäßem Verhalten wird eine höhere Kontrollierbarkeit experimenteller Effekte erreicht.

6. Um diese Kontrollierbarkeit zu gewährleisten, werden auch noch weitere Maßnahmen ergriffen. Immer mehr und immer neue unabhängige

---

[2] Eine Schwäche der beiden Aufsätze liegt darin, dass solche Behauptungen noch völlig unbegründet bleiben. Vorzuwerfen ist Holzkamp hier möglicherweise auch ein „unkritischer Gebrauch der Subjektkategorie" im Sinne W.F. Haugs (1985).

Variablen werden eingeführt, dadurch die Ergebnisse parzelliert und desintegriert; Störvariablen werden nach Möglichkeit reduziert; die Reizsituation wird labilisiert, d.h. man beraubt Versuchspersonen aller möglicher Informationen, deren sie sich zur Orientierung normalerweise bedienen würden, um zu erreichen, dass sie ihr Verhalten an den Informationen ausrichten, die als experimentelle Bedingungen eingeführt sind (1972a, 20ff).

7. Menschen werden so im Experiment dazu gebracht, sich wie „Organismen" zu verhalten, d.h. wie „Lebewesen, die in einer fremden, naturhaften Umgebung stehen, die keine ‚Geschichte' haben, die auf bestimmte Stimuli lediglich mit festgelegten begrenzten Verhaltensweisen reagieren können" (1972b, 54). „Durch die Abdrängung und Unterschlagung der Verabredungsbedingtheit des ‚organismischen' Verhaltens der Vp. im Experiment erfolgt eine Gleichsetzung von ‚Mensch' und ‚Organismus'; das Konzept der ‚Norm-Vp.' gewinnt damit anthropologische Dignität." (ebd., 55)

8. Da hierdurch „die Möglichkeit der Aufhebung der Entfremdung, der bewußten Veränderung menschlicher Verhältnisse in Richtung auf größere objektive Vernünftigkeit, des Abbaus von Herrschaftsstrukturen zur Entfaltung des freien, symmetrischen Dialogs (...) ausgeklammert" (ebd. 58) ist, sind die „anthropologischen Voraussetzungen der funktionalistisch-nomothetischen Psychologie als ideologisch im Sinne eines partialisierten ‚falschen Bewußtseins' zu charakterisieren" (ebd. 59). Daher wäre mindestens zu explizieren, dass die „Norm-Versuchsperson" ein Konstrukt, keine Realität ist; vernünftiger wäre „die kritische Besinnung darüber, wieweit absolut gesetzte nomothetische Forschungskonzeptionen bei auf Menschen gerichteter psychologischer Forschung überhaupt als sinnvoll betrachtet werden können" (ebd. 64).

9. „Emanzipatorisch relevant" ist psychologische Forschung, „sofern sie zur Selbstaufklärung des Menschen über seine gesellschaftlichen und sozialen Abhängigkeiten beiträgt und so die Voraussetzungen dafür schaffen hilft, daß der Mensch durch Lösung von diesen Abhängigkeiten seine Lage verbessern kann." (ebd., 32) Experimentelle Forschung, die wie geschildert vorgeht, kann hingegen bestenfalls „technisch relevante" Ergebnisse produzieren, und zwar in dem Maße, „in dem wissenschaftliche Forschung durch die Angabe von Ausgangsbedingungen für das Auftreten bestimmter Effekte ‚erfolgskontrolliertes Handeln' (Habermas) in ökonomischen, sozialen oder gesellschaft-

lichen Bereichen ermöglicht." (18f) Dies wird da möglich sein, wo experimentelle und alltägliche Realität strukturgleich sind.

10. In diesem Zusammenhang stellt sich die Frage, „ob die moderne psychologische Forschung unbeeindruckt einen Weg weitergehen sollte, der sie u.U. zu einem immer wirksameren Instrument für die manipulativen Kontrollinteressen der Herrschenden[3] machen könnte. Man wird auch fragen müssen, ob die psychologische Praxis sich in ihren Bemühungen weiterhin unreflektiert einer Gesellschaft anpassen sollte, die die Arbeit des Psychologen weitgehend in den Dienst technischer Kontrollinteressen stellt." (ebd., 30)

Wenn ich – gelegentlich als Dozent, aber auch in anderen Zusammenhängen – mit Psychologiestudierenden diskutiere, die für Gesellschafts- und Psychologiekritik aufgeschlossen sind, aber keinen oder kaum Bezug zur Kritischen Psychologie haben, mache ich oft die Erfahrung, dass die oben angeführten Überlegungen durchaus interessiert aufgenommen werden, dass ich aber kaum an Vorwissen anknüpfen kann.

Natürlich ist nicht unbedingt zu erwarten, dass Studierende Holzkamps frühe Aufsätze gelesen haben. Dass sie (aus welcher Quelle auch immer) die oben angeführten Argumente kennen lernen, scheint mir aber notwendig, denn deren Diskussion wäre (auch wenn man am Ende zu dem Ergebnis kommt, sie zurückweisen zu können) hilfreich, um zu verschiedenen Fragen einen Standpunkt zu gewinnen, mit denen praktisch jede/r Psychologiestudierende konfrontiert wird:

– Warum gibt es einen Bruch zwischen Theorie und Praxis? Warum sind die Ergebnisse der Grundlagenforschung (nach Ansicht von Praktiker/innen) nur selten relevant für die psychologische Berufstätigkeit? Warum werden praktische Erfahrungen von Psycholog/innen nicht wissenschaftlich systematisiert?

– Warum gibt es neben dem Experiment noch andere (u.a. sogenannte „qualitative") Methoden? Wo liegen deren Chancen und Probleme?

– Welche Gründe haben verschiedene marginalisierte psychologische Ansätze – sozialer Konstruktionismus, Psychoanalyse, humanistische Psychologie usw. –, sich vom psychologischen Mainstream abzugrenzen?

– Auf wen, welche Umstände und Situationen sind die Ergebnisse psychologischer Forschung verallgemeinerbar?

---

[3] In diesem Zitat deutet sich ein zweites Problem der beiden Aufsätze an: Holzkamp folgt hier m.E. noch einer relativ naiven Drahtzieher-Theorie, wenn es um Fragen von Herrschaft geht.

Ob Studierende grundsätzliche Einwände gegen die Verfahrensweisen der Psychologie *tatsächlich kennen*, wird, wie wünschenswert dies auch immer sein mag, unter herrschenden Bedingungen stark davon abhängen, ob sie diese Einwände kennen lernen *sollen*. Diese Annahme scheint mir sachlogisch begründbar: Es ist davon auszugehen, dass in den teilweise empfindlich verkürzten und verschulten Bachelor-Master-Studiengängen immer weniger Studierende Zeit und Kraft dafür haben, sich über das in Curricula vorgegebene Pensum hinaus mit psychologischen Fragen zu beschäftigen.

Im vorliegenden Artikel soll daher auf Grundlage einer Inhaltsanalyse aktueller Literatur der Frage nach gegangen werden, ob und in welcher Form eine vom Gegenstand her begründete Kritik des psychologischen Experiments in Lehrbüchern der Allgemeinen Psychologie dargestellt und diskutiert wird[4].

Method(olog)ische Zwischenbemerkung

Einbezogen wurden die deutschsprachigen Lehrbücher, die im Online-Katalog der Freien Universität Berlin unter dem Schlagwort „Allgemeine Psychologie" geführt wurden und die nach 2000 neu erschienen oder neu aufgelegt wurden. Ergänzend wurde die deutsche Übersetzung des international verbreitetsten Lehrbuches der Psychologie (Zimbardo & Gerrig 2008) herangezogen. Die Auswahl der einbezogenen Lehrbücher ist also nicht willkürlich, aber auch nicht vollständig. Dementsprechend ist zu erwarten, dass sich die Ergebnisse differenzieren würden, wenn man weitere Titel einbezöge.

Aus einer Literaturanalyse wie der vorliegenden ist nicht zu schließen, welches Verständnis die referierten Autoren vom Verhältnis des Gegenstands der Allgemeinen Psychologie zu deren methodischen Verfahrensweisen haben – dazu müsste man jeweils ihr Gesamtwerk betrachten. Aus der vorliegenden Untersuchung ist auch nicht zu schließen, was Studierende oder andere Leser/innen in ihrer Beschäftigung mit Allgemeiner Psychologie über das Verhältnis von Gegenstand und methodischen Verfahrensweisen *tatsächlich lernen* – dazu müsste man (systematisch) Studierende befragen und mit ihnen diskutieren. Wohl aber können Aussagen darüber gemacht werden, was Studierende nach Ansicht der einbezogenen Autoren über dieses Verhältnis *lernen sollen*.

---

[4] Ausgeklammert muss in diesem Artikel die Frage bleiben, wieweit die methodologische Debatte um Konzepte wie „interne" vs. „externe Validität" oder „Populations-" vs. „Variablen-" vs. „ökologische Validität" (vgl. dazu Bröder 2004) wesentliche Argumente Holzkamps aufgreift.

Die einzelnen Lehrbücher sollen im Folgenden nicht in chronologischer Reihenfolge dargestellt werden, sondern danach geordnet, wieweit sie zu den von Holzkamp aufgeworfenen Problemen Stellung nehmen – beginnend mit denen, die dies m.E. am wenigsten tun.

Ergebnisse

a) Spada (2006)
Hans Spada zeichnet als Herausgeber für ein Lehrbuch der Allgemeinen Psychologie verantwortlich, das aktuell in einer komplett überarbeiteten dritten Auflage vorliegt (vgl. 2006a) und nach Spadas Worten vor allem zur Begleitung einschlägiger Lehrveranstaltungen im Studium und zur Vorbereitung auf Prüfungen gelesen werden soll (2006b, 15).

Das erste einführende Kapitel fällt äußerst knapp aus: Einer Definition des Gegenstands Allgemeiner Psychologie (in Abhebung von anderen Teilgebieten der Psychologie; ebd., 11f) folgen einige Bemerkungen zur historischen Entwicklung psychologischer Forschungsmethoden von Wundts Labor zu neueren Entwicklungen in den Neurowissenschaften (ebd., 12ff) und der Beziehung zu Nachbardisziplinen (ebd., 14f). Leider ohne weitere Begründung heißt es in diesem Abschnitt: „Die wichtigste Methode ist das *Experiment*, die gezielte Manipulation von Faktoren, um deren Einfluss auf Erleben und Verhalten zu untersuchen." (ebd., 12)

Anschließend werden die Inhalte der einzelnen Teilkapitel wie „Wahrnehmung", „Emotion" oder „Lernen" vorgestellt.

Auch im letztgenannten, von Spada mitverantworteten Kapitel (Spada et al. 2006) finden sich keine Hinweise auf eine grundlegende, vom Gegenstand her begründete Kritik des psychologischen Experiments.

Die Autoren machen außerhalb der Darstellung experimenteller Befunde durchaus interessante Anmerkungen, die die Komplexität realer (Begründungs-)Zusammenhänge erahnen lassen: z.B. wenn sie in einem Abschnitt zur Rolle der Bestrafung beim Menschen erörtern, dass die Berührung einer heißen Herdplatte von einem Kind anders aufgefasst wird als ein etwa gleich schmerzhafter Klaps auf die Hand, daher in der Folge auch unterschiedliche Verhaltensweisen zu erwarten sind (ebd., 370). Das letzte Wort stellen dann aber doch Passagen wie die folgende dar:

„Die in Tierexperimenten gewonnenen Befunde lassen folgende Schlüsse für die Gestaltung einer (...) Bestrafung zu: Sie sollte konsequent und dadurch informativ sein. Sie sollte zeitnah auf das zu reduzierende Verhalten folgen. In jedem Fall sind neuerliche zwischenzeitliche Verstärkungen zu vermeiden. Grundlose Bestrafung reduziert die Wirkung nachfolgender gezielter Bestrafung." (ebd.)

Die von Holzkamp problematisierte Gleichsetzung von Mensch und Organismus wird in solchen und ähnlichen Abschnitten m.E. vollzogen, ohne auf deren Kritik durch marginalisierte psychologische Ansätze hinzuweisen. Zum Problem wird eine solche Gleichsetzung spätestens dann, wenn sie – etwa in der Verhaltenstherapie oder im Umgang mit Kindern – praktisch wirksam wird.

b) Pollmann (2008)
Stefan Pollmanns Lehrbuch der Allgemeinen Psychologie (2008) ist, wie er im Vorwort erläutert, „primär" für das „Bachelorstudium der Psychologie (...) geschrieben" (ebd., 11).

Einleitende Bemerkungen allgemeiner Natur sind auf wenige Sätze reduziert. Zum psychologischen Experiment heißt es nach einer Kurzdefinition der Allgemeinen Psychologie knapp: „Um zu belastbaren Ergebnissen zu kommen, steht die experimentelle Methodik im Vordergrund, bei der möglichst isolierte Faktoren variiert werden, um deren Wirkungen auf das Verhalten von Versuchspersonen zu prüfen." (ebd.)

Wenige Absätze später heißt es: Auf eine „Darstellung tiefer gehender methodischer Aspekte experimentalpsychologischer Forschung" müsse, „da der Lehrumfang des Faches ‚Allgemeine Psychologie' im Bachelorstudium (...) begrenzt" sei, verzichtet werden. Pollmann erklärt dazu, dass diese Aspekte „ja auch in der psychologischen Methodenlehre behandelt werden oder in einem anschließenden Masterstudium vertieft werden können" (ebd.).

In vier Kapiteln: „Wahrnehmung", „Kognition", „Lernen und Gedächtnis" sowie „Emotion" werden anschließend Phänomene und Konstrukte wie „Farbwahrnehmung", „Exekutivfunktionen", „Arbeitsgedächtnis" oder „Empathie" behandelt.

Exemplarisch möchte ich im Folgenden zeigen, wie Pollmann im Abschnitt „Mentale Arithmetik" eine experimentelle Untersuchung darstellt, die sich mit der Bedeutung einer Neocortex-Region für das Kopfrechnen befasst, deren Läsion auch mit Ausfällen in mehreren anderen höheren kognitiven Funktionen wie Sprechen, Lesen und Schreiben in Verbindung gebracht wird: Der *linkshemisphärische Gyrus angularis,* so Pollmann, sei bei der Multiplikation stärker als bei der Subtraktion aktiviert. Es gebe Hinweise darauf, dass Multiplikation stärker auf verbalem Abruf aus dem Arbeitsgedächtnis beruhe, während Subtraktion visuell-räumliche Prozesse im Sinne eines mentalen Zahlenstrahls erfordere.

„Diese Zusammenhänge wurden exemplarisch in einer Studie von Lee und Kang (...) untersucht. Sie ließen ihre Probanden Multiplikations- und Subtraktionsaufgaben rechnen, während sie gleichzeitig eine Zweitaufgabe bearbeiten mussten. Eine dieser Zweitaufgaben bestand darin, in ständiger Wiederholung ein sinnloses aussprechbares Nichtwort auszusprechen. (...) Die alternative Zweitaufgabe bestand darin, sich die Form und Lage einer abstrakten visuellen Figur zu merken. Die Hypothese der Autoren betraf die Form der Interferenz zwischen den arithmetischen Aufgaben und den Zweitaufgaben. Wenn Multiplikation primär sprachliche Prozesse beansprucht, so sollte sie durch die phonologische Aufgabe gestört werden, aber nicht durch die visuell-räumliche. Umgekehrt sollte die Subtraktion, wenn diese primär auf visuell-räumlichen Prozessen beruht, primär durch die simultane visuell-räumliche Aufgabe, aber nicht durch die phonologische Aufgabe gestört werden. Genau diese doppelte Dissoziation zwischen den arithmetischen Aufgaben und Zweitaufgaben wurde gefunden." (ebd., 165; einer Abbildung sind die durchschnittlichen Veränderungen der Reaktionszeit unter den verschiedenen Bedingungen zu entnehmen)

Mit Absicht wähle ich hier ein physiologienahes Experiment, auf das viele Einwände, die man anderen Untersuchungen entgegenhalten könnte, nicht anwendbar sind: Zum Beispiel ist der untersuchte Zusammenhang m.E. *kontingent.* – Man kann nicht sinnvoll davon sprechen, dass es sich implikativ aus etwelchen Prämissen der Versuchspersonen ergibt, welche Zweitaufgabe sich störend(er) auf welche Operation auswirkt. Auch der Einwand, dass man sich in einer realen Situation wohl gegen die Zumutung wehren würde, zwei Aufgaben gleichzeitig erledigen zu sollen („Kann ich dir die sinnlosen Worte nicht später vorlesen? Ich muss jetzt erst mal rechnen!"), scheint mir nicht triftig: zum einen mag es auch im Alltag Situationen geben, in denen es nicht möglich ist, ähnliche Aufgaben nacheinander abzuarbeiten; zum anderen wäre es m.E. ohne Verfälschung möglich, den Versuchspersonen die Versuchsanlage soweit zu erklären, dass die Zweitaufgaben zwar noch interferieren, aber nicht mehr als störend im Alltagssinne empfunden werden.

Dennoch wäre es auch hier hilfreich gewesen, Holzkamps Argumente zu den verborgenen anthropologischen Grundannahmen des allgemeinpsychologischen Experimentes zur Kenntnis zu nehmen. Es wäre dann vielleicht aufgefallen, dass im dargestellten Experiment streng genommen nicht *Multiplikation an sich* untersucht wurde, sondern (hochwahrscheinlich) *eine bestimmte Multiplikationsstrategie*, die zwar kulturell nahe gelegt und effektiv, aber nicht alternativlos ist.

Die von Lee und Kang gefundenen Ergebnisse dürften darauf beruhen, dass die große Mehrheit der Versuchspersonen beim Multiplizieren auf automatisierte Kenntnisse, nämlich das in der Schule auswendig gelernte "kleine Einmaleins" zurückgreift. Hätten die Vpn. die Alternative einer graphisch-anschaulischen Lösung gewählt, wäre das Ergebnis möglicherweise ganz anders ausgefallen[5]; ebenso bei gelegentlicher Anwendung der in der sogenannten „Vedischen Mathematik" systematisierten Zahlanalysen und Vereinfachungen. Theoretisch hätte eine „negativistische" Versuchsperson sogar die Möglichkeit, jede Multiplikation in eine Subtraktion zu transformieren – z.B.:

$$3 \times 8 = 8 - (-8) - (-8), \text{ da } a \times b = \sum_{i=1}^{a} b \text{ und } a + b = a - (-b).$$

Solche Erwägungen stellen den Nutzen des vorgestellten Experimentes m.E. nicht grundsätzlich in Frage, zeigen aber, dass auch in scheinbar physiologienahen Zusammenhängen eine sinnvolle Interpretation nur dann möglich ist, wenn man Holzkamps Einwand beachtet, dass das Verhalten der Person eine Stellungnahme zu den experimentellen Bedingungen ist, keine „organismische" Reaktion. Seine Argumente haben auch in diesem Kontext Bestand – und sollten daher auch Bachelor-Studierenden angeboten werden. Relevant werden sie spätestens in praktischen Anwendungszusammenhängen, denn es ist ja ein bedeutender Unterschied, ob man eine (z.B. per fMRT festgestellte) Unteraktivierung des Gyrus angularis bei einer Person als Ursache von Rechenschwierigkeiten interpretiert oder als Folge des Umstands, dass die fragliche Person eine ungünstige Rechenstrategie anwendet[6].

c) Becker-Carus (2004)

Mit „Allgemeine Psychologie. Eine Einführung" legt Becker-Carus (2004) ein Lehrbuch vor, das vornehmlich dem Zweck dienen soll, Studierende

---

[5] Ein (allerdings höchst ineffektives) derartiges Verfahren, dass Rechnungen beliebiger Größenordnung erlaubt, beruht darauf, die Faktoren als sich kreuzende Geraden darzustellen und (dabei ggf. Stellenüberschreitungen berücksichtigend) die Knotenpunkte zu zählen (dargestellt wird dieses Verfahren z.B. unter: http://www.youtube.com/watch?v=3PT7l4CeLmw).

[6] Tatsächlich können Kinder mit erheblichen Rechenschwierigkeiten häufig Einmaleins-Reihen nicht vollständig auswendig, und es fällt ihnen auch schwer, Lösungen ausgehend von bestimmten Ankeraufgaben (wie „10 mal x" oder „5 mal x") zu rekonstruieren. Im Extremfall müssen Ergebnisse zu jeder Aufgabe durch Abzählen an den Fingern neu hergestellt werden: „Eins, zwei, drei, vier, fünf, einmal 5! Sechs, sieben, acht, neun, zehn, zweimal 5!" usw. Wie viel Konzentration ein solches Verfahren kostet, können kompetente Rechner/innen nur erahnen, seine Fehleranfälligkeit liegt auf der Hand.

auf Prüfungen in Allgemeiner Psychologie vorzubereiten, aber auch für Studierende anderer Fachrichtungen, interessierte Laien und Experten geeignet ist, die einen Überblick über die Gesamtentwicklung des Fachs erlangen wollen (ebd., XV).

Das erste, einführende Kapitel („Psychologie als Wissenschaft") soll insbesondere den Zweck erfüllen, „die so oft von Studenten beklagte Kluft zwischen den vielfach als abgehoben empfundenen ‚mathematisch-statistischen Methoden' und den eigentlich psychologischen Lehrinhalten zu überbrücken und den Blick auf die spätestens bei der Diplomarbeit benötigten Datenerhebungsverfahren und die Versuchsplanung zu eröffnen" (ebd., XIII).

Nach einer kurzen, instruktiven Einführung in das Leib-Seele-Problem (ebd., 2ff) stellt Becker-Carus fünf Perspektiven auf das Fach Psychologie vor: Dabei finden außer dem biologisch-neurophysiologischen, dem behavioristischen und dem kognitionspsychologischen Ansatz auch der psychoanalytische und der humanistische Erwähnung, die im Wissenschaftsbetrieb m.E. – zumal im Bereich der Allgemeinen Psychologie – allenfalls eine Nischenexistenz führen (ebd., 5ff).

Kritisch weist Becker-Carus in diesem Zusammenhang auf die Gefahr des Reduktionismus hin – u.a. als Versuch, „psychologische Phänomene auf biologische Funktionen oder Änderungen" zurückzuführen (ebd., 13). Dieses Problem sieht er in anderer Form zwar auch bei kognitionspsychologischen Ansätzen, es scheint ihm aber derart mit dem biologisch-neurophysiologischem Ansatz verknüpft, dass er diesem eine Sonderrolle zuweist. Die theoretischen Entwürfe der anderen vier Ansätze hält er hingegen für „kompatibel", d.h. sie könnten sich ergänzen oder produktiv mit einander wetteifern (ebd.).

Seine methodologischen Ausführungen beginnt Becker-Carus mit einer Erörterung verschiedener alltäglicher Urteilsfehler: Neben Einstellungs- und Erwartungseffekten, kommt dabei der sogenannte Overconfidence-Effekt (die überzogene Erwartung, eigene Überzeugungen müssten der Wahrheit entsprechen) und der sogenannte Hindsight-Bias zur Sprache (also die Neigung bestimmte Aussagen für „selbstverständlich" zu halten, nachdem der Nachweis geführt wurde, dass sie zutreffen; ebd. 13ff). Weiter zeigt Becker-Carus, dass Korrelationen stets unterschiedlich (kausal) interpretiert werden können (ebd. 16).

In Erwägung all dieser Möglichkeiten, Irrtümer zu begehen, stellt Becker-Carus im Folgenden „das wissenschaftliche Vorgehen" als einen Weg dar, „falsche Schlüsse möglichst einzugrenzen" (ebd., 17): Konkret skizziert er einen Kreislauf von (induktiv oder deduktiv gespeister) Theoriebildung und -prüfung (17ff). In diesem Zusammenhang diskutiert er u.a. kurz, welche Umstände notwendige Bedingungen für die Annahme eines kausalen Zusammenhanges sind (im Anschluss an J.St. Mill; ebd., 18f), wieweit es notwendig ist einen Phänomenbereich einzugrenzen, um zu untersuchbaren Fragestellungen zu kommen, und wieweit Untersuchungsergebnisse, die anhand von Stichproben gewonnen wurden, auf Populationen verallgemeinerbar sind („Repräsentativität"; ebd. 19). Recht breiten Raum nimmt anschließend die Diskussion des Problems der Objektivität ein (ebd., 20ff): Als Lösung bietet Becker-Carus die sinnvolle Operationalisierung der zu messenden Variablen und die Standardisierung der Messungen an. Nur wenige Absätze umfasst hingegen die Diskussion der Begriffe Reliabilität und Validität (ebd., 23f).

Das „kontrollierte Experiment" führt er als „Kernstück" der „experimentellen Methode" ein (ebd., 24). „Kaum einer anderen Methode in der Wissenschaft" komme „eine so weitreichende und grundlegende Bedeutung zu" (ebd.). „Im Kern", führt Becker-Carus aus, „geht es darum, während der Untersuchung alle Bedingungen (...) zu kontrollieren, beziehungsweise einige wenige kontrolliert (systematisch) zu variieren, die für die Verursachung eines (Verhaltens-) Phänomens in Frage kommen" (ebd.). So ermögliche „ein kontrolliertes Experiment, den Zusammenhang zwischen zwei oder auch mehreren Variablen (...) zu prüfen und bestehende kausale Abhängigkeiten aufzudecken" (ebd.). Am historischen Beispiel einer Untersuchung des Zusammenhangs zwischen der Versorgung mit Vitamin-A (als UV) und Nachtblindheit (als AV) stellt Becker-Carus im Folgenden eine Doppel-blind-Versuchsanordnung vor (ebd., 24f). Ein weiteres Beispiel (Lernerfolg bei Schüler/innen in Abhängigkeit von der Tageszeit und der Lernmethode) dient der Erläuterung multivariater Analysen (ebd. 25f).

Grenzen der experimentellen Methode scheint Becker-Carus lediglich in ethischen und versuchstechnischen Beschränkungen bzw. in dem Umstand, dass „verschiedene Einflussfaktoren" „nur unter natürlichen Bedingungen" auftreten, zu sehen: Diese Punkte erwähnt er im Zusammenhang der Abgrenzung des Laborexperiments von Quasi-Experimenten und Feldstudien (ebd. 24), ähnliche Argumente tauchen aber auch im Zusammenhang mit der „Korrelationsmethode" (ebd., 27) und „Beobachtungsmethoden" (ebd., 28) wieder auf.

Becker-Carus' Einleitungskapitel schließt mit einer Darstellung von Teilgebieten der Psychologie (weitgehend orientiert an den Fächern der traditionellen Diplomprüfungsordnung) und einer tabellarischen Auflistung unterschiedlicher Arbeitsrichtungen (ebd., 30ff). Hier ist „Kritische

Psychologie" zwar als Stichwort erwähnt (ebd., 33), die grundsätzlichen Einwände der Kritischen Psychologie gegen die experimentell-statistische Orientierung des Mainstreams der Psychologie finden aber, wie gezeigt, an keiner Stelle Erwähnung.

d) Zimbardo & Gerrig (2008)

Das weltweit wohl am weitesten verbreitete psychologische Lehrbuch ist Philip Zimbardos Kompendium „Psychology and Life" (dt. schlicht „Psychologie"; seit der 14. Auflage fungiert Richard Gerrig als Mitherausgeber; aktuell ist die 18. Auflage: Zimbardo & Gerrig 2008). Es soll, ohne akademische Vorkenntnisse vorauszusetzen, nicht nur in die Allgemeine Psychologie, sondern in *die Psychologie überhaupt* einführen. Angesichts dieses Anspruchs nimmt es nicht wunder, dass trotz des erheblichen Umfangs für die einzelnen Themenbereiche jeweils nur wenige Seiten zur Verfügung stehen. So ist auch die Darstellung psychologischer Methoden und insbesondere des Experimentes kursorisch: Als Ziel experimenteller Bedingungskontrolle nennen die Autoren, „sichere Kausalaussagen über den Einfluss einer Variablen auf eine andere zu machen" (ebd., 31). Problematisch sei dabei die Kontrolle „konfundierender Variablen" (d.h. nicht vom Experimentator eingebrachter Bedingungen, die Einfluss auf die abhängige Variable nehmen), das Auftreten von Erwartungseffekten (durch Voreinstellungen des Versuchsleiters) oder Placeboeffekten (durch Erfolgserwartungen der Probanden; ebd. 31f). Die „Gegenmaßnahme" zum erstgenannten Problem sei es, „alle Variablen und Bedingungen konstant zu halten, bis auf diejenigen, die in direktem Zusammenhang mit der zu testenden Hypothese stehen". Als effektiver Weg, Erwartungseffekte auszuschalten, wird das „Doppel-blind-Verfahren" eingeführt (ebd., 32).

In aller Kürze unterscheiden die Autoren Quer- und Längsschnittanordnungen und erörtern das Problem der „Repräsentativität", d.h. der Verallgemeinerbarkeit von Ergebnissen auf definierte Populationen (ebd., 33f).

Abschließend betonen sie, dass das Experiment „die stärksten Aussagen über Kausalzusammenhänge zwischen Variablen erlaubt" (ebd., 34), nennen aber drei wichtige Einwände gegen die experimentelle Methode: Der erste betrifft die Tatsache, dass „in einem Experiment das Verhalten der Probanden oft in einer künstlichen Umgebung untersucht" wird (ebd.). „Kritiker sagen, dass der Reichtum und die Komplexität natürlicher Verhaltensmuster in kontrollierten Experimenten verloren gehen, dass dieser Reichtum zugunsten der einfacheren Handhabung einer oder weniger Variablen und Antworten geopfert wird" (ebd.).

Der zweite Einwand betrifft die aus der „Sozialpsychologie des Experiments" bekannten Probleme: Probanden wüssten, dass sie untersucht würden, und könnten auf dieses Wissen in unterschiedlicher Weise reagieren (ebd., 34f).

Der dritte Einwand ist ethischer Natur: Bestimmte Zusammenhänge – etwa der zwischen Kindesmissbrauch und möglichen Folgen – seien experimentell tunlich nicht herzustellen (ebd., 35).

Alle drei Kritikpunkte scheinen mir in mehr oder weniger eindeutiger Beziehung zu den oben dargestellten Überlegungen Holzkamps zu stehen: Der erste lässt zumindest die Denkmöglichkeit zu, dass zum „Reichtum" und zur „Komplexität" „natürlichen" Verhaltens auch die bewusste Auseinandersetzung mit (gesellschaftlichen) Bedingungen statt nur die blinde Reaktion auf diese gehören könnte. Im zweiten scheint relativ klar das Problem auf, dass sich Menschen – entgegen der Annahmen, die sich mit dem Konstrukt der Norm-Vp verbinden – im Experiment zu den experimentellen Bedingungen verhalten. Der dritte problematisiert das Vorgehen, Menschen zu Objekten sie schädigender experimenteller Anordnungen zu machen – Zimbardo und Gerrig schränken das Problem aber durch die Wahl ihres Beispiels sofort auf „Extremfälle" ein und versuchen dadurch, seine Bedeutung zu reduzieren.

Zimbardo und Gerrig stellen in der Darstellung der drei Einwände m.E. deren Bedeutung nicht mit dem gebotenen Nachdruck heraus. Mögliche Konsequenzen aus der vorgetragenen Kritik werden nicht diskutiert.

e) Müsseler & Prinz (2002)

Mit „Allgemeine Psychologie" legen die Herausgeber Müsseler und Prinz ein Lehrbuch vor, das sich an „die bereits vorgebildete Leserschaft von StudentInnen und FachkollegInnen" richtet, „die es zur vertiefenden Prüfungsvorbereitung, zur wissenschaftlichen und beruflichen Weiterbildung oder einfach als Nachschlagewerk verwenden können" (2002, V).

Im ersten, einführenden Kapitel beklagen Prinz und Müsseler zunächst die Tatsache, dass die Begriffe „psychologisch" und „Psychologie" im Alltag häufig für Unternehmungen gebraucht werden, die mit wissenschaftlicher Psychologie kaum etwas zu tun haben (Prinz & Müsseler 2002, 1). Auch wissenschaftsintern gebe es aber Schwierigkeiten: Die Psychologie lasse sich „in ihrer derzeitigen Gestalt eigentlich nur als ein Bündel verschiedener Forschungsansätze begreifen, die sich mit ziemlich unterschiedlichen Methoden auf ziemlich unterschiedliche Gegenstandsbereiche beziehen" (ebd.), führen die Autoren aus und beschreiben damit m.E. den (von Kuhn so genannten) „vorparadigmatischen" Zustand der Psychologie treffend. Einen Grund dafür sehen sie darin, dass das ungelöste Leib-Seele-Problem einer einheitlichen Gegenstandsdefinition entgegenstehe, einen weiteren darin, dass die Psychologie ein breites Spektrum von Forschungsfragen zu beantworten versuche, einen dritten darin, dass die moderne Psychologie aus ganz unterschiedlichen historischen Vorläufern („Subjektive Sinnesphysiologie", „Vergleichende Menschenkunde") entstanden sei, die erst Wundt unter dem Begriff der Psychologie zusammengeführt und damit die Institutionalisierung vorbereitet habe (ebd., 2).

Die „Unübersichtlichkeit" der Psychologie wollen die Autoren als Herausforderung begreifen, mit der offensiv umzugehen sei: „Offensive bedeutet (...), sich mit dem eigenen Ansatz zu den übrigen Ansätzen ins Verhältnis zu setzen und die damit verbundenen intellektuellen und forschungspolitischen Anstrengungen auszuhalten." (ebd., 3)

Allgemeine Psychologie sehen Prinz und Müsseler vor allem durch zwei „zentrale Leitideen" gekennzeichnet: durch „Universalismus", also die Frage danach, „was Menschen *gemeinsam* ist", und „Funktionalismus", die Ausrichtung „auf das *Wie*, nicht auf das *Was* dieser Gemeinsamkeiten" (ebd., 4). Sie betonen, dass diese beiden Prinzipien als „pragmatische Maximen" zu betrachten seien: forschungspraktisch stoße man schnell an ihre Grenzen, so zeige sich bspw. in der Denkpsychologie, dass Prozess und Inhalt nicht voneinander unabhängig seien (ebd.).

Die Frage, wie man den Gegenstand psychologischer Untersuchungen bestimme, werde immer seltener *prinzipiell* beantwortet, indem man sich an theoretischen Großentwürfen orientiere (z.B. „Assoziation" und „Apperzeption" bei Wundt, „Umstrukturierung" in der Gestaltpsychologie). Historische Erfahrungen seien negativ: „Entweder landet man dabei bei unnötig komplizierten und unplausiblen Erklärungen empirischer Sachverhalte – oder dabei, dass weite Bereiche der Empirie von der Erklärung ausgeschlossen bleiben." (ebd., 5) Stattdessen gehe man *pragmatisch* vor: „von empirischen Sachverhalten zu theoretischer Rekonstruktion" (ebd.).

Der Untersuchungsgegenstand werde dabei nach verschiedenen Gesichtspunkten bestimmt: der „psychologischen Intuition" (ebd.), dem „jeweils aktuellen Stand der Forschung", und orientiert an verschiedenen Paradigmata, „an bestimmten Untersuchungssituationen und bestimmten experimentellen Aufgaben, von denen man überzeugt ist, dass sie sich besonders gut zur Aufklärung bestimmter Prozesse eignen" (ebd., 6).

Als gangbare Forschungsmethoden nennen Prinz und Müsseler „Beobachtung" und „Experiment":

> „Beobachtende Methoden sind dann angezeigt, wenn man das Geschehen in seiner Komplexität belassen will und wenn es darum geht, seine eige-

ne, gleichsam naturwüchsige Dynamik zu charakterisieren. Experimentelle Methoden sind demgegenüber angezeigt, wenn man die kausale Mechanik des Geschehens im Einzelnen studieren will und dazu Bedingungen herstellt, unter denen man die Wirksamkeit einzelner Faktoren selektiv untersuchen kann." (ebd.)

Das Experiment beziehe sich „nicht auf den vollen Reichtum der psychischen Vorgänge im wirklichen Leben", dennoch müsse sich die Allgemeine Psychologie für „die Idee des experimentellen Vorgehens entscheiden", denn verborgene psychische Prozesse könnten nur unter Laborbedingungen isoliert und damit einer Analyse zugeführt werden (ebd.): „Will man die Grundidee des Funktionalismus methodisch umsetzen, muss man die mit der experimentellen Methode verbundenen Dekontextualisierungen in Kauf nehmen." (ebd., 7)

Auch aus der Idee des Universalismus ergebe sich, dass das Experiment methodisch zu favorisieren sei, denn die Allgemeine Psychologie erkläre „das Verhalten einer fiktiven Durchschnittsperson" (ebd.), von Unterschieden zwischen den Versuchsteilnehmern sehe sie ab.

Allgemeine Psychologie sei nicht „ausgezogen, die Komplexität des Lebens zu erklären (ebenso wenig wie [...] die Physik ausgezogen ist, um den Durchmesser der Erde oder die Form des Matterhorns zu erklären)" (ebd.).

Für die Allgemeine Psychologie brauchbare Theorien müssten (wieder den o.g. Leitideen folgend) „universelle Prozesse" beschreiben – daher müsse man sich an Naturwissenschaften orientieren.

> „Allerdings wird allgemeinpsychologische Forschung gerade deswegen oft in ausgesprochen gespenstische Debatten verwickelt. Ihr wird vorgehalten, sie verkürze den Menschen auf ein reines Naturwesen und leugne seine kulturelle und historische Bestimmung als autonomes Subjekt. Das Menschenbild der Psychologie, so heißt es dann oft, sei auf reine Biologie und Hirnphysiologie verkürzt, und sehr schnell ist dann in solchen Debatten auch davon die Rede, dass derartige Psychologie den Menschen entwürdige und Manipulation oder Totalitarismus Tür und Tor öffne." (ebd. 7)

Aufgrund einiger übereinstimmender Formulierungen könnte man hier mutmaßen, dass sich Prinz und Müsseler (u.a.) auf Holzkamp beziehen. Da Ross und Reiter nicht benannt werden, dementsprechend jede Zitatangabe fehlt, lässt sich diese Vermutung aber nicht objektivieren. Sie führen weiter aus:

> „Natürlich ist das alles glatter Unsinn – Unsinn, der auf einer Verwechslung von Forschungsprogramm und Menschenbild beruht. Forschungsprogramme müssen, wenn sie erfolgreich sein wollen, selektiv sein, das heißt sie müssen

ihren Gegenstand unter einer speziellen Perspektive betrachten (hier der Perspektive des universalistischen Funktionalismus). (...) Die Allgemeine Psychologie will lediglich universelle psychische Funktionen aufklären, und sie tut dies in dem vollen Bewusstsein, dass dies nur einer unter vielen Bausteinen zu einem umfassenderen Verständnis menschlichen Tuns und Lassens ist." (ebd., 8)

Historisch habe es drei Typen von allgemeinpsychologischen Theorien gegeben: Erklärungen durch Bewusstseinsprozesse, durch Gehirnprozesse und Prozesse dritter Art.

Erklärungen durch Bewusstseinsprozesse sind für die Autoren Alltagstheorien von der Art: „Jemand ist resigniert, weil er glaubt, dass er einer anstehenden Aufgabe nicht gewachsen ist" (ebd.). Durch solche Theorien würden Common-sense-Erklärungen lediglich verdoppelt, es ergebe sich kein Wissenszuwachs und zahlreiche psychische Prozesse (all jene, die ohne Beteiligung des Bewusstseins abliefen) seien nicht untersuchbar.

Psychische durch *Gehirnprozesse* zu erklären sei zwar ein viel versprechender Ansatz, bisher seien diese aber kaum besser verstanden als jene. Da das Leib-Seele-Problem ungelöst sei, bleibe zudem offen „wie Erleben entsteht, wie Verhalten gesteuert wird, wie Gehirnprozesse funktionieren – und wie diese drei Erscheinungsreihen miteinander verbunden sind." (ebd. 9)

Unter dem Titel *„Prozesse dritter Art"* verhandeln die Autoren die Anwendung von „Sprachen, die neutrale Mechanismen beschreiben" – als Beispiel gilt ihnen „die Sprache der Informationsverarbeitung" (ebd.). Die Computermetapher dürfe man natürlich nicht wörtlich verstehen, als entspreche die menschliche Informationsverarbeitung direkt der maschinellen. Orientiert am informationsverarbeitenden Ansatz könne man aber Prozesse des Erlebens und Verhaltens zusammenführen und auch Wissen über Gehirnprozesse integrieren. Kurz: Er sei „der aussichtsreichste Erklärungsansatz, den wir bisher haben" (ebd., 10).

Den Abschluss des einleitenden Kapitels bildet die Vorausschau auf den Aufbau des Lehrbuches.

Es ist Prinz und Müsseler hoch anzurechnen, dass sie die Pluralität des Gebildes „Psychologie" benennen, ihren eigenen Ansatz in vergleichsweise großer Klarheit darstellen und als einzige der hier herangezogenen Lehrbuchautoren und -herausgeber zu grundsätzlichen Einwänden Stellung nehmen. – Wünschenswert wäre es freilich gewesen, die Autoren hätten diese Einwände ausführlich referiert oder ihren Leser/innen zumindest durch Quellenangaben ermöglicht, sich selbst zu informieren. So stellt sich der Eindruck ein, dass Prinz und Müsseler einen Pappkameraden aufbauen, also die Thesen der Gegenseite so verkürzt darstellen, dass sie ohne Weiteres als „Unsinn" abgetan werden können.

Wenn Prinz und Müsseler z.B. darauf verweisen, dass es sich bei ihrer Auslegung eines universalistischen Funktionalismus lediglich um ein selektives Forschungsprogramm handle, nicht um ein Menschenbild (2002, 8), folgen sie im Grunde einem Vorschlag Holzkamps, der allerdings mit dieser Explikation das Eingeständnis verband, „daß die Bedeutsamkeit der auf diese Weise erlangten Forschungsbefunde für das Verständnis der Befindlichkeiten und Lebensäußerungen von Menschen in je konkreter gesellschaftlich-historischer Lage mehr oder weniger gering sein muss" (1972b, 64). Ähnliches deuten zwar auch Prinz und Müsseler an, wenn sie darauf hinweisen, dass man sich im Rahmen des universalistischen Funktionalismus mit „Dekontextualisierungen" (2002, 7) abfinden müsse. Dabei bleiben aber m.E. einige entscheidende Punkte unklar.

Z.B. vernebeln die Autoren die Tatsache, dass es ihrem „universalistischen" Ansatz eben *nicht* darauf ankommt, „was Menschen gemeinsam ist" (ebd., 4), sondern auf „das Verhalten einer fiktiven Durchschnittsperson" (ebd., 7), indem sie die beiden hier zitierten Ausdrücke neben einander stehen lassen, als bedeuteten sie dasselbe.

Empiristisch scheint ihr „pragmatischer" Ansatz, der „von empirischen Sachverhalten zu theoretischer Rekonstruktion" gelangen soll (ebd., 5). M.E. können empirische Prozesse von Forscher/innen ausschließlich im Modus (evtl. vorwissenschaftlicher) theoretischer Deutungen aufgefasst werden. Dabei ist die entscheidende Frage, ob diese Deutungen beliebig bzw. nach unmittelbaren (evtl. unreflektierten) Interessen gewählt werden – oder die Entscheidung für eine bestimmte Theorie in allgemeiner Form begründet werden kann.

Aus dem Empirismus Prinz' und Müsselers folgt m.E. auch, dass in ihrer Konzeption „Paradigmata", bestimmte experimentelle Anordnungen also, den Inhalt der Forschung bestimmen[7].

Der ganze Problemkreis der Relevanz und Begründbarkeit psychologischer Grundbegriffe erscheint bei Prinz und Müsseler nicht: dass sie aktuell die „Sprache der Informationsverarbeitung" für die Psychologie favorisieren, begründen sie mit deren scheinbarer „Neutralität" (ebd., 9), hinter der sich die Abstraktion von menschlichen Spezifika verbergen dürfte.

Welche Konsequenzen die – von ihnen immerhin erwähnten – „Dekontextualisierungen" haben, stellen Prinz und Müsseler m.E. nicht mit

---

[7] Hier kommt einem der Betrunkene in den Sinn, der seinen Hausschlüssel nicht sucht, wo er ihn verloren hat, sondern unter der Laterne, weil er dort etwas sehen kann (vgl. Holzkamp 1983, 521).

der gebotenen Klarheit heraus: Eine an ihrem Ansatz orientierte psychologische Forschung kann lediglich technisch relevante Ergebnisse erbringen und muss dadurch ihren Gegenstand weitgehend verfehlen. Der von den Autoren in diesem Zusammenhang gebrachte Vergleich (ebd., 7) ist m.E. nicht zutreffend: Natürlich kann die Physik nicht die Form des Matterhorns erklären (das wäre, wenn diese Frage einmal relevant würde, Aufgabe der Geologie), aber sie kann durch experimentelle Abstraktion gewonnene Ergebnisse für lebensweltliche Probleme fruchtbar machen. Ähnliches *kann* der experimentellen Psychologie für alle emanzipatorisch relevanten und eine Vielzahl technisch relevanter Fragestellungen nicht gelingen, solange sie Menschen begrifflich und methodisch auf Organismen reduziert, während diese sich selbst als verständige Akteure erfahren und faktisch in die Produktion ihrer Lebensbedingungen einbezogen, ihnen also nicht bloß unterworfen sind.

Abschließend sei noch angemerkt, dass die von Prinz und Müsseler so genannten „Erklärungen durch Bewusstseinsprozesse" (ebd., 8) nichts mit theoretischen Überlegungen im Begründungsdiskurs zu tun haben. Diese verdoppeln ja Common-sense-Erklärungen *gerade nicht*, sondern hinterfragen diese (u.a. informiert durch gesellschaftstheoretische Ansätze) auf ihre Funktion für die Aufrechterhaltung subjektiver Probleme. Einmal mehr wird hier ein Pappkamerad aufgebaut: Denn wer hätte je die Auffassung vertreten, dass sich wissenschaftliche Psychologie damit begnügen sollte, Alltagstheorien zu sammeln?

f) Hildebrandt & Bottenberg (2000)
In der einführenden Darstellung „Allgemeine Psychologie – aufgeschlossen für Psycho-Ökologie" (Hildebrandt & Bottenberg, 2000) wird im Zusammenhang einer sehr knappen Darstellung des psychologischen Experimentes (ebd., 66) explizit auf Holzkamp (1972b) hingewiesen und eine zusammenfassende Passage wörtlich zitiert.

Obwohl dieser Text in die Allgemeine Psychologie einführt und streckenweise durchaus Lehrbuch-Charakter hat, ist er mit den anderen hier herangezogenen Titeln nicht vergleichbar: Da Hildebrandt und Bottenberg auf allgemeinpsychologisches Wissen zugreifen, um es für Bildungsarbeit im Sinne eines „tiefenökologischen" Projekts[8] zu nutzen, dürfte das Buch kaum Einfluss auf Psychologie-Studierende haben.

---

[8] Dass mir dieses nicht unproblematisch erscheint, soll hier nur angedeutet werden. Kernaussagen wie „Selbst-Verwirklichung der Person vollzieht sich (...) in der Selbst-Verwirklichung aller selbstähnlichen Mit-Lebewesen. Die Person realisiert ihre Potentiale, in dem alle anderen Lebewesen die jeweils eigenen Poten-

Fazit

Aus den vorstehenden Referaten sollte deutlich geworden sein, dass die eingangs dargestellten Kritikmomente in aktuellen Lehrbüchern gar nicht oder nur in Schwundformen dargestellt werden. Studierende, die experimentellen Methoden mit Unbehagen gegenüberstehen und ahnen, dass diese für relevante psychologische Fragen ungeeignet sein könnten, sind daher darauf angewiesen, sich aus anderer Quelle zu informieren.

Gerade denjenigen, die dem Studium der Kritischen Psychologie nur wenig Zeit opfern *wollen*, z.B. weil sie unsicher sind, ob der Ansatz zu ihren Problemen etwas beizutragen hat, *oder können*, z.B. weil sie in Studium, Arbeit und Familie unter großem Druck stehen, sind die entsprechenden Passagen aus Markards „Einführung in die Kritische Psychologie" – wie auch der Rest des Buches – zu empfehlen: Ausführlich referiert Markard die beiden Aufsätze Holzkamps, die in diesem Artikel zusammengefasst werden, stellt spätere selbstkritische Anmerkungen Holzkamps dar, nimmt selbst zu beidem Stellung und ergänzt (auf spätere Entwicklungen gestützt) u.a. Überlegungen zur „Sozialpsychologie des Experimentes" (2009, 38ff).

Möglicherweise verdeutlicht die vorliegende Analyse auch, dass im Psychologiestudium Möglichkeiten (zurück-)erkämpft werden müssen, den engen Raum kanonisierter Gewissheiten, den Lehrbücher eröffnen, zu überschreiten. Studierende mit dieser Aufgabe nicht alleine zu lassen dürfte im Interesse aller sein, die zu Erhalt und Weiterentwicklung kritischer Wissenschaften beitragen wollen.

Literatur

Becker-Carus, Chr. (2004). *Allgemeine Psychologie. Eine Einführung.* München: Spektrum.
Bröder, A. (2004). Interne und externe Validität aus deduktivistischer Sicht: Versuch einer Systematisierung und Bestandsaufnahme. In E. Erdfelder & J. Funke (Hg.), *Allgemeine Psychologie und deduktivistische Methodologie.* Göttingen: Vandenhoek & Rumprecht, 37-55.
Haug, W.F. (1985). Die Frage nach der Konstitution des Subjekts. In K.-H. Braun & K. Holzkamp (Hg.) *Subjektivität als Problem psychologischer Methodik. 3. Internationaler Kongreß Kritische Psychologie Marburg 1984.* Frankfurt/M.: Campus, 60-81.
Hildebrandt, C. & Bottenberg, E.H. (2000) *Allgemeine Psychologie – aufgeschlossen für Psycho-Ökologie.* Regensburg: Roderer.
Holzkamp, Kl. (1972a). Zum Problem der Relevanz psychologischer Forschung für die Praxis. In ders., *Kritische Psychologie. Vorbereitende Arbeiten.* Frankfurt/M.: Fischer, 9-34.

---

tiale verwirklichen" (ebd., 50), sind m.E. normativ und (bei näherer Überlegung) uneinlösbar.

-ders. (1972b). Verborgene anthropologische Voraussetzungen der allgemeinen Psychologie. In ders., *Kritische Psychologie. Vorbereitende Arbeiten.* Frankfurt/M.: Fischer, 35-73.
-ders. (1983). *Grundlegung der Psychologie.* Frankfurt/M.: Campus.
-ders. (2008). *Schriften V: Kontinuität und Bruch. Aufsätze 1970-72.* Hamburg: Argument.
Markard, M. (2009). *Einführung in die Kritische Psychologie.* Hamburg: Argument.
Müsseler, J. & Prinz. W. (2002). Vorwort. In J. Müsseler & W. Prinz (Hg.), *Allgemeine Psychologie.* Berlin, Heidelberg: Spektrum, v-vi.
Pollmann, St. (2008). *Allgemeine Psychologie.* München, Basel: Ernst Reinhardt.
Prinz, W. & Müsseler, J. (2002). Einleitung: Psychologie als Wissenschaft. In J. Müsseler & W. Prinz (Hg.), *Allgemeine Psychologie.* Berlin, Heidelberg: Spektrum, 1-12.
Spada, H. (2006a). Vorwort. In H. Spada (Hg.), *Lehrbuch Allgemeine Psychologie.* Bern: Hans Huber, 5-6.
-ders. (2006b). Einführung. In H. Spada (Hg.), *Lehrbuch Allgemeine Psychologie.* Bern: Hans Huber, 9-23.
Spada, H., Rummel, N. & Ernst, A. (2006). Lernen. In H. Spada (Hg.), *Lehrbuch Allgemeine Psychologie.* Bern: Hans Huber, 5-6.
Zimbardo, Ph.G. & Gerrig, R.J. (2008). *Psychologie.* München: Pearson.

Hans-Peter Michels

Soziale Beratung von Menschen in Armut.
Die Entwicklung einer interdisziplinären Perspektive mittels Kritischer Psychologie

1. Einleitung

Soziale Beratung gilt als *die* Methode der Sozialen Arbeit schlechthin. Eines der wichtigsten Aufgabenfelder ist die Beratung von Menschen, die in Armut leben. Berater fühlen sich häufig ohnmächtig und fürchten, ihren Klienten nicht gerecht werden, ihnen nicht die Hilfe anbieten zu können, die sie benötigen. Sie machen Erfahrungen, dass sie trotz ihrer Anstrengungen Klienten nicht zur Mitarbeit bewegen können, auf Widerstand stoßen oder ausgetrickst werden. Derartige Verunsicherungen und Belastungen können zu Schwierigkeiten im Kontakt mit den Ratsuchenden führen. Von daher ist verständlich, dass Professionelle nach Lösungen suchen, die pragmatisch und unmittelbar in der Beratung umgesetzt werden können.

Die Literatur zur Sozialen Beratung scheint diesen Bedürfnissen entgegen zu kommen, liegen ihre Schwerpunkte doch auf Gesprächsführung, Beziehungsgestaltung und Methoden. Diese Schwerpunkte beziehen sich auf Fertigkeiten für den unmittelbaren Ablauf der Beratung. Auffallend ist die „Psychologielastigkeit", wobei Ansätze dominieren, die „den Menschen" unabhängig von anderen Menschen als isoliertes Wesen auffassen und darüber hinaus begrifflich keine interdisziplinäre Perspektive eröffnen. Die Tatsache, dass Soziale Beratung in erster Linie aufgrund sozialer Probleme aufgesucht wird, scheint dennoch nicht die Auswahl adäquater psychologischer Ansätze beeinflusst zu haben.

Mit der Kritischen Psychologie liegt ein Ansatz vor, der in der Sozialen Beratung erprobt werden sollte. Sie ist interdisziplinär ausgerichtet, weil sie die gesellschaftliche Vermitteltheit individueller Existenz reflektiert. Damit kann das unmittelbare Beratungsgeschehen nicht nur als Interaktionen zwischen Beraterin und Klient untersucht werden. Es wird die Analyse von Beratungsabläufen nicht allein hinsichtlich psychischer Aspekte möglich, sondern wie diese mit institutionellen oder gesellschaftlichen Verhältnissen zusammenhängen.

Sozialarbeiter und Studierende der Sozialen Arbeit können diese Psychologie jetzt viel leichter rezipieren, weil Morus Markard im Jahre 2009 eine didaktisch differenziert aufgebaute und gut lesbare „Einführung in die Kritische Psychologie" vorgelegt hat. Sie ermöglicht, den Entstehungszusammenhang der Kritischen Psychologie kennenzulernen. Es ist nachvollziehbar, wie sie erkenntnistheoretisch begründet wird und auf welche Weise Kategorien und Konzepte v.a. durch Klaus Holzkamp erarbeitet wurden. Sie können als Grundlagen für eine aktual-empirische Beratungsforschung genutzt werden.

2. Soziale Beratung

Trotz intensiver wissenschaftlicher Beschäftigung mit Beratung und einer mittlerweile umfangreichen Literatur ist „Beratung" immer noch ein „problematischer Begriff" (vgl. Engel, Nestmann & Sickendiek 2007, S. 33). Daher soll hier nur eine Definition angeführt werden: „Beratung ist zunächst eine Interaktion zwischen zumindest zwei Beteiligten, bei der die beratende(n) Person(en) die Ratsuchende(n) – mit Einsatz von kommunikativen Mitteln – dabei unterstützen, in Bezug auf eine Frage oder auf ein Problem mehr Wissen, Orientierung oder Lösungskompetenz zu gewinnen" (Sickendiek, Engel & Nestmann 2002, S. 13). Zu anderen Bestimmungsvarianten zählen die Beschreibungsversuche der Institutionen, „Fach"kräfte, Ratsuchenden, Anlässe, Ziele und Aufgaben (vgl. Engel, Nestmann & Sickendieck 2007).

Verschiedene Autoren sind sich einig, dass Beratung als Kommunikationsform und Querschnittsmethode in vielen Berufsfeldern sowie als Antwort auf gesellschaftliche Problemlagen angesehen wird (vgl. Schneider 2006; Engel, Nestmann & Sickendieck 2007; Thiersch 2007a, b). Die Bestimmung der Problemlagen und deren Entstehung wird häufig sehr diffus vorgenommen: Moderne Gesellschaften als solche würden Probleme aufwerfen. Die Unübersichtlichkeit oder die Entgrenzung von Strukturen in der Moderne verlange Beratung. Trotz vager Bestimmungen lassen sich Maximen ableiten: Beratung, speziell die Soziale Beratung von Armen, benötigt Wissen über soziale Problemlagen und gesellschaftliche Verhältnisse, über Entstehung und Aufrechterhaltung von Armut sowie der psychosozialen Folgen. Weitere Übereinstimmung besteht, dass professionelle Beratung ein handlungsfeldspezifisches Wissen (z.B. „Faktenwissen zur jeweiligen Problemlage, gesetzliche Grundlagen") und feldunspezifische Kompetenzen (Beratungs- und Interaktionswissen) impliziert (vgl. Engel, Nestmann & Sickendieck 2007). In der Sozialen Beratung sollten also gesellschaftliche, ökonomische, politische und psychologische, normative, kulturelle, soziale und institutionelle Aspekte berücksichtigt werden.

Bei Betrachtung von Konzepten zur Sozialen Beratung, die eigens für die Beratung bei Armut erarbeitet worden sind (vgl. Ansen 2006;

Bretschneider 2010), ist festzustellen, dass sie zu sehr auf individualistisch orientierte psychologische Herangehensweisen fokussieren. Ansätze der Humanistischen Psychologie bspw., die in der Beratungs- und Gesprächsführungsliteratur häufig vorkommen, führen zu einer Überbetonung emotionaler, interaktiver und personaler Aspekte in der Beratung und zu einer Verkennung von sachlich-sozialen Zusammenhängen und wie die Ratsuchenden ihre Problematiken in diesen begründen. Die unmittelbare Beziehung zwischen Beraterin und Ratsuchendem wird so sehr in den Vordergrund gerückt, dass die gesellschaftlichen und politischen Umstände als nebensächlich erscheinen. Die Einseitigkeit der humanistischen Beratungsansätze ist dann passend zum Beratungs-Setting, wenn man sich nur innerhalb deren Grenzen bewegen möchte, was eine Erklärung für die weite Verbreitung sein könnte.

Gewiss sind empathische Zuwendung, Eingehen auf Emotionen, aktives Zuhören oder Kongruenz in der Beratung wichtig. Für den Berater wird es oft dadurch erst möglich, ein Gespräch mit dem Ratsuchenden zu beginnen oder aufrecht zu erhalten. Ohne Frage gehören die Vermittlung von Gesprächs- und Problemlösetechniken sowie interaktive Kompetenzen in die Ausbildung von Beratern. Jedoch die „Variablen" der Roger'schen Gesprächspsychotherapie können keinesfalls als die wichtigsten Bedingungen der Beziehung in einer Sozialen Beratung von Armen betrachtet werden. Die Fokussierung auf Interaktionen, Beziehungsgestaltung u.ä. betrifft das Gros psychosozialer Methoden. Klienten werden vorwiegend auf individuelle Problemlösestrategien orientiert, die gesellschaftskonform sind, da sie die gegebenen Herrschaftsverhältnisse nicht grundsätzlich in Frage stellen.

3. Beratung nach der „Bedingungs-Bedeutungs-Begründungsanalyse"

Anhand der *Einführung in die Kritische Psychologie* (Markard 2009) möchte ich die dargelegten Ausführungen präzisieren und ein interdisziplinäres Programm für die Soziale Beratung und Soziale Arbeit skizzieren. In der Beratung geht es in allererster Linie um Klärung von Problemlagen. Wie auch immer der Ratsuchende diese zu Beginn der Beratung präsentiert – mehr kognitiv oder von der Befindlichkeit her – die kritisch-psychologische „Bedingungs-Bedeutungs-Begründungsanalyse" eignet sich in jeder Hinsicht zur Analyse, „welche Bedingungen es sind, mit denen das Individuum zu tun hat, und wie es sie bedeutungsvoll erfährt und zu seinen Prämissen macht, aus denen sein Erleben und Handeln verständlich wird" (Markard 2009, S. 268). Für den Berater, aber besonders für den Ratsuchenden, der sich wegen eines Anliegens in Beratung begibt, ist dies ein Verfahren, „gegebene Handlungsmöglichkeiten/-behinderungen auf restriktive Umgangsweisen damit und Lösungsmöglichkeiten zu analysieren" (S. 276). Es lässt sich sodann an Überlegungen zur Aktualempirie anknüpfen, um den Beratungsprozess noch weiter zu spezifizieren: „der konkrete aktual-empirische Weg [ist] nicht der einer zunehmenden Konkretisierung allgemeiner gesellschaftlicher und dann institutioneller Bedingungen auf das jeweilige Problem hin, sondern umgekehrt – problemzentriert – der Weg von den ungelösten Aspekten des Problems hin zu Bedingungen, die für die Analyse und Lösung des Problems von Bedeutung sein können" (S. 268).

Dennoch besteht eine Differenz hinsichtlich der allgemeinen und der konkreten Erfassung des Problems: Die Beraterin wird zunächst zur Armutslage eher wissenschaftliche Erkenntnisse über die gesellschaftlichen und politischen Veränderungen sowie die gesetzlichen Bestimmungen in der Beratung vermitteln können. Der Ratsuchende bringt seinerseits Erfahrungen zu der ihn belastenden konkreten Armutsproblematik ein. Läuft die Beratung gut, werden Berater und Ratsuchender sich in ihrem Verständnis annähern. So wird der Ratsuchende schrittweise mit den kritisch-psychologischen Kategorien und den seine Problematik betreffenden wissenschaftlichen Aussagen vertraut werden. Wobei er schließlich darüber entscheidet, ob die „Angebote" für seine Problematik hilfreich sind.

In diesem Prozess sollte der Berater dem Klienten in der Aufdeckung gesellschaftlicher Macht- und Herrschaftsverhältnisse behilflich sein, um Stigmatisierungen und Herabsetzungen seitens Dritter zu erfassen sowie sich die eigenen Verstrickungen bewusst zu machen. Für Ratsuchende, die in Armut leben, heißt das bspw., dass die ökonomischen und gesellschaftlichen Bedingungen der Armut zunächst allgemein geklärt werden und gängige Ideologien, es liege an einer besonderen Kultur der neuen Unterschicht (Nolte 2003), der Faulheit, der Bildungsferne, dem schlechten Charakter der Betreffenden usw., hinterfragt werden. Vernachlässigt der Berater ökonomische und gesellschaftswissenschaftliche Erkenntnisse bzgl. der Armut, dann bleibt die Beratung unter ihren Möglichkeiten oder kann schlimmstenfalls kontraproduktiv sein: „Bedingungen, die nicht analysiert werden (oder deren Analyse nicht zur Kenntnis genommen wird), können auch nicht in den Blick geraten und nicht für psychologische Analysen genutzt werden" (S. 268). Diese Kenntnisse über ökonomische, gesellschaftliche und institutionelle Verhältnisse machen einer Ratsuchenden erst ein bewussteres Verhalten zu diesen Bedingungen möglich. So kann sie überhaupt erst Einfluss auf die entsprechenden

Umstände nehmen. Ziel bzw. emanzipatorischer Anspruch einer solchen Beratung wäre, dass Klientinnen über das eigene Leben besser verfügen können, entweder, indem sie alleine Veränderungen schaffen oder – wo es machtstrategisch notwendig ist – mit anderen zusammen aktiv werden.

Wenn vom Berater außerdem die Grundbegriffe zur Selbstklärung, zur Aufschlüsselung der Zusammenhänge im Beratungssetting genutzt werden, dann kann er seine eigenen Handlungsmöglichkeiten und -beschränkungen im Arbeitsfeld besser erkennen und die Beratung bewusster ausführen. Kritisch-psychologische Begriffe eignen sich ebenso zur Aufklärung der „Beziehungsebene": Zur Bestimmung des Verhältnisses Beraterin und Ratsuchender in einer Beratung, die sich als Bedingungs-Bedeutungs-Begründungsanalyse versteht, taugen die Ausführungen zur „Beziehung" in der traditionellen Beratungsliteratur nur bedingt. Es sind nicht nur die interaktionellen Abläufe, die das Verhältnis beeinflussen, sondern auch die institutionellen, rechtlichen oder gesellschaftlichen Rahmenbedingungen der Beratung (s. insbes. Abschnitt 5). Diese sollten in einer Beratung, die auf Emanzipation zielt, reflektiert und offen gelegt werden, indem bspw. der konkrete Sanktionskontext, die Asymmetrie zwischen Berater und Klient usw. benannt werden, wobei diese damit keineswegs schon überwunden wären.

Das kritisch-psychologischen Konzept der „intersubjektiven Verständigung" eignet sich zur Erkundung des Verhältnisses zwischen Beraterin und Klient sowie zur „Beziehungsgestaltung": Zwar kann eine asymmetrische Beziehung zwischen Berater und Ratsuchendem, die den Rahmenbedingungen geschuldet ist, nicht während der Beratung aufgehoben werden. Allerdings sollte der Berater versuchen, ein intersubjektives Niveau zum Ratsuchenden aufzubauen. So ist eine Verringerung der Differenz, die sich daraus ergibt, dass die Beraterin die kritisch-psychologischen Kategorien nicht nur kennt, sondern sie auch so dem Ratsuchenden vermitteln kann, möglich, so dass eine gemeinsame Analyse der Problematik, die zur Beratung führte, erreicht wird.

Zur Fundierung einer Sozialen Beratung für Menschen in Armut in der BRD werden im Folgenden deren ökonomische und gesellschaftliche Bedingungen dargestellt. Es werden prägnante Beispiele der Hartz-Gesetzgebung angeführt, die Rahmenbedingungen für die konkrete Position und Lebenslage von Ratsuchenden bilden. Was sie genau für die jeweiligen Ratsuchenden bedeuten, dies sollte in der Beratung gemeinsam geklärt werden, ebenso welche Prämissen subjektiv das Erleben und Handeln verständlich machen.

4. Ökonomische und gesellschaftliche Bedingungen – gesellschaftliche Macht- und Herrschaftsverhältnisse

In allen Gesellschaften mit kapitalistischer Produktionsweise besteht ein Zusammenhang zwischen Arbeit, Arbeitslosigkeit und Armut. Armut erscheint in unterschiedlichen Formen.[1] Es existiert eine Vielzahl von Armutsdefinitionen, so z.B. die der absoluten Armut oder der relativen Armut.[2] Insbes. politikwissenschaftliche Analysen zum Um- bzw. Abbau des Sozialstaates sind von Nutzen, um die Bedingungen und Möglichkeiten einer Beratung von Armen und Arbeitslosen heute zu klären.

4.1 Arbeitslosigkeit und Armut im Kapitalismus

Nach Karl Marx resultiert Armut in Gesellschaften mit kapitalistischer Produktionsweise (egal in welchem Stadium oder in welcher Ausformung) auf ökonomischen Gesetzmäßigkeiten, die den doppelt freien Lohnarbeiter, der prinzipiell „virtueller Pauper" ist (MEW 42, S. 505), dazu bringt, nicht nur notwendige Arbeit zu verrichten, sondern eine „Mehrarbeit", die wiederum notwendige Arbeit frei werden lässt und damit Arbeitslosigkeit und Armut bedingt. Für die Bundesrepublik Deutschland sind aktuell diese Gesetzmäßigkeiten ebenfalls bestimmend. Zwar ist die absolute Armut in dieser Gesellschaft weitgehend überwunden, allerdings ist die relative Armut weit verbreitet. Sie wird mittels eines statistischen Maßes von sozialer Ungleichheit bestimmt.

Diese Ungleichheit hat in den letzten Jahren zugenommen (vgl. Bundesministerium 2001, 2005, 2008). Für Robert Castel (2011) ist sie eine Folge der „großen Transformation" vom fordistischen zum postfordistischen Kapitalismus. Basierte der Fordismus vorwiegend auf dem Binnenkonsum, verbunden mit vergleichsweise hohen Löhnen und einer sozia-

---

[1] Armut bei Arbeitslosigkeit und Arbeitslosengeld II; bei Beschäftigten, die Niedriglöhne erhalten und auf „Aufstockung" angewiesen sind; Armut nach Scheidung; bei Alleinerziehenden; bei älteren Menschen, die eine Rente unter dem Existenzminimum erhalten; bei Studierenden.

[2] Von den EU-Mitgliedstaaten wurde ein statistisches Konzept der „relativen Armut" festgelegt, das u.a. den Armuts- und Reichtumsberichten der Bundesregierung zugrunde gelegt wird. Die Einkommen in unserer Gesellschaft werden in Form von Nettoäquivalenzeinkommen bestimmt und je nach Haushaltszusammensetzung bedarfsgewichtet. Weiterhin wird der Median als Referenzgröße gewählt, ein Mittelwert, der die Einkommensverteilung in zwei Hälften splittet. Ein Armutsrisiko besteht dann, wenn Haushalte weniger als 60% des mittleren Nettoäquivalenzeinkommens zur Verfügung haben (vgl. Bundesministerium 2001, 2005, 2008).

len Absicherung, die sich am Niveau des Lebensstandards orientierte, so änderte sich dies gravierend mit dem Postfordismus:[3] Zusammen mit der rapiden Produktivkraftentwicklung in den Bereichen Kommunikation und Transport, durch die Einführung des Computers und die Automatisierung der Produktion entstand eine neue kapitalistische Produktionsweise, die z.B. auf Lohnsenkung und -differenzierung, Privatisierung oder Mehrwertabpressung von konkurrierenden Kapitalien gründete. Es kam zur Auflösung der „Kollektive", Aufsplittung der abhängig Beschäftigten, zu Dequalifikation oder zum Wegfall ganzer Berufsgruppen und zur Zunahme von Arbeitslosigkeit mit der Folge, dass die Arbeitenden in ihrer Interessenvertretung deutlich geschwächt wurden (vgl. ebd.). Schutzrechte des Arbeitsverhältnisses, Zugangsrechte zu öffentlichen Gütern u.ä. wurden sukzessive reduziert. Mit anderen Worten: die neoliberale Deregulierung wurde mit Folgen für die sozialen Sicherungssysteme durchgesetzt (vgl. Hirsch & Roth 1986; Kisker 1997; Aglietta 2000; Bosch & Weinkopf 2008; Röttger 2008).

4.2 Der aktivierende Sozialstaat – eine neue Regulations- und Herrschaftsweise

Mit dem Übergang von der fordistischen zur postfordistischen Phase des Kapitalismus war ein Wechsel der Sozialpolitik verbunden. Der Sozialstaat in der BRD wurde sukzessive umgebaut. In Zeiten der Kohl-Regierungen wurden Sozialleistungen immer wieder gekürzt. Unter „Rot-Grün" kam es dann zu einem substanziellen Umbau des Sozialstaates, der – vor allem von den Sozialdemokraten – im Vokabular des britischen Soziologen Anthony Giddens[4] legitimiert wurde. Durch Rekurs auf Giddens (später in Einzelfragen auf den dänischen Soziologen Gøsta Esping-Andersen) und die Rede vom „aktivierenden Sozialstaat" versuchte man die politische Nähe zum neoliberalen „workfare-state"-Konzept Thatchers und Reagans zu verschleiern: Der neuen Sozialpolitik gehe es nicht um Abbau des Sozialstaates, denn gewisse Sicherheitsvorkehrungen benötige man, weil die moderne Gesellschaft, neben den Chancen, Risiken hervorbringe. Das Sozialsystem sei grundsätzlich anders auszurichten. Bundeskanzler Gerhard

---

[3] Als das Programm für die Regulationsweisen im Postfordismus gilt der Neoliberalismus, der die „praktische Ideologie der Akteure des Kapitals" (Demirović 2008, S. 19) darstellt: der Staat soll sich zurückziehen, Finanz- und Arbeitsmärkte sollen dereguliert werden, damit der Markt als bestes Regelsystem fungieren könne (vgl. Bourdieu 2004; Butterwegge, Lösch & Ptak 2008).
[4] Giddens (vgl. 2000) unterscheidet sich m.E. oft nur in Nuancen von den neoliberalen Kritikern des Sozialstaates oder den kulturalistischen Underclass-Ideologen.

Schröder kleidete das in der Regierungserklärung am 10. November 1998 in folgende Metapher: „Das soziale Netz muss nach unserer Auffassung zu einem Trampolin werden. Von diesem Trampolin soll jeder, der vorübergehend der Unterstützung bedarf, rasch wieder in ein eigenverantwortliches Leben zurückfedern können" (S. 20).

Im aktivierenden Sozialstaat soll die Inklusion von Arbeitslosen und Armen erreicht werden, indem die Betroffenen zur Wiederaufnahme einer Erwerbstätigkeit aktiviert, beraten und trainiert werden. Gewissermaßen sollen (sozial-)pädagogische Interventionen die Beschäftigungs- bzw. Arbeitsmarktfähigkeit (employability) wieder herstellen (kritisch Haug 2003). Des Weiteren beabsichtige man, in die Bildung von Humankapital zu investieren, lebenslanges Lernen zu fördern – alles Erdenkliche im Sinne einer Arbeitsmarktaktivierung zu tun (vgl. Galuske 2008; Dingeldey 2005, 2006). Was sich hinter diesem „Neusprech" und Jargon verbirgt, wurde schnell deutlich: Sozialleistungen wurden für einen großen Teil der Armen von ihrer Mitwirkung zur Arbeitsmarktaktivierung abhängig gemacht. Das war ein radikaler Schnitt, denn im alten rheinischen Sozialstaat waren Sozialleistungen nur an die Lohn- bzw. Gehaltshöhe vor der Arbeitslosigkeit gekoppelt.[5] Ihnen kam eine „kompensatorische Funktion" zu. Arbeitslose und Arme hatten Anspruch auf Hilfeleistungen, die gesetzlich verbürgt und an Bedarfen orientiert waren.

Die realen sozialpolitischen Maßnahmen, die von den rot-grünen Koalitionsregierungen vollzogen worden sind, sind erkennbar der neoliberalen Angebotspolitik untergeordnet. Sozialleistungen werden seitdem einem Kostenkalkül unterworfen. Betrachtet man hohe Sozialstandards unter angebotsökonomischen Gesichtspunkten, dann führen sie zu Wettbewerbsnachteilen im Verhältnis zu solchen Ländern, die geringere Standards und Kosten festlegen. Mit immer niedrigeren Firmensteuern um Standortvorteile gegenüber Konkurrenten zu kämpfen, führt zu einem Druck auf die Höhe der Sozialleistungen. Unter affirmativen sozialpolitischen Worthülsen, die den Anschein einer „neosozialen Politik" (Dahme 2008) geben, werden die legitimen Ansprüche auf Sozialleistungen durch die Hartz-Gesetze unterminiert.

Die Veränderungen wirken sich auf die Beratung von Armen aus: im Rechtsverhältnis zwischen Bürger und Staat, in der institutionellen Einbettung, in den Forderungen an den Ratsuchenden, im Verhältnis Berater und Klient sowie in den Methoden der Beratung. Anhand einiger Beispiele

---

[5] Nach Ablauf des Bezugszeitraums für Arbeitslosengeld erhielt man Arbeitslosenhilfe, 57% bzw. 53% vom pauschalierten Nettoentgelt. Die Arbeitslosenhilfe wurde ab 1.1.2005 vom Arbeitslosengeld II (Hartz IV) abgelöst.

soll dieser Umbau konkretisiert werden. So sei auf das ehemalige Bundessozialhilfegesetz (BSHG) aus dem Jahre 1961 verwiesen, um die Unterschiede gegenüber den Hartz-Gesetzen zu markieren. Im BSHG war in §1 Abs. 2 noch als Aufgabe der Sozialhilfe formuliert, „dem Empfänger der Hilfe die Führung eines Lebens zu ermöglichen, das der Würde des Menschen entspricht". Mit der Hartz-Revision wurde das BSHG am 1.1.2005 durch das „Sozialgesetzbuch (SGB) Zweites Buch (II) - Grundsicherung für Arbeitssuchende - (Artikel 1 des Gesetzes vom 24. Dezember 2003, BGBl. I, S. 2954)" und das „Sozialgesetzbuch (SGB) Zwölftes Buch (XII) - Sozialhilfe - (Artikel 1 des Gesetzes vom 27. Dezember 2003, BGBl. I, S. 3022)" abgelöst. Damit geht eine Aufteilung in zwei Gruppen von Armen einher:

1. erwerbsfähige Personen zwischen 15 und 64 Jahren, für die im Gesetz nichts zu ihrer „Menschenwürde" formuliert ist (sie haben unter bestimmten Bedingungen Anspruch auf Arbeitslosengeld II, das sog. „Hartz IV"), sowie

2. nicht erwerbsfähige Hilfebedürftige, welche Hilfe zum Lebensunterhalt („Sozialhilfe") erhalten, um ein Leben führen zu können, „das der Würde des Menschen entspricht" (§1 SGB XII).

Besonders die erwerbsfähigen Personen geraten in den Fokus der Beratung. Daher sollen Gesetze angeführt werden, die relevant für deren Beratung sind. Die Auflistung verdeutlicht die „Umkehrungen" in den neu formulierten Gesetzen: Nach der „neuen Gesetzesauffassung" führen nicht die ökonomischen Bedingungen und gesellschaftlichen Strukturen zu Armut, sondern diese beruhe auf Fehlentscheidungen und -handlungen der Armen. Bedürftige bzw. Ratsuchende müssen „Gegenleistungen" für das Arbeitslosengeld II erbringen, z.B. vielfältige Aktivitäten zur Gewinnung eines Arbeitsplatzes unternehmen, auch wenn dies wegen der realen Arbeitsmarktlage mit hoher Wahrscheinlichkeit zu keinem Ergebnis führen wird:

– es besteht die Pflicht, noch vor Beendigung eines Arbeitsverhältnisses Meldung zu erstatten (§38 SGB III);

– der Grundsatz des Forderns gilt und wird mit einer Pflicht zum Abschluss einer Eingliederungsvereinbarung verbunden (§2 SGB II);

– die Ausführungen zum Fördern sind vage; verbindlich festgelegt wird ein Ansprechpartner für Arbeitslose (§14 SGB II);

– die Eingliederungsvereinbarung ist verpflichtend (§15 SGB II u. §35, Abs. 4 SGB III); bei Nichtabschluss greift §31 SGB II;

– die Zumutbarkeit wird auf jede Arbeit außer sittenwidrige Tätigkeiten ausgedehnt (§10 SGB II); de facto bedeutet das eine Aufhebung des Berufs- und Qualifikationsschutzes (vgl. Göckler 2009a);
– eine Absenkung oder ein Wegfall von ALG II kann eingeleitet werden (§31 SGB II).

Die Beratung nach dem neuen Sozialrecht – hier muss man wohl korrekterweise von „Zwangsberatung" sprechen (eine extreme Variante von Beratung) – wird als „Fallmanagement" (Case Management) in Institutionen der Grundsicherung (Arbeitsagenturen, Optionskommunen, geteilte Trägerschaft; vgl. Göckler 2009a) durchgeführt. Hier werden nicht mehr Unterstützungsleistungen zwischen Beraterin und Klientin ausgehandelt, sondern es geht im Prinzip um „Abwehr" der Inanspruchnahme von Sozialleistungen. Denn die Grundsicherungsträger sind durch §48 SGB II bei der Gewährung von Leistungen an betriebswirtschaftliche Kriterien gebunden, die den Handlungsspielraum der Fallmanager einschränken (vgl. Wolf 2006; Behrend & Ludwig-Mayerhofer 2008; Göckler 2009b). Zugleich wurden Leistungen für Arbeitslose gekürzt, Ein-Euro-Jobs eingeführt und ein Niedriglohnsektor etabliert. Außerdem wurden „Bedarfsgemeinschaften" (einmalig in Europa) konstruiert und ein Zwang zur gegenseitigen Unterstützung der Mitglieder verfügt.

Es fallen Parallelen auf zwischen SGB II, welches für unzureichende „Eigenverantwortung" und Mitarbeit Sanktionen vorsieht, und Ideologien, die Disziplinlosigkeit oder problematische Persönlichkeitseigenschaften bei den Armen unterstellen (u.a. Murray 1999; Nolte 2003). Auch die Behauptung der kulturalistischen Underclass-Vertreter, dass der großzügige und Ansprüche schaffende Sozialstaat quasi eine „Hängematte" sei und zur Verwahrlosung sowie zu armutsverursachenden Dispositionen führe, ist in den Aktivierungsforderungen der neuen Sozialgesetze enthalten. Zugespitzt ausgedrückt: gesellschaftlich bedingte Arbeitslosigkeit wird negiert, der Sozialstaat für kontraproduktiv erklärt und könne zum Wohle der Armen abgebaut werden.

Eine fundierte Soziale Beratung von Armen muss neben der Aufarbeitung der ökonomischen und politischen Hintergründe für Armut in der heutigen Gesellschaft zusätzlich auch solche ideologischen Konstruktionen bzgl. Armut inspizieren. Außerdem sind sozialpolitische Begründungen und wissenschaftliche Theorien zu Armut, Armutsdefinitionen, sozialer Ungleichheit und Gerechtigkeitsdiskursen kritisch zu prüfen. Das ist im Fachgebiet der Sozialen Arbeit zum großen Teil vernachlässigt worden: Betrachtet man nur, mit welcher Beflissenheit der Kunden-Jargon in dieses Fach Einzug hielt, im Glauben, durch die Wortwahl einen gleichberechtigten Umgang mit den Klienten/Betroffenen zu erreichen, damit an der Spitze des Fortschritts zu stehen und eine wahre Humanität zu realisieren, dann zeigt sich die Anfälligkeit für Moden und die unzureichende Reflexion der Lehrenden der Sozialen Arbeit. Möglicherweise liegt die unzureichende Reflexion daran, dass u.a. die Zusammenhänge zwischen individuellen, psychischen und gesellschaftlichen Prozessen nicht richtig erkannt werden, weil Psychisches und Individuelles, das sich etwa in Persönlichkeitseigenschaften zeigen soll, losgelöst von politischen und gesellschaftlichen Faktoren verstanden werden.

Ebenso könnten Irrtümer und Fehler im praktischen Beraten aus einer unzureichenden Durchdringung des „Feldes" der Beratung resultieren, einer disziplinär einseitigen Theoriebildung und/oder Nachlässigkeiten in der Auseinandersetzung mit Theorie. Textbeispiele aus einem programmatischen Aufsatz von Ronald Lutz (2008) sollen dies belegen.

Führt man Analysen nicht zu Ende und verzichtet auf Verteidigung professioneller Standards gegenüber fachfremden Interessen, dann erscheint die aktivierende Sozialarbeit als alternativlos: „Diese Aktivierung zur ‚Verantwortung' impliziert zweifellos eine Verlagerung der Risiken auf das Subjekt: Private Vorsorge wird zum Programm erhoben. Das kann man kritisch diskutieren und als Strategie einer verstärkten Individualisierung sowie eines Abschieds von solidarischen Formen des Sozialen bewerten. Es entspricht aber dem Bild vom Menschen der Moderne, wenn dem gestaltungsfähigen Subjekt mehr Autonomie, Eigenverantwortung und ökonomisches Handeln zugemutet bzw. abverlangt wird. Daraus ergeben sich Konsequenzen für die Soziale Arbeit: Zum einen muss diese nun stärker als in der Vergangenheit nach betriebwirtschaftlichen [sic!] Kriterien arbeiten, sich also entsprechend neu orientieren; zum anderen muss sie sich statt auf den Ausgleich von Defiziten auf die Förderung von Kompetenzen und die Aktivierung der Menschen für die eigene Lebensführung konzentrieren" (S. 4). Bei oberflächlicher Betrachtung fühlt man sich an den Diskurs „Empowering the people" erinnert. Lutz bedient sich der Begriffe, aber keinesfalls orientiert er sich an den Inhalten dieses Ansatzes. In der folgenden Passage wird dies besonders deutlich: „Die Klientel – die Kunden – sollen vermehrt befähigt, eben trainiert werden, ihr Leben in eigener Verantwortung zu gestalten." Trainings, u.a. Armutsbewältigungsprogramme, „sollen vor allem zur rationalen Steuerung des eigenen Verhaltens hinsichtlich seiner Folgen beitragen" (S. 6). D. h. Fertigkeiten zur Bewältigung und zur rationalen Steuerung sollen losgelöst von der Lebenslage der Klienten geübt werden. Damit propagiert Lutz eine Art Sozialer Arbeit, die von den Klienten fordert sich wie Münchenhausen selbst mitsamt Pferd am eigenen Zopf aus dem Sumpf zu ziehen.

„Daraus ergibt sich jene ‚aktivierungspädagogische' Neuformulierung der Sozialen Arbeit, die den Druck der Politik aufnimmt und Soziale Arbeit zugleich neu skizziert. Dies lässt sich zwar – kritisch betrachtet – als eine ‚Erziehung zur Armut' diskutieren, durch die Menschen für veränderte Bedingungen fit gemacht, eben ‚erzogen' werden sollen. [...] Soziale Arbeit entfernt sich von Parteilichkeit, sie wird zur Dienstleistung, sie unterstützt und fördert lediglich die Aktivitäten ihrer Klientel, indem sie diese aktiviert" (S. 6f). Die Aktivierung des „eigenverantwortlichen Kunden" zur Arbeitsmarktfähigkeit und zur Armutsbewältigung bedeutet den Rückzug von professionellen Standards. Diese Variante Sozialer Arbeit und Beratung suspendiert bereitwillig die Interessen ihrer Klienten und sie ist damit keineswegs unparteilich, sondern mit der vermeintlich neutralen Dienstleistungstätigkeit wird der Druck der Politik weitergegeben.

Wenn man die gesellschaftlichen Bedingungen von Armut in ein Konzept der Armutsbewältigung einbeziehen will, ist eine Psychologie erforderlich, die die Zusammenhänge zwischen gesellschaftlichen und individuellen Prozessen nicht ausklammert, sondern sich deren Erforschung zuwendet. Um die Soziale Beratung klientengerechter zu gestalten, kann das erkenntniskritische Potenzial der kritisch-psychologischen Arbeiten, insbes. die kompakte Darstellung Markards Einführung in die Kritische Psychologie für eine Form der Beratung ausgewertet werden, die an problematischen Beratungskonstellationen ansetzt und die Beratungssituation so zu verändern sucht, dass für den Klienten Möglichkeiten sichtbar werden, seine Problemlagen zu bewältigen. – Im Weiteren soll gezeigt werden, dass Kritische Psychologie genutzt werden kann, um problematische Beratungskonstellationen zu entdecken und diese im Sinne des Klienten und Beraters zu verändern. Es wird erörtert, wie eine emanzipative Strategie zu erreichen ist, die auf intersubjektiver Begegnung in der Beratung basiert.

5. Die Herstellung von Asymmetrie

Wie dargestellt worden ist, ist in der Sozialen Beratung von Armen infolge der ökonomischen und sozialpolitischen Veränderungen ein systemaffirmativer und -kompatibler Aktivierungsansatz entstanden. Gleichzeitig werden traditionelle, v.a. auf der humanistischen Psychologie beruhende Beratungsansätze propagiert, als ob die sozialpolitischen Umwälzungen nur marginalen Einfluss auf die Beratungspraxis hätten. In beiden Ansätzen werden gesellschaftliche und politische Bedingungen als Beratung fundierend sowie in ihren praktischen Auswirkungen auf das „Beratungssetting" nicht ausreichend thematisiert. Zusammenhänge sind jedoch gegeben: Die Beratungsinstitutionen und Arbeitsfelder sind markt- und wettbewerbsförmig umorganisiert worden. Kostenkalkül und Kostendruck bestimmen die Soziale Beratung und setzen neue Bedingungen für Beraterinnen und Ratsuchende:

- Eine Verbetriebswirtschaftlichung vieler psychosozialer Tätigkeitsfelder hat stattgefunden (vgl. Keupp 2007).
- Die Träger und Beratungsinstitutionen sind um Gelder und „Kunden" in Konkurrenz gesetzt worden. Sie erhalten öffentliche Mittel über Projektanträge, die Leistungsbeschreibungen bzw. -angebote mit Kostenkalkulation enthalten. Verkalkulieren sie sich zu häufig und erhalten andere Träger den Zuschlag, verschwinden sie vom Markt.
- Betriebswirtschaftliche Steuerungsinstrumente werden (verpflichtend) eingeführt, z.B. Benchmarking, Qualitätssicherungs- und Zertifizierungsmaßnahmen. Private Agenturen mit (Sozial-)Wirtschaftsberatern händigen nach „Prüfung" der Qualität gegen Geld an Träger ein Zertifikat aus, damit diese weiter am Marktgeschehen teilnehmen dürfen.
- Parallel dazu eigneten sich viele Sozialarbeiter Vokabeln aus Management und Betriebswirtschaft an. An den Fachbereichen für Sozialwesen bevorzugen manche Lehrende einen Betriebswirtschaftsjargon, der im Schrifttum seinen Niederschlag findet.

Im Weiteren soll diskutiert werden, wie der Einfluss der ökonomischen, politischen, gesetzlichen und institutionellen Veränderungen die Beratung berührt. – Die Asymmetrie in der Sozialen Beratung von Armen hat sich vergrößert: Von einem gleichberechtigten Aushandeln zwischen Berater und Klient kann in vielen Bereichen der Beratung von Armen nicht mehr die Rede sein: Z.B. sind die Rechtsansprüche auf Unterstützungsleistungen, die die Arbeitsentgelthöhe vor der Arbeitslosigkeit berücksichtigen, genommen worden. Sie wurden durch Zwangsmaßnahmen ersetzt, sich „eigenverantwortlich" in die „Sanktionsgespräche in der Grundsicherung für Arbeitssuchende" (Göckler 2009a) zu begeben. Die Schuldnerberatung (vgl. Ebli & Groth 2007) oder die Beratung Wohnungsloser sind weitere Beispiele für Restriktionen im aktivierenden Sozialstaat. Das Machtgefüge in der Sozialen Beratung heute hat sich im Binnenverhältnis „Berater – Ratsuchender" zugunsten des Beraters verändert. Die Führungs- und Sanktionsmöglichkeiten gegenüber dem Ratsuchenden sind gesetzlich festgeschrieben. Für den Berater stellen sie ebenfalls Normvorgaben dar, an die er gebunden ist und die er kaum noch nach eigenen Standards von Hilfen und Beratung abändern kann. Rainer Göckler (2009a, S. 148) meint, dass der Gesetzgeber nach dem Muster von Verstärkung und Bestrafung „durchaus Erkenntnissen der behavioristischen Forschung" folge. Es ist aber eher davon auszugehen, dass die Ausführungen in den Sozialgesetzen und weiteren Verfügungen einem „Vulgär-Behaviorismus" entstammen, wie er bspw. Ideologien bzgl. Armut (Medienkampagnen wie zu „Florida-Rolf"; vgl. Nolte 2003) inhärent ist: richtig Druck machen und bestrafen, dann lasse sich das „Armuts-Arbeitslosen-Faulenzer-Problem" schon lösen. Auch in sozialarbeiterischen Arbeiten zu aktivierender Beratung finden sich solche Gedanken (vgl. Gehrmann & Müller 2010). Diese Positionen, die mit der Hartz-Gesetzgebung zunahmen, beruhen wohl auf Erfahrungen des Führens und Konditionierens von solchen Menschengruppen, die über sehr wenig Macht verfügen und nicht ohne weiteres gegen Mächtigere zurückschlagen können – die, die zurückschlagen, sind nicht konditioniert, sie entfalten Handlungsalternativen. Die neuen Sozialgesetze geben den Rahmen für vordemokratische Disziplinierungs-, autoritäre Erziehungs- und Züchtigungstechniken sowie betriebswirtschaftliche Motivierungs- und Kontrollansätze vor. Mit dieser gesetzlichen Konstruktion und einer darauf beruhenden unreflektierten Beratung wird eine Form extremer Fremdbestimmung geschaffen. Hier besteht eine Entsprechung zu Konditionierungsexperimenten im Skinner'schen Verstärkungs-/Bestrafungsregime. Holzkamp (1993, S. 62) hat solche Anordnungen als „Grenz- und Sondersituationen" bezeichnet, „in welchen das Subjekt mit ‚guten Gründen' so handelt, wie im Konditionierungsschema vorgesehen, nicht nur durch den geschilderten extrem reduzierten Weltaufschluss, sondern darin auch durch eine Konstellation […], in welcher mir *begründetermaßen nichts anderes übrigbleibt,* als ‚nach Anordnung' zu ‚reagieren', d.h. andere Handlungsalternativen als in Ansehung meiner Interessen unbegründbar beiseitezulassen".

Etablierte und standardisierte Angebote der Beratung von Armen (z.B. Schuldnerberatung, ALG II-Beratung) beinhalten Zielvorgaben zur „Motivierung". Darüber hinaus wird das o.g. Repertoire von Leistungen und Sanktionen zur „Motivierung" eingesetzt. – Auch eine „erfolgreiche" Beratung z.B. für Arbeitssuchende muss nicht heißen, genug zu verdienen, um aus der Armut herauszukommen. Studien zeigen die Tendenz, dass Personen länger in Armut bleiben und dass der Anteil der arbeitenden Armen zunimmt (vgl. Strengmann-Kuhn 2003; Andreß & Seek 2007; Bosch & Weinkopf 2008; OECD 2009). Aufgrund dessen und der Asymmetrie, dass kaum Vereinbarungen unter Gleichberechtigten getroffen werden können, kann von Motivation des Klienten nicht mehr gesprochen werden. Es dominieren Fremdbestimmung bzw. Zwang. Zielvereinbarungen stellen keine wirkliche Zielklärung dar. Es werden lediglich vorgegebene allgemeine Vorgaben (z.B. Schuldnerberatung, Arbeitsaufnahme um jeden Preis) zu Unterzielen für den Ratsuchenden gemacht. Werden diese Ziele nicht befolgt, dann muss der Klient mit sukzessiv eingesetzten

Sanktionen rechnen. Im Grunde handelt es sich um Fremdbestimmung, die im Vokabular des „neoliberal newspeak" als „Selbststeuerung", „flexiblity", „responsibility", „authenticity" usw. ausgedrückt und gleichzeitig verschleiert wird (vgl. Bourdieu & Wacquant 2001).

6. Schluss

Will man in der Sozialen Beratung zur Klärung der konkreten Bedingungen kommen, so müssen zur Bestimmung allgemeiner Strukturen und Gesetzmäßigkeiten zunächst Bezüge auf Ökonomie, Gesellschafts- und Rechtswissenschaft vorgenommen werden, um im weiteren Fortschreiten der Beratung die Problematik des Ratsuchenden zu verstehen. Diese begründet sich nicht nur aus unmittelbaren Gegebenheiten. Die kritisch-psychologischen Begriffe der Position und Lebenslage, die gewissermaßen „Verschränkungsbegriffe" darstellen, also Gesellschaftliches, Sozialräumliches, Individuelles und Subjektives in Beziehung setzen, sind grundlegend für die Beratung. So können die Möglichkeiten und Behinderungen in der jeweiligen Armutskonstellation eruiert werden: Sind in der Vergangenheit vom Ratsuchenden Möglichkeiten unzureichend ausgeschöpft worden? Haben eigene bisherige Handlungsweisen zur Verfestigung der Notlage, der Armut beigetragen (nicht im Sinne einer Kultur der Armut, sondern im Sinne von – unbewusstem – selbstschädigendem Handeln)? In der Beratung wäre dann zu klären, ob alternative Handlungsmöglichkeiten unter Einschluss kollektiver Bewältigungsformen von Armut verwirklicht werden können.

Den Beratern, die auf traditionelle Psychologierichtungen Bezug nehmen, gelingt es selten, Zusammenhänge zwischen Befindlichkeit des Klienten, seiner Lebenslage und den Macht- und Herrschaftsstrukturen mit dem Betreffenden zu ermitteln. Diejenigen, die die „Unmittelbarkeitsverhaftetheit" in Theorie und Praxis reproduzieren, neigen zur Personalisierung von Armut und Armutsentstehung. Den Armen werden eventuell Fehlhandlungen und -entscheidungen nachgesagt, die sie in der Vergangenheit vollzogen hätten. Eine solche Beratung betreibt, ob beabsichtigt oder nicht, eine Anpassung an armutsaufrechterhaltende Lebensumstände. Mittels des kritisch-psychologischen Konzeptes der „Unmittelbarkeitsüberschreitung" (vgl. Holzkamp 1983, S. 27ff) können Personenetikettierung und rein individualisierte Problemlösungen in der Beratung überwunden werden. Nach diesem Konzept agieren Menschen in Bezug auf Bedingungen, die gesellschaftlich produziert sind. Je nach Lebenslage und Position haben sie unterschiedliche Handlungsspielräume.

Die Konzepte der Kritischen Psychologie stellen wesentliche Leitlinien für eine Psychologie der Beratung dar, die die gesellschaftlichen Lebensverhältnisse hinterfragbar machen. Die von Markard vorgelegte *Einführung* präsentiert sie in kompakter Darstellung als eine Psychologie, die für die interdisziplinäre Ausrichtung von Sozialer Beratung und Sozialer Arbeit in besonderer Weise geeignet ist, da sie die Existenz des Menschen als gesellschaftlich vermittelte begreift.

Literatur

Aglietta, M. (2000). *Ein neues Akkumulationsregime. Die Regulationstheorie auf dem Prüfstand.* Hamburg: VSA.
Andreß, H.-J. & Seeck, T. (2007). Ist das Normalarbeitsverhältnis noch armutsvermeidend? Erwerbstätigkeit in Zeiten deregulierter Arbeitsmärkte und des Umbaus sozialer Sicherungssysteme. In: *Kölner Zeitschrift für Soziologie und Sozialpsychologie,* 59. Jg., H. 3, 459-92.
Ansen, H. (2006). *Soziale Beratung bei Armut.* München: Ernst Reinhardt Verlag.
Behrend, O. & Ludwig-Mayerhofer, W. (2008). Sisyphos motivieren, oder: Der Umgang von Arbeitsvermittlern mit Chancenlosigkeit. In: *Zeitschrift für Sozialreform,* 54. Jg., H. 1, S. 37-55.
Bosch, G. & Weinkopf, C. (Hg.) (2008). *Low-wage work in Germany.* New York: Russell Sage Foundation.
Bourdieu, P. (2004). *Gegenfeuer.* Konstanz: UVK.
Ders. & Wacquant, L. (2001). New liberal speak: notes on the new planetary vulgate. In: *Radical Philosophy 105*, 30. Jg., 2-5.
Brenner, R. (2003). *Boom & Bubble. Die USA in der Weltwirtschaft.* Hamburg: VSA.
Ders. (2006). *The economics of global turbulence: The advanced capitalist economies from long boom to long downturn, 1945-2005.* London: Verso.
Bretschneider, R. (2010). *Einmal arm — immer arm. Bewältigungsstrategien von Menschen in Armutslebenslagen und unterstützende Beratungsmodelle.* Saarbrücken: VDM Verlag Dr. Müller.
BSHG: Bundessozialhilfegesetz (BSHG) vom 30.6.1961, BGBl I S. 815, 1875 - BGBl III 2170-1 in der Fassung der Bekanntmachung vom 23.3.1994, BGBl I S. 646, 2975 - Zuletzt geändert durch Gesetz zur Änderung des Wohngeldgesetzes und anderer Gesetze vom 22.12.1999, BGBl I S. 2671 (http://www.wex-bb.de/bshg.htm; 30.12.2010).
Bundesministerium für Arbeit und Soziales (2008). *Lebenslagen in Deutschland. 3. Armuts- und Reichtumsbericht der Bundesregierung.* Berlin.
Bundesministerium für Arbeit und Sozialordnung (2001). *Lebenslagen in Deutschland. Erster Armuts- und Reichtumsbericht der Bundesregierung.* Berlin.
Bundesministerium für Gesundheit und Soziale Sicherung (2005). *Lebenslagen in Deutschland. 2. Armuts- und Reichtumsbericht der Bundesregierung.* Berlin.
Butterwegge, C., Lösch, B. & Ptak, R. (Hg.) (2008). *Neoliberalismus. Analysen und Alternativen.* Wiesbaden: VS Verlag für Sozialwissenschaften.
Castel, R. (2011). *Die Krise der Arbeit. Neue Unsicherheiten und die Zukunft des Individuums.* Hamburg: Hamburger Edition.
Dahme, H.-J. (2008). Krise der öffentlichen Kassen und des Sozialstaats. In: *Aus Politik und Zeitgeschichte.* Bd. 58, H. 12/13, S. 10–16.
Demirović, A. (2008): Neoliberalismus und Hegemonie. In: C. Butterwegge, B. Lösch & R. Ptak (Hg.), *Neoliberalismus. Analysen und Alternativen.* Wiesbaden: VS Verlag für Sozialwissenschaften, S. 17-33.

Dingeldey, I. (2005). Vom klassischen zum aktivierenden Wohlfahrtsstaat. In: K. Groh & C. Weinbach (Hg.). Zur Genealogie des Politischen Raums. Staats- und Politikkonzepte. Wiesbaden: Verlag für Sozialwissenschaften, 273-308.
Dies. (2006). Aktivierender Wohlfahrtsstaat und sozialpolitische Steuerung. In: Aus Politik und Zeitgeschichte. Beilage zu „Das Parlament", H. 8-9/2006, S. 3-9.
Ebli, H. & Groth, U. (2007). Schuldnerberatung. In: F. Nestmann (Hg.). Bd. 2, S. 1161–72.
Engel, F., Nestmann, F. & Sickendiek, U. (2007). „Beratung" - Ein Selbstverständnis in Bewegung. In: F. Nestmann, Bd. 1, S. 33-44.
Galuske, M. (2008). Fürsorgliche Aktivierung – Anmerkungen zu Gegenwart und Zukunft Sozialer Arbeit im aktivierenden Staat. In: B. Bütow, K.A. Chassé & R. Hirt (Hg.). *Soziale Arbeit nach dem Sozialpädagogischen Jahrhundert. Positionsbestimmungen Sozialer Arbeit im Post-Wohlfahrtsstaat.* Opladen, Farmington Hills: Verlag Barbara Budrich, S. 9-28.
Gehrmann, G. & Müller, K. D. (2010). *Aktivierende Soziale Arbeit mit nicht-motivierten Klienten. Mit Arbeitshilfen für Ausbildung und Praxis.* 3. A. Berlin, Regensburg: Walhalla.
Giddens, A. (2000). Positive Welfare. In: C. Pierson & F.G. Castles (Hg.). *The welfare state: a reader.* Cambridge: Wiley-Blackwell, S. 369–79.
Göckler, R. (2009a). *Beratung im Sanktionskontext. Sanktionsgespräche in der Grundsicherung für Arbeitssuchende – Theorie und Praxis der Umsetzung.* Tübingen: DGVT.
Ders. (2009b). *Beschäftigungsorientiertes Fallmanagement. Praxisorientierte Betreuung und Vermittlung in der Grundsicherung für Arbeitssuchende (SGB II). Case Management in der Praxis.* 3., kompl. überarb. Neua. Regensburg, Berlin: Walhalla.
Haug, F. (2003). „Schaffen wir einen neuen Menschentyp". Von Henry Ford zu Peter Hartz. In: *Das Argument 252*, S. 606-17.
Hirsch, J. & Roth, R. (1986). *Das neue Gesicht des Kapitalismus. Vom Fordismus zum Post-Fordismus.* Hamburg: VSA.
Holzkamp, K. (1983). *Grundlegung der Psychologie.* Frankfurt/M, New York: Campus.
Ders. (1993). *Lernen. Subjektwissenschaftliche Grundlegung.* Frankfurt/M, New York: Campus.
Keupp, H. (2007). Von der Verbetriebswirtschaftlichung psychosozialer Arbeit. In: *Prokla 148*, 37. Jg., H. 3, 403-19.
Kisker, K.P. (1997). Strukturelle Überakkumulation und Krise der Erwerbsarbeit. In: *Z. Zeitschrift Marxistische Erneuerung*, H. 31, S. 61-68.
Lipietz, A. (1985). Akkumulation, Krisen und Auswege aus der Krise. Einige methodologische Anmerkungen zum Begriff der „Regulation". In: *Prokla 58*, 15. Jg., H. 1, S. 109-37.
Lutz, R. (2008). Perspektiven der Sozialen Arbeit. In: *Aus Politik und Zeitgeschichte*, H. 12-13, S. 3-10.
Markard, M. (2009). *Einführung in die Kritische Psychologie.* Hamburg: Argument.
Marx, K. (1983). Grundrisse der Kritik der Politischen Ökonomie (1858). In: K. Marx & F. Engels. Werke. Bd. 42. Berlin: Dietz, 47-768.
Murray, Ch.A. (1999). *The Underclass Revisited.* Washington/DC: The AEI Press.
Nestmann, F. (Hg.) (2007). *Das Handbuch der Beratung. Band 1: Disziplinen und Zugänge.* 2. A. Tübingen, DGVT.
Ders. (Hg.) (2007). *Das Handbuch der Beratung. Band 2: Ansätze, Methoden und Felder.* 2. A. Tübingen: DGVT.
Nolte, P. (2003). Das große Fressen. Nicht Armut ist das Hauptproblem der Unterschicht. Sondern der massenhafte Konsum von Fast Food und TV. In: *Die Zeit*, Nr. 52, 17.12.2003, S. 9.

OECD (Hg.) (2009). *Mehr Ungleichheit trotz Wachstum? Einkommensverteilung und Armut in OECD-Ländern.* OECD Publishing.

Röttger, B. (2008). Die Neoliberalisierung des ‚Rheinischen Kapitalismus'. Zur Politischen Ökonomie einer kapitalistischen Penetration. In: C. Butterwegge, B. Lösch & R. Ptak, S. 90-107.

Schneider, S. (2006). *Sozialpädagogische Beratung. Praxisrekonstruktionen und Theoriediskurse.* Tübingen: DGVT.

Schröder, G. (1998). Regierungserklärung des Bundeskanzlers am 10. November 1998 vor dem Deutschen Bundestag in Bonn: „Weil wir Deutschlands Kraft vertrauen ..." In: bpa-bulletin, 11.11.1998, Dok.nr: 98074 (http://www.mediaculture-online.de/fileadmin/bibliothek/schroeder_RE_1998/schroeder_RE_1998.pdf; 30.12.2010).

Sickendiek, U., Engel, F. & Nestmann, F. (2002). *Beratung. Eine Einführung in sozialpädagogische und psychosoziale Beratungsansätze.* 2., erw. A. Weinheim, München: Juventa.

Strengmann-Kuhn, W. (2003). *Armut trotz Erwerbstätigkeit. Analysen und sozialpolitische Konsequenzen.* Frankfurt/M, New York: Campus.

Thiersch, H. (2007a). Sozialarbeit/Sozialpädagogik und Beratung. In: F. Nestmann, Bd. 1, S. 115-24.

Ders. (2007b). Lebensweltorientierte Soziale Beratung. In: F. Nestmann, Bd. 2, S. 699-709.

Wolf, M. (2006). Hartz IV: ausgrenzende Aktivierung oder Lehrstück über die Antastbarkeit der Würde des Menschen. In: *UTOPIE kreativ,* H. 194, S. 1079-95.

Leonie Knebel & Marcel Thiel

Markard lesen? – Studentische Erfahrungen mit der „Einführung in die Kritische Psychologie"

Trotz oder vielleicht auch wegen der weitgehenden Abwesenheit kritischer Ansätze in der universitären Psychologie scheint es unter Studierenden ein gesteigertes Interesse an der Kritischen Psychologie zu geben. Davon zeugt – neben der zahlreichen Teilnahme Studierender an der Ferienuniversität im Sommer 2010 – auch die Entstehung von einer beachtlichen Zahl an Initiativen zur K(k)ritischen Psychologie in verschiedenen Städten z.b. in Berlin, Frankfurt/M, Hamburg, Marburg, Münster, Osnabrück, Trier und Wien in den letzten Jahren. Wichtige Impulse gingen von den Bildungs- und Studiengebührenprotesten 2005, 2008 und 2009/10 aus, die nicht nur eine Politisierung und Selbstorganisation der Studierenden beförderten, sondern auch zu einer Infragestellung der Studieninhalte und einem Interesse an kritisch-emanzipatorischer Wissenschaft anregten. Mitten in dieser Phase eines neuerlich wachsenden studentischen Interesses an der Kritischen Psychologie erschien 2009 die *Einführung in die Kritische Psychologie* von Morus Markard – mittlerweile schon in der vierten Auflage.

Wer bisher nach einem Einstieg in eine kritische, politische Psychologie suchte, stieß auf die Einführung von Gerald Abl, in der die Berliner Kritische Psychologie um Klaus Holzkamp lediglich in geringem Umfang erwähnt und zudem verrissen wird. Abl resümiert hier polemisch: „Sie stellt sich insgesamt dar als eine positivistische Psychologie mit marxistischem Antlitz. Ihr Bezug zur Dialektik bleibt ein bedeutungsleerer Fetisch" (Abl 2007, S.175). Studierende wie wir, die sich die Kritische Psychologie vor allem autodidaktisch über Online-Artikel und Bücher wie die *Grundlegung der Psychologie* [GdP] (1983), *Sinnliche Erkenntnis* (1973) oder *Lernen. Subjektwissenschaftliche Grundlegung* (1993) in Lesekreisen oder im Eigenstudium angeeignet haben, hatten lange auf eine Einführung gewartet. Sich mit der Kritischen Psychologie im autonomen Rahmen auseinanderzusetzen, birgt nämlich verschiedenste organisatorische wie inhaltliche Hürden (vgl. Thiel, 2009). Holzkamps Ahnung, man würde zur Lektüre der GdP sagen, „es mache große Mühe, dieses Buch zu lesen" (1983, S. 21) spiegelte sich vielfach in den Einschätzungen der Teilnehmer/innen Trierer und Marburger Leseversuche dieser und anderer (auch einführender) Schriften wider. Wir konnten uns mit unseren Fragen zwar hin und wieder bei Vorträgen, Workshops oder in Online-Foren direkt an Vertreter/innen der Kritischen Psychologie wenden – und machten dabei die Erfahrung, dass die Kritische Psychologie im interaktiven und gesprochenen Austausch für uns leichter verständlich wurde –, meistens jedoch war der Erkenntnisprozess sehr mühsam, teilweise auch unbefriedigend, sodass viele Interessierte resignierten.

Mit der Veröffentlichung der *Einführung* verbanden wir daher die Hoffnung auf einen kompakten und verständlichen Umriss des Paradigmas der Kritischen Psychologie und ihrer Grundbegriffe, der eine größere Zahl an Studierenden ansprechen und ihnen einen leichten Einstieg ermöglichen würde. Zudem versprachen wir uns eine Bündelung unseres bisher durch die Lektüre einzelner, nicht unmittelbar aufeinander bezogener Texte gesammelten, fragmentarischen Wissens sowie eine neue Klarheit, Kohärenz und einen roten Faden für autonome Seminare.

Als das Buch erschien, war darum in Marburg und Trier klar: Markard lesen! Im Folgenden möchten wir unsere Leseerfahrungen mit zwei unterschiedlichen Seminar- bzw. Lesekreiskonzepten beschreiben, reflektieren, zeigen, welche Schwierigkeiten das Buch birgt, und Anregungen geben, wie man sich selbstorganisiert der Kritische Psychologie annähern kann. Zudem stellen wir Ergebnisse einer Online-Umfrage[1] zu Leseplänen, Leseerfahrungen und Einschätzungen unter kritisch-psychologisch Interessierten und Lesekreiserfahrenen dar.

Eine Umfrage zur Kritischen Psychologie – ist das nicht ein Widerspruch in sich? Vielleicht. Immerhin hat Markard selbst eine ausführliche Kritik der konzeptionellen und methodischen Grundlagen der Einstellungsforschung vorgelegt (1984), also dem Feld der (Sozial-)Psychologie, in dem Umfragetechniken den Kern der Methodik ausmachen. Es ist uns also durchaus bewusst, dass eine Objektivierung subjektiver Erfahrungen durch beschränkte Antwortformate und eine Quantifizierung nur scheinbar hergestellt wird und eine Herausarbeitung von Prämissen-Gründe-Zusammenhängen mit dieser Methode nicht vereinbar ist bzw. spekulativ bleiben muss. Dementsprechend waren auch viele Reaktionen und Anmerkungen zum Fragebogen eher misstrauisch und kritisch. So wurde bemängelt, dass unklar bliebe, welchen Erkenntnisgewinn die Teilnehmenden aus der Umfrage haben sollten. Es wurde sogar vermutet, dass der Fragebogen nur ein Test sei, ob das Buch auch „wirkt", nach dem Motto: Je mehr Kritik, desto

---

[1] Der Link zur Teilnahme ist über fünf Verteiler geschickt worden; den zur Vorbereitung der Ferienuniversität 2010, den älteren Yahoo-Verteiler der Kritischen Psychologie, den neu eingerichteten Verteiler für Lesekreisinteressierte unter den Teilnehmer/innen der Ferienuniversität, sowie den Verteilern der Initiativen in Marburg und Trier.

größer der Einfluss.[2] Um allen Spekulationen in diese Richtung ein Ende zu setzen: Nein, es handelte sich nicht um ein abgewandeltes Milgram-Experiment. Das Anliegen des Fragebogens war, wie im Erklärungstext zur Teilnahme beschrieben, schnell und von möglichst vielen zu lesen, was für Erfahrungen sie mit dem Buch gemacht hatten, um unsere eigenen Einschätzungen und Leseeindrücken mit anderen zu vergleichen, zu ergänzen und um weitere Vorschläge zum Umgang mit dem Buch zu sammeln. Eine andere Form schien uns unter den gegebenen Umständen nicht möglich.

Fragebögen legen Quantifizierungen nahe. Dies war nicht unser Ziel. Uns ging es lediglich um eine Ergänzung unserer durch andere Leseerfahrungen. Die meisten Antwortmöglichkeiten waren offen gehalten, um der Gefahr standardisierter Fragen, Vorannahmen durch die beschränkte Art der Antwortmöglichkeiten zu replizieren, vorzubeugen. Kritisiert wurde aber auch, dass die Fragen zu oberflächlich seien, dass der Leseeindruck nicht mehr präsent sei, um die Fragen richtig zu beantworten oder dass, wer das Buch nicht gelesen habe, die meisten Fragen nicht beantworten könne. Dies sind wirklich Nachteile des Fragebogens, die wir in Kauf genommen haben. Für die nachstehende Auswertung haben wir uns bemüht, nicht selektiv Meinungen herauszugreifen, sondern möglichst alle Antworten in ein differenziertes Meinungsbild einfließen zu lassen. Manchmal standen wir allerdings vor dem Problem, dass wir einige Antworten nicht ganz verstanden und deswegen nicht berücksichtigen konnten, da eine Verständigung durch Nachfragen durch die anonyme Form leider nicht möglich war. Damit wird noch mal verdeutlicht, dass diese anonyme Fragebogenform wenig geeignet ist, subjektive Leseerfahrungen, deren Begründung in und Vermittlung mit den jeweiligen Prämissen/Bedingungen zu eruieren und eine intersubjektive Verständigung zu erreichen. Allerdings ist der Erfahrungs- und Meinungsaustausch ja erst eröffnet und nicht schon beendet.

Insgesamt haben 46 Personen aus 22 verschiedenen Städten die Möglichkeit genutzt, ihre Eindrücke zu schildern. Dabei wurden jedoch nicht immer alle Fragen von jedem und jeder beantwortet. Wissenswert ist vielleicht außerdem, dass die Mehrheit unter 30 Jahre alt war, zu dem Zeitpunkt studierte und sich weniger als zwei Jahre mit der Kritischen Psychologie beschäftigt hat. Es haben sich aber auch Berufstätige, Erwerbslose und Renter/innen zu Wort gemeldet. Ein Viertel hat das Buch noch nicht gelesen, die anderen haben es entweder ganz gelesen, waren gerade dabei

---

[2] Hier wird deutlich, dass verschiedene Annahmen über die Umfrage die Teilnahme und die Arten der Antworten beeinflusst haben. Ebenfalls kann vermutet werden, dass unzufriedene Leser/innen eher Interesse an der Umfrage hatten.

oder hatten nur Teile gelesen. Fast ein Drittel hat das Buch zusammen mit anderen (z.B. in einem Lesekreis) gelesen, ein weiteres Zehntel plant, es in einer Gruppe zu lesen, der Rest hat es alleine gelesen, will es noch alleine lesen oder hat nicht vor, es zu lesen.

Gefragt nach der Motivation, das Buch zu lesen, gab die große Mehrheit ein allgemeines Interesse an der Kritischen Psychologie an: Die meisten erhofften sich einen guten Einstieg oder ein besseres Verständnis der Kritischen Psychologie, einen Überblick oder eine Zusammenfassung. Einzelne lasen bzw. wollten das Buch lesen, um die Kritische Psychologie für ihren Beruf, ein Seminar, ihren Alltag oder ihre politische Tätigkeit zu nutzen, um interdisziplinäre Bezüge mit anderen Fachrichtungen herzustellen, weil sie ihre kritisch-psychologischen Kenntnisse aktualisieren wollten, weil sie neugierig waren, ob sich etwas in der Kritischen Psychologie verändert hat oder um zu erfahren, wie Markard die Kritische Psychologie darstellen würde. Auf die unterschiedlichen Leseeindrücke, wie sie sich für uns aus der Umfrage ergeben haben, gehen wir im zweiten Teil nach der Darstellung unserer Seminarerfahrungen in Marburg und Trier ein.

1. Erfahrungen aus den autonomen Seminaren in Marburg und Trier

In *Marburg*, wo es seit 2005 eine Initiative gibt, die sich mit kritischen Ansätzen in der Psychologie, Kritik an der Psychologie und insbesondere mit der Berliner Kritischen Psychologie befasst hat, gab es im Wintersemester 2009/10 ein studentisches Seminar zur „Einführung in die Kritische Psychologie", für das Markards Buch als Textgrundlage diente. Zu dritt hatten wir das Buch vorher gelesen, diskutiert und uns Gedanken zur Seminargestaltung gemacht. Unsere Idee für den Seminarablauf war gewesen, pro Sitzung eine Person für die Vorstellung der wichtigsten Thesen des gelesenen Textabschnitts zu bestimmen und eine wechselnde Moderation einzuführen. Wir befürchteten zwar, dass das Buch für ein Semester etwas lang sein könnte, hatten aber ansonsten den Eindruck, dass es im Vergleich zu anderen kritisch-psychologischen Büchern auch für Studierende ohne große Vorkenntnisse einen guten Einstieg bieten würde, da die vielen Beispiele und Bezüge zur traditionellen Psychologie im Vergleich zur GdP deutlich mehr Anschlüsse an die regulären Studieninhalte bieten. Manches zuvor Gelesene war uns beim Lesen der *Einführung* nämlich verständlicher geworden, vieles rief uns schon mal Verstandenes wieder ins Gedächtnis und wir hatten das Buch als gelungene Zusammenfassung der zentralen Punkte empfunden.

Allerdings machten die meisten Teilnehmenden vermutlich eine andere Leseerfahrung, denn sie blieben entweder schon relativ früh im Semester ganz weg oder beschwerten sich, dass sie kaum etwas verstünden. Ein Grund könnte darin liegen, dass es für sie häufig der erste Kontakt mit der Kritische Psychologie war. Mit über 30 Interessierten und vielen Erstsemester/innen fühlten wir uns als Initiator/innen des Seminars in der ersten Sitzung zunächst überfordert. Die meisten Teilnehmenden brachten weder Grundkenntnisse zur traditionellen noch zur Kritischen Psychologie geschweige denn zur Kritischen Theorie und zum Marxismus mit, was dazu führt, dass nur wenige sich die Verantwortung für die Vorbereitung einer Sitzung zutrauten oder sich anderweitig aktiv an der Seminargestaltung beteiligten.

Zudem hatten wir uns im Vorfeld nicht überlegt, wie man etwas kritisieren kann, was man noch gar nicht kennt. Hier liegt auch ein grundsätzliches Problem des Buches: Die Perspektive eines Lesenden ohne viel Vorwissen wird kaum berücksichtigt. Beispielsweise war die Infragestellung der Dichotomie Traditionelle/Kritische Psychologie im ersten Kapitel für mich (L. K.) ein interessanter Gedankenanstoß, meine Kritik gegen über dem sog. Mainstream zu differenzieren. Diejenigen, denen diese Gegenüberstellung jedoch unbekannt war, empfanden den Einstieg als Überforderung, da ihnen das für die Infragestellung der Unterschiede notwendige Wissen um diese Unterschiede fehlte. Schon die erste Seite warf zahlreiche Fragen auf: Sind gemeindepsychologische, psychoanalytische, kulturpsychologische und feministische Ansätze nicht auch experimentellstatistisch? Und was heißt „poststrukturalistisch" und warum ist das Wort in Anführungszeichen gesetzt? Was waren das für Experimente von Milgram, Asch usw.? Ähnlich verhielt es sich mit der Einführung des Zusammenhangs von Kritik und Marxismus anhand eines Horkheimer- (S. 15) und eines Haug-Zitats (S. 18), der aus dem Text selbst heraus vielen nicht verständlich wurde.

Selbst das erste Kapitel ist, obwohl anschaulicher als die folgenden geschrieben, ungemein voraussetzungsvoll, sodass die mit mehr theoretischem Vorwissen Ausgestatteten mit dem Erklären und Halten von ergänzenden Referaten kaum hinterher kamen. Zusätzlich zu inhaltlichen Verständnisproblemen wurde angeführt, dass die ungewohnt komplexen, langen Sätze das Lesen erschwerten. Die Zahl der Teilnehmenden reduzierte sich nach den ersten drei bis vier Sitzungen auf ca. 12 Studierende, die zudem selten alle das ganze Kapitel gelesen hatten. Dies hatte mit Sicherheit auch mit dem Arbeitsaufwand in den Pflichtseminaren zu tun, allerdings blieben gerade Erstsemester/innen weg, deren Arbeitspensum vergleichsweise gering war. Sowohl nach dem ersten Kapitel als auch nach fortgeschrittener Lektüre kam immer wieder die Frage auf, was denn nun Kritische Psychologie sei.

Die wenigen „Neuen", die dabei blieben, nutzten allerdings die Wissensunterschiede unter den Anwesenden zum ausgiebigen Fragenstellen. Manchmal entstanden nach mühsamer Textarbeit auch spannende Diskussionen. So entzündete sich eine Debatte über die verschiedenen Positionen zur Fachdisziplin Psychologie (Kapitel 2), nachdem die einzelnen Standpunkte und Argumente im Seminar ausführlich herausgearbeitet worden waren. Die Kritik am Experiment (Kapitel 3) und am Begabungskonstrukt (Kapitel 5) waren hingegen soweit anschlussfähig an Allgemeinwissen, dass sich sofort eine lebhafte Auseinandersetzung zwischen Befürworter/innen der Kritik als auch Verteidiger/innen der traditionellen Psychologie entwickelte.

Das chronologische Vorgehen im Buch, das den Entwicklungsprozess der Kritischen Psychologie nachzeichnet und so zum Teil auch nachvollziehbar macht, zeigt die Offenheit und Unabgeschlossenheit des Prozesses. Das Buch vermeidet damit eine „Kanonisierung" (S. 19) der Kritischen Psychologie. Dies widerspricht allerdings dem häufig geäußerten Wunsch Studierender nach eindeutigen Definitionen und mehr einführendem Charakter. Diese unterschiedlichen Ansprüche an das Buch bildeten die Grundlage für die Kritik der meisten Teilnehmenden des Seminars. In den Kapiteln sechs bis acht zur Psychophylogenese waren die Verständnisschwierigkeiten besonders groß, weil auch diejenigen mit mehr Vorwissen, z.B. aus der Lektüre der GdP, das Wesentliche oft nicht in eine allgemein verständliche Sprache zu übersetzen vermochten. Mit Hilfe einiger Grafiken zur Entwicklung des Psychischen von Stefan Meretz (2010) und zwei aufwendigen Referaten versuchten wir gemeinsam, die Entwicklungsschritte nachzuvollziehen, aber *„manche Stellen verstand keiner so richtig"* (aus der Online-Umfrage). Auch die postmoderne Kritik an der marxistischen Gesellschaftstheorie (vgl. S. 182) oder der Exkurs zum Deuten und dem Alltagsverstand bei Gramsci (Kapitel 11) blieb unverstanden. So bestimmte an diesen Stellen das Gefühl der Frustration die Lernerfahrung, obwohl die Themen an sich auf Interesse stießen. Dieser Frust wurde in der Online-Umfrage so ausgedrückt: *„Für mich als Erstsemesterin war es relativ schwierig, das Buch zu verstehen, manchmal habe ich das Gefühl, es ist extra so hochtrabend geschrieben, damit es keiner versteht ..."*.

An das Thema des 12. Kapitels „Entwicklung, Erziehung, Lernen" konnten hingegen wieder viele mit ihren Alltagserfahrungen anknüpfen, was dementsprechend dazu einlud, über eigene Erfahrungen zu sprechen und sich so die Theorie anzueignen. Am Abschnitt über expansives und defensives Lernen haben wir beispielsweise über alternative Lernformen und die Forderungen des Bildungsstreiks im Herbst 2009 diskutiert. Das 13. Kapitel, auf das besonders diejenigen gewartet hatten, die endlich wissen wollten, was die Kritische Psychologie denn nun konkret anders mache, gibt zwar Auskunft, wie eine Psychologie vom Standpunkt des Subjekts methodisch vorgeht, bleibt jedoch sehr allgemein, sodass der Wunsch aufkam sich im nächsten Semester ein kritisch-psychologisches Praxisforschungsprojekt genauer anzusehen.

Wir wollten die Einführung gerne in einem Semester lesen, um einem Schrumpfen der Teilnehmendenzahl, das ein längerer Zeitraum unweigerlich zur Folge hat, entgegenzuwirken und um Studierenden die Möglichkeit zu geben, die Kritische Psychologie kennenzulernen, ohne einen sehr langen Atem und viel Geduld mitzubringen. Dies war wohl etwas naiv, da wir das Buch zwar in 13 Sitzungen besprochen haben, aber trotzdem viele frühzeitig ausgestiegen sind und zudem einiges unverstanden und nicht diskutiert blieb. Eine gemeinsame Erfahrung war, dass die Zeit immer viel zu knapp war. Im Nachhinein und aus den Reflexionen in der letzten Sitzung zu urteilen, wäre ein langsameres oder selektives Vorgehen mit weniger Text für den Einstieg besser gewesen.

Im Gegensatz zum straffen Seminarplan in Marburg, wurde in *Trier* im bestehenden Seminarkreis im Sommersemester 2009 lediglich verabredet, das Buch zur Grundlage für das Wintersemester zu nehmen. Dabei wurde zu Beginn darauf verzichtet, einen klaren Semesterablauf festzulegen oder Referate zu verteilen, sondern man entschied sich von Woche zu Woche, welche Buchabschnitte gelesen werden sollten. Die Lektüre erstreckte sich daher nicht wie in Marburg auf ein, sondern letztlich auf zwei Semester (Wintersemester 2009/10 bis Sommersemester 2010). Anfänglich wurde folgende Arbeitsweise verabredet: ein rotierendes Moderationsteam aus zwei Personen leitete die Sitzung mit der Darstellung der ihres Erachtens zentralen Inhalte des Buchabschnittes anhand eines Thesenpapiers ein. Daraufhin wurden inhaltliche Fragen in Kleingruppen diskutiert und zum Abschluss ins Plenum getragen, welche Fragen offen geblieben sind und welche Themen besonders diskutiert wurden. Ungeklärte Fragen wurden in einem Internetforum gesammelt und z.T. mit Hilfe von Michael Zander und Jochen Kalpein weiter besprochen. Mit abnehmender Teilnehmendenzahl im Laufe der zwei Semester – von ca. 18 auf ca. 4 am Ende des zweiten Semesters – wurden jedoch seltener Einleitungsbeiträge eingebracht. Auch wurde zum Ende hin eine Moderation überflüssig. Weiterhin zeigte sich am Übergang der beiden Semester, dass es schwierig war, mitten im Buch – ohne weitere einführende Veranstaltungen – einzusteigen, sodass wir alle Interessierten, die zum Sommersemester 2010 zu uns stießen, sehr bald wieder verloren.

Ebenso wie in Marburg erwarteten diejenigen mit Vorwissen zur Kritischen Psychologie von dem Buch einen guten Einstieg. Auch hier stellte sich bald heraus, dass selbst die ersten drei Kapitel für viele Seminarteilnehmende sehr voraussetzungsvoll waren; so zum Beispiel der Bezug auf Karl Marx. Um die Begriffe „Marxismus", „bürgerliche Gesellschaft" oder „Klasse" zu klären, hätten wir zusätzlich ausführliche Lektüreanstrengungen unternehmen müssen. Entsprechend fand sich eine kleine Gruppe aus drei Personen, die die einführenden Passagen in Abels *Kritische Psychologie: eine Einführung* las (Abel, 2007, S. 19-61). Auch wurde ein Kurzinput zum Werk von Marx gegeben, was jedoch beides nicht ausreichte. Ein zentrales Thema, das uns eine Weile aufhielt, stellte die Frage nach dem Menschenbild in der Kritischen Psychologie bzw. bei Marx dar. Diese Frage wurde zunächst vor allem an die Kritische Psychologie adressiert, anstatt an die traditionelle Psychologie – was man angesichts der im Buch artikulierten Kritik an der organismischen Anthropologie der Experimentalpsychologie vielleicht eher hätte vermuten können. Während bei der früheren Lektüre vereinzelter kritisch-psychologischer Artikel mangelnde Kenntnisse marxistischer Theorie nicht als behindernd erfahren wurden (vgl. Thiel, 2009, S. 115), schienen solche für das Verständnis der *Einführung* einen zentraleren Stellenwert zu haben.

Wenn auch diejenigen mit mehr Vorkenntnissen die Leseerfahrung machten, dass die Einführung gerade durch viele – auch humorvolle – Beispiele wohltuend anschaulich ist, wurde in einer Reflexionsrunde zum bisherigen Verlauf in der Mitte des ersten Semesters u.a. der Wunsch geäußert, die Inhalte stärker mit Alltagsbeispielen in Verbindung zu bringen. Auch wurde eine Zusammenfassung der bis dato gelesenen Kapitel 1 bis 6 eingefordert. Nicht für alle war der rote Faden zu behalten, auch weil die eigentliche Frage, was Kritische Psychologie schlussendlich sei, eben nicht mit einfachen Definitionen beantwortet wird.

Die Probleme, dem Argumentationsstrang zu folgen, waren teilweise auch den zahlreichen Exkursen geschuldet, sowohl jenen im Buch (s.u.) als auch in den Diskussionen im Seminar, die sich vielfach an einzelnen Sätzen und Formulierungen entfachten. Letzteres lag am offenen Gesprächscharakter des Seminars ebenso wie am mangelnden Überblick, sodass man sich – anstatt den Blick auf den Gesamtzusammenhangs eines

Kapitels zu richten – an un-/verstandenen „Fetzen" aufhielt, so zum Beispiel bei der Darstellung des Primats der gegenstandsbezogenen Analyse (6.3) an der Frage, was genau unter „kausal" (S. 99) zu verstehen sei. Wir haben deshalb ein kompaktes Wiederholungsreferat eingeschoben, das wir mit dem Video des Vortrags *Was ist so kritisch an (Kritischer) Psychologie?* (Markard 2009b) kombinierten.

Einige Exkurse, wie zum Beispiel zur Debatte um ein wissenschafts- oder gegenstandsbezogenes Herangehen (S. 93 ff.), zum Verhältnis von Konkretem und Abstraktem (S. 108 ff.), zur Kontroverse zwischen Ralph Baller und Christina Kaindl (S. 153, 181 ff.), zum Exkurs zu Friedrich Engels' Aussage „Freiheit ist die Einsicht in die Notwendigkeit" (S. 160) oder zur Relevanz des Entfremdungsbegriffs (S. 220), provozierten zumeist Überforderung, weil sie – so wichtig sie sein mögen – als Diskussionsstränge *innerhalb* der Kritischen Psychologie, die es für den Einsteiger erst noch zu begreifen galt, erfahren wurden.

Ab der Zwischenreflexion nach dem 6. Kapitel arbeiteten wir uns deutlich langsamer durch die Kategorialanalyse im Mittelteil des Buches, da deutlich wurde, dass der Teil der funktional-historischen Analyse der historisch-empirischen Herleitung wie in Marburg als besonders schwierig eingeschätzt wurde. Die Begriffe Motivation, Denken und Wahrnehmung hätten einer genaueren Erläuterung bedurft, die wir nicht zusätzlich leisten konnten. So blieb unter anderem offen: Wann entsteht und was genau ist Bewusstsein (in Abgrenzung zu kognitiven Repräsentanzen)? Wann und wieso entsteht Sprache und Denken? Was ist der scharfe Trennpunkt zwischen Mensch und Tier, insbesondere mit Blick auf Denken, Sprache, Bewusstsein, Motivation und Kooperation? Wie hebt sich das von traditionell-psychologischen Konzepten ab? Auch fragten wir uns, wie Bedingungen bedeutungsanalytisch aufgeschlüsselt werden? Es ergaben sich jedoch auch spannende Debatten, so z.B. um die Frage nach der Willensfreiheit. Kapitel 9 bis 11 wurden demgegenüber im Großen und Ganzen (ausgenommen insbesondere Kapitel 10 und Anfang von Kapitel 11) wieder als eingängiger erlebt, wenn auch hier die Frage, was nun unter restriktiver und verallgemeinerter Handlungsfähigkeit *genau* zu verstehen sei, was in einem konkreten Beispielfall „verallgemeinert" und was „restriktiv" heiße, immer wieder angestrengte Diskussionen provozierte und schlussendlich nicht zur Zufriedenheit geklärt werden konnte. Ungeklärt blieben Fragen, wie: Was heißt Handeln im Allgemeininteresse? Wie kann das Allgemeininteresse jeweils ermittelt werden?

Wie in Marburg konnten viele an die Darstellung im 12. Kapitel leichter anknüpfen. Anders als bei einigen Diskussionen zu verallgemeinerter/

restriktiver Handlungsfähigkeit wurden an dieser Stelle *eigene* Erfahrungen herangezogen, um die Kategorien fruchtbar zu machen. Diese, für die gesamte Gruppe erlebbare Sternstunde illustriert folgende Erinnerung meiner Kommilitonin, auf deren Beispiel wir wiederholt zurückgegriffen haben:

> Die Lektüre des Kapitels 12 war mir auf einem Gartenfest von praktischem Nutzen. Meinem neunjährigen Bruder David wurde um 23.30 Uhr der Konsum einer koffeinhaltigen Limonade von meiner Mutter verweigert, die sie selbst aber trank, mit der Begründung damit beim Auto fahren nicht einzuschlafen.
>
> Von den zwei Möglichkeiten, die meine Mutter gegenüber dem Kind hatte – „dessen Bedürfnisse geduldig entschlüsselt oder rigide negiert oder reglementiert werden können" (S. 231) –, entschied sie sich für letztere: „Du kriegst so spät keine Cola mehr!"
>
> „Solange die sach- und bedeutungsvermittelten Gründe der Erwachsenen dem Kind verschlossen bleiben, haben die Interaktionen zwischen Kindern und Erwachsenen auch noch keinen bedeutungsvermittelten kooperativen Charakter" (S. 229). Daraus ergab sich eine erlebte „Bedrohung, weil das Kind nun aus kooperativen Bezügen ausgeschlossen werden bzw. sich selbst als ausgeschlossen wahrnehmen kann" (S. 233). Diese konnte meines Erachtens dadurch entschärft werden, dass ich versuchte David die Gründe meiner Mutter für das Verbot zu erklären. Ich erläuterte ihm die, von ihr befürchteten negativen Auswirkungen auf den Bio-Rhythmus, die sich anhand von Schlaflosigkeit zeigen würden. Die Darlegung der Gründe meiner Mutter schienen David unabhängig davon, ob es in der gleichen Situation auch meine oder seine gewesen wären, insoweit verständlich, als er sein Schreien und Toben, das von unserer Mutter als Trotz und Müdigkeit interpretiert wurde, prompt mit einem, von mir völlig unerwarteten „ach so" beendete. Nach diesem erbaulichen Beispiel beschloss ich, mich mit seinen „Tendenzen in Richtung auf Verfügungserweiterung" (ebd.) zu verbünden.
>
> Auch wenn sich mir die Möglichkeiten, die Selbstständigkeitsbestrebungen meines Bruders zu unterstützen nicht bieten, d.h. ich ihm die Cola nicht gebe, werde ich versuchen seine Bedürfnisse ernst zu nehmen und ihn nicht auszuschließen.

Jedoch waren auch in diesem Kapitel die kategorialen Darlegungen zum Beginn des Kapitels eine Herausforderung für uns (S. 222 ff.). Begriffe wie „Bedeutungsverallgemeinerung" oder „Unmittelbarkeitsüberschreitung" konnten wir beispielsweise nicht in einfachere Worte fassen.

Die Lektüre des letzten Kapitels war für einige mit der Erwartung verbunden gewesen, Hinweise für eigene, kritisch-psychologische Forschungsvorhaben zu erhalten. Die Darstellungen bleiben, wie bereits erwähnt, allgemein, was für eine Einführung vielleicht auch genügt. Verständnisschwierigkeiten insbesondere mit diesem Kapitel lassen sich – zumindest teilweise – daraus erklären, dass im Studium des Mainstreams selten methodologische Reflexionen angestellt werden. Beispielhaft für Trier ist, dass wissenschaftstheoretische Positionen in der Psychologie erst in einer Vorlesung zu Versuchsplanung und -auswertung im dritten Semester und dort auch nur kurz Erwähnung finden. Stattdessen werden vom ersten Semester an – im Rahmen der (Pflicht-)Veranstaltungen zu quantitativen Methoden, Beobachtungsmethoden und dem Empirischen Praktikum – quantitativ-statistische Forschungstechniken eingefordert bzw. eingeübt. „Kritische" Studierende geraten schnell in Erklärungs- und Handlungsnot, wenn für Seminare, empirische Übungen oder Abschlussarbeiten „alternative" Argumente und Erhebungs- und Auswertungstechniken vorgeschlagen werden, die sie sich zudem zusätzlich aneignen müssen. Dies mag *ein* Grund sein, warum beispielsweise einfachere Erklärungen oder anwendungsnähere Alternativvorschläge von der *Einführung* erwartet wurden.

2. Einschätzungen aus der Umfrage

Die Ergebnisse der Online-Umfrage weisen daraufhin, dass die genannten Probleme und Hindernisse unter bestimmten Umständen (autonomes Seminar mit wenig Vorwissen) verallgemeinerbar sein könnten. Die in den Fragebögen wiedergegebenen Einschätzungen ähneln vielfach den von uns geschilderten. Aus anderen Lesekreisen wird ebenfalls berichtet, dass man langsamer vorankomme als gedacht und vieles erst in der gemeinsamen Diskussion verständlich werde. Insgesamt wird aber ein positives Fazit gezogen: Der kollektive Lernprozess sei sehr motivierend gewesen, machte Spaß und brachte einigen Erkenntnisgewinn.

Zahlreiche Einschätzungen thematisieren komplizierte Formulierungen, eine *„schwer verständliche"*, *„umständliche"* Sprache, sowie die Komplexität und das notwendige Vorwissen für das Verständnis, dabei wurden die ersten Kapitel teilweise davon ausgenommen. Dem hingegen wird vor allem von mit der Kritischen Psychologie seit mehreren Jahren beschäftigten Personen die *„pointierte"* und *„humorvolle"* Sprache gelobt und die Einführung als *„umfassende"*, *„klare"*, *„verdichtete"* und *„gut strukturierte"* Darstellung bewertet. Auf den Punkt bringt es vielleicht dieser Kommentar: „*Die Hoffnung auf eine Meta-Darstellung, die auch für ‚Außenstehende' geeignet wäre, wurde zunächst enttäuscht. Danach* *positive Erfahrung auf Grundlage meiner Vorkenntnisse"*. Auf die Frage, was sie besonders gut am Buch fanden, wird je nach Hintergrund der detaillierte Aufbau, der angemessene Umfang oder die Einschätzung, mit der Einführung eine prägnante Zusammenfassung der Kritischen Psychologie vorliegen zu haben, genannt. Außerdem werden mehrfach die vielen Beispiele im Buch und einmal explizit die ersten Kapitel (sowie Kapitel 12) hervorgehoben. Vereinzelt wurde auch positiv angemerkt, dass das Buch (endlich) erschienen ist und Denkanstöße und eine spannenden Fragestil beinhalte.

Auf die Frage, ob das Buch als Einführung geeignet sei, antworteten nur die wenigsten „*nein*", meistens wurde die Kategorie „*teils teils*" gewählt und fast alle haben das Buch mit (einem gewissen) Erkenntnisgewinn gelesen. Trotz positivem Gesamteindruck, wurde allerdings auch hier angeführt, dass die zu spezifischen, internen Debatten in der Kritischen Psychologie eine Einführung überstiegen. Wurde einerseits die Struktur des Buches als hilfreich empfunden, so war sie für ein paar Personen zu kleinteilig. Außerdem störte das Fehlen von bestimmten Aspekten: jeweils einmal wurde angeführt, dass die Handlungsoptionen manchmal nicht weit genug gingen oder Praxis nur als Meta-Praxis vorkäme, bzw. dass wesentliche Aussagen Holzkamps fehlten und die Aussagen zur Methodik verkürzt seien, da z.B. das Thema Lebensführung zu wenig Erläuterung finde. Auch wurde ein ausführlicher Ausblick auf noch zu klärende, aktuelle praktische Fragestellungen ebenso wie ein exemplarisches Beispiel für die praktische Anwendung des Begriffspaares restriktive vs. verallgemeinerte Handlungsfähigkeit gewünscht.

3. Fazit und Lesetipps

Für das intensive Verstehen und Diskutieren des Buches, braucht es unserer Einschätzung nach länger als ein Semester. Die immer wieder geäußerte Unzufriedenheit mit dem Buch resultiert u.E. daraus, dass es für Anfänger/innen sowohl bei einem langsamen-schrittweisen als auch bei einem schnelleren-thesenweisen Vorgehen an vielen Stellen nicht aus sich heraus verständlich ist. Zwar vollzieht sich Lernen stets in, an Vorwissen anknüpfenden Lernschleifen, jedoch ergaben sich bei diesem Lerngegenstand aus unserer Sicht an verschiedenen Stellen große Lerndiskrepanzen. Holzkamp (1993, S. 206ff) weist darauf hin, dass eine Diskrepanzerfahrung nicht in Lernen umschlagen muss. Wir erfuhren auch andere Konsequenzen, u.a. Ausscheiden aus dem Seminar, Überlesen oder bruchstückhaftes „Verstehen".

Diese Diskrepanzen brachten uns als mehr oder weniger direkte Seminaranleiter/innen bzw. Erfahrenere in die Position, vermitteln, übersetzen und erklären zu müssen; mit der Gefahr der Überforderung seiner selbst und der Teilnehmer/innen auf der einen und der Belehrung der Anfänger/innen auf der anderen Seite. Diese Vermittlungsschwierigkeit ergibt sich aus dem unterschiedlichen Vorwissen und wurde dadurch verschärft, dass neue Seminarteilnehmer/innen u.a. aufgrund ihrer Überforderung eher Zurückhaltung übten. Manchmal war es für uns schwer abzuwägen, wie viel Erklärungen und Vorwegnahmen sinnvoll sind und wann dadurch möglicherweise eigene Denkprozesse verstellt werden. Teils wurde auch erwartet oder gefordert, dass wir eine Seminarleiterfunktion erfüllen, obwohl wir uns selbst nicht in dieser Rolle sahen und dies auch zu Beginn anders verabredet hatten. Das stellenweise Zurückfallen in die klassischen Lehr-/Lernrollen, die wir eigentlich überwinden wollten, hat uns gezeigt, dass es allein mit dem Anspruch die traditionellen – durch die Bologna-Reform verschärft verschulten – Lehr-/Lernformen in der Universität (vgl. u.a. Holzkamp, 1993, S. 341 ff.; Kaindl, 2007; Lux, 2009; Thiel, 2009, S. 115 f.) zu überwinden, nicht getan ist. Mangelnde Erfahrungen in selbstorganisiertem Lernen, begrenzte Zeit im Studium, ständiger Klausurendruck sowie in der Psychologie auf Reproduktion ausgerichtete Lernformen und damit einhergehende Lese- und Lerngewohnheiten stellen Bedingungen dar, die auch in autonome Seminare hineinwirken. Psychologie mit philosophischen, gar politischen Debatten zu verbinden oder auch Originalliteratur (abgesehen von Papers aus quantitativer Forschung) in die Lektüre mit einzubeziehen, findet in Trier wie in Marburg regulär nicht statt. Stattdessen ist man sogar in Seminaren zumeist auf monologische Referate verwiesen und kennt vor allem einfach geschriebene, didaktisch raffiniert aufbereitete Lehrbücher oder Artikel mit reduziert-einfachen Darstellungen von Theorien und ausgefeilter statistischer Methodik. Demnach verwundert es nicht, wenn die erste Reaktion von Einsteiger/innen oft lautet: Warum ist eine marxistische Psychologie mit emanzipatorisch-demokratischem Anspruch so viel schwieriger zugänglich?

Letztlich bedeutet das, dass auch in einer Einführung nicht alles sofort verständlich sein muss. Es kann gerade anregend (im Sinne der Verfolgung eigener Lerninteressen) sein, unbekannte Namen nachzuschlagen oder einen schwierigen Satz nach dreimaligem Lesen oder erst in der Seminardiskussion zu verstehen. Gerade wenn dabei deutlich wird, wie komplex der Gegenstand der Psychologie gegenüber manchen vereinfachenden traditionell-psychologischen Darstellungen ist. Allerdings müssen auch die Bedingungen, unter denen heute Lese- bzw. Seminarkreise stattfinden, und Voraussetzungen der Rezipienten berücksichtigt werden. Die Forderungen nach einer einfachen Sprache, klaren Definitionen oder auch graphischen Veranschaulichungen, anders gesagt, nach einer Popularisierung der Kritischen Psychologie halten wir daher für durchaus legitim.

Wir würden Anfänger/innen empfehlen die ersten drei Kapitel der Einführung zu lesen und dann nach Interesse und Bedürfnissen der Lesenden ein passendes Vorgehen abzusprechen. Beispielsweise könnten erst einmal kürzere Darstellungen zur Kritischen Psychologie eingeschoben werden, um einen Überblick zu bekommen (vgl. Holzkamp, 1984, 1985a; Markard, 2009b; Held, 2009). Möglich wäre es auch, Texte, in denen kritisch-psychologische Denkweisen mit einem Thema verbunden dargestellt sind, heranzuziehen (vgl. Ulmann, 1987; Holzkamp, 1985b). Auch könnte versucht werden, sich nach den ersten Kapiteln – vor der Kategorialanalyse – zunächst mit den Überlegungen zu Lernen und Erziehung (Kapitel 12) oder kritisch-psychologischen Methodenfragen (Kapitel 13) zu beschäftigen. Um sich mit der Herleitung der Kategorien vertraut zu machen, erscheint uns auch der Online-Einführungskurs von Stefan Meretz (vgl. Meretz, 2010) als Ergänzung zu den Kapiteln sechs bis elf der Einführung hilfreich. Dort findet sich auch ein wachsendes Glossar. Allerdings könnte gerade die Erstellung eines eigenen Glossars zu den zentralen Kategorien während der Lektüre (ein Tipp aus der Umfrage), den eigenen Lernprozess befördern. Von anderen Teilnehmenden an der Umfrage wurden auch als Überblick zum kritisch-psychologischen Subjektbegriff die Darstellung von Rudolf Leiprecht (1990, S. 31-50) empfohlen sowie das Hinzuziehen von grundlegenden Monographien (Holzkamp, 1973, 1983, 1993) oder einiger kürzerer Arbeiten, wie *Zur kritisch-psychologischen Theorie der Subjektivität II* (Holzkamp, 1979) oder *Methodik vom Standpunkt des Subjekts* (Markard, 2000). Grundsätzlich gilt natürlich, dass gemeinsames Lesen, bei offenem Klima und bedachtem Tempo, das Verstehen ungemein erleichtert und natürlich *„am Ball bleiben – auch wenn man erst wenig versteht"* (ebenfalls aus der Umfrage).

Unser Erfahrungsbericht fokussiert auf Probleme und Widersprüche. Doch trotz der geschilderten Schwierigkeiten vereinfacht das Buch die Möglichkeit, die Kritische Psychologie kennen zu lernen, sehr. Es eignet sich jedoch unseren Erfahrungen nach besonders gut als Nachschlagewerk für diejenigen mit ersten Vorkenntnissen, da es als detaillierte, manchmal voraussetzungsvolle und auch Differenzen darstellende Zusammenfassung über eine Einführung hinausgeht. Wir wissen um Morus Markards Anspruch, durch eine differenzierte Darstellung eine Kanonisierung der Kritischen Psychologie zu vermeiden. Uns stellt sich jedoch die Frage, ob eine stärkere Hervorhebung grundlegender Konzepte, eine klarere Trennung zwischen Grundlagen und Weiterführendem im Text, die Wahl einer streckenweise vereinfachenden Sprache, mehr Bezüge zu traditionell-psychologischen Konzepten und einer weniger voraussetzungsvollen Darstellungsweise dem Charakter einer Einführung nicht gerechter werden würde und damit die Aneignung für die nächste Generation von (vor allem BA-/MA-) Studierenden weiter erleichtern könnte, deren Interesse an der Kritischen Psychologie ein Potenzial für eine längerfristige Weiterentwicklung derselben darstellen kann. Immerhin scheint die notorische Unzufriedenheit mit dem Fach Psychologie unter Studierenden wieder mehr in ein Bedürfnis nach einer gesellschaftskritischen Psychologie umzuschlagen. Allerdings bleibt die Frage offen, wie das Interesse von Studierenden nach einer verständlichen Einführung mit dem Anspruch, die Kritische Psychologie in ihrer Komplexität ohne Trivialisierung und Kanonisierung darzustellen, vereinbar ist.

Literatur

Abl, G. (2007). *Kritische Psychologie. Eine Einführung.* Stuttgart: Schmetterling Verlag.
Held, J. (2009). Jenseits des Mainstreams: Kritische Psychologien im deutschsprachigen Raum. In: Huck, L., u.a. (Hrsg). *Abstrakt negiert ist halb kapiert. Beiträge zur marxistischen Subjektwissenschaft – Morus Markard zum 60. Geburtstag* (S.287-306). Marburg: BdWi.
Holzkamp, K. (1973). *Sinnliche Erkenntnis – Historischer Ursprung und gesellschaftliche Funktion der Wahrnehmung.* Frankfurt/M: Athenäum Fischer.
ders. (1979). *Zur kritisch-psychologischen Theorie der Subjektivität II.* http://www.kritische-psychologie.de/texte/kh1979b.html [Zugriff: 07.11.2010]
ders. (1984). „Die Menschen sitzen nicht im Kapitalismus wie in einem Käfig". Interview mit Psychologie heute. Online verfügbar unter: http://www.kritische-psychologie.de/texte/kh1984b.html [Zugriff: 07.11.2010]
ders. (1983). *Grundlegung der Psychologie.* Frankfurt/M: Campus.
ders. (1985b). Grundkonzepte der Kritischen Psychologie. http://www.kritische-psychologie.de/texte/kh1985a.html [Zugriff: 07.11.2010]
ders .(1988). „Persönlichkeit" – Zur Funktionskritik eines Begriffes. *Forum Kritische Psychologie,* 22, S. 123-132.
ders. (1993). *Lernen. Subjektwissenschaftliche Grundlegung.* Frankfurt/M: Campus.
Kaindl, C. (2007). Perspektiven Kritischer Wissenschaften im Neoliberalismus - Lernen und Bildung in der hochtechnologischen Produktionsweise. In: Brüchert, O. & Wagner, A. (Hrsg.). *Kritische Wissenschaft, Emanzipation und die Entwicklung der Hochschulen - Reproduktionsbedingungen und Perspektiven kritischer Theorie* (S. 213-225). Marburg: BdWi.
Markard, M.(1984). *Einstellung. Kritik eines sozialpsychologien Grundkonzepts.* Frankfurt/M: Campus.
ders. (2000). *Methodik vom Standpunkt des Subjekts .* http://www.qualitative-research.net/index.php/fqs/article/viewArticle/1088/2381 [Zugriff: 07.11.2010]
ders. (2009). *Einführung in die Kritische Psychologie.* Hamburg: Argument Verlag.

ders. (2009b). *Was ist so kritisch an (Kritischer) Psychologie?* Online verfügbar unter: http://www.youtube.com/watch?v=l_c5HtQRz2A [Zugriff: 08.11.2010]

Meretz, S. (2010). *„... die Grundlegung lesen!" Eine Einführung in das Standardwerk von Klaus Holzkamp.* www.grundlegung.de/ [Zugriff: 08.11.2010]

Leiprecht, R. (1990). *„Da baut sich ja in uns ein Haß auf" – Zur subjektiven Funktionalität von Rassismus und Ethnozentrismus bei abhängig beschäftigten Jugendlichen. Eine empirische Untersuchung.* Hamburg: Argument.

Lux, V. (2009). Die passenden Studierenden für ein verschultes Studium. In: *Forum Kritische Psychologie,* 53, S. 55-70.

Thiel, M. (2009). Probleme selbstbestimmten Lernens in der neoliberalen Dienstleistungshochschule am Beispiel eines autonomen Seminars zur Kritischen Psychologie. Ergebnisse eines Forschungspraktikums. *Forum Kritische Psychologie,* 54, S. 112-124.

Ulmann, G. (1987). *Über den Umgang mit Kindern – Orientierungshilfen für den Erziehungsalltag.* Frankfurt/M: Campus.

Vanessa Lux

Gattung – Gen – Epigen
Zu einigen empirischen Befunden der Genomforschung und dem Wandel in der Vorstellung von Vererbung: Konsequenzen für das Konzept der „gesellschaftlichen Natur"

Aufgrund der naturhistorischen Gewordenheit des Menschen stellt sich für jede Psychologie die Frage nach dem Verhältnis des Psychischen zu seinen biologischen Grundlagen. In der Kritischen Psychologie ist diese Frage mit Bezug auf die neodarwinistische Evolutionstheorie beantwortet worden – allerdings nicht ohne theoretisch mitzureflektieren, dass der Mensch als Gattung die Eigenart besitzt, in Gesellschaften zu leben. Wie Volker Schurig in seiner Rekonstruktion der Psychophylogenese aufgewiesen hat, ist diese Tendenz zur gesellschaftlichen Form der Lebensgewinnung konstituierend für das Psychische beim Menschen (vgl. Schurig, 1976, sowie Holzkamp-Osterkamp, 1975, 1976; Holzkamp, 1983). Die gesellschaftliche Dimension menschlicher Entwicklung hat daher zentraler Bezugsrahmen für die Erforschung des Psychischen beim Menschen zu sein (vgl. ebd., S. 185ff.). Entsprechend versteht sich die Kritische Psychologie als geistes-/sozialwissenschaftlich orientierte Psychologie bzw. – unter methodologischen Gesichtspunkten – als Subjektwissenschaft.

Um nun das Doppelte von Biologie und Gesellschaftlichkeit menschlicher Existenz in seiner Verschränkung aber gleichzeitigen Hierarchisierung theoretisch zu fassen, wurde in der Kritischen Psychologie auf das Konzept der „gesellschaftlichen Natur" zurückgegriffen (vgl. Holzkamp, 1983, S. 178ff.). Hiermit wurde möglich, das Primat der Biologie bzw. der Naturwissenschaften für eine aktual-empirische Erforschung psychischer Prozesse zurückzuweisen und zugleich deren biologische Fundierung weiterhin theoretisch anzunehmen. Die besondere Qualität des Psychischen beim Menschen liegt demnach aber in der gesamtgesellschaftlichen Vermitteltheit von Emotion, Kognition, Motivation, Lernen, Handeln etc. Es ist offenkundig, dass eine Subjektwissenschaft mit einem solchermaßen bestimmten Gegenstand auf aktuelle gesellschaftstheoretische Analysen angewiesen ist.[1] Demgegenüber erscheint die theoretische Erfassung der biologischen Grundlagen des Psychischen mit der Rekonstruktion der

---

[1] Inwieweit gesellschaftlichen Veränderungen, insoweit sie die in den Kategorien enthaltenen Spezifizierungen menschlicher Subjektivität betreffen, auch kategorial Rechnung zu tragen ist, wird diskutiert (vgl. Kaindl, 2008; Markard, 2009, 253ff.).

Psychophylogenese abgeschlossen. Eine biomedizinische Beforschung des Psychischen wird ja gerade als reduktionistisch und biologistisch zurückgewiesen.

Eine neuerliche Betrachtung biologischer Konzepte und Theorien wird allerdings dann notwendig, wenn diejenigen, auf die sich in der Rekonstruktion der Psychophylogenese bezogen wurde, dem Stand der biologischen Grundlagenforschung nicht mehr entsprechen (vgl. Schurig, 1976, S. 38). Wie mittlerweile sogar der medialen Berichterstattung zu entnehmen ist (vgl. z.B. Blech 2008, 2010), ist dies spätestens seit dem Ende des Humangenomprojekts für die Vorstellung vom Gen bzw. der DNA als materialer Vererbungsträger der Fall. Eine kritische Überprüfung der in die kritisch-psychologische Theoriebildung eingeflossenen Vorstellung von Vererbung ist angezeigt. Sie ist zugleich Voraussetzung, um auch zukünftig biologistische Denkformen in Bezug auf das Psychische zurückweisen zu können und einer fortschreitenden Genetifizierung menschlicher Lebensäußerungen etwas entgegenzustellen.

Kritisch-psychologische Vorstellungen von Vererbung: das Gattungs-Gen

Die Frage nach der Fundierung des menschlichen Bewusstseins (oder „des Psychischen" beim Menschen) im Erbgut, in den Anlagen, im Genom oder in der DNA ist in der Kritischen Psychologie auf einer ganz anderen Ebene der Theoriebildung beantwortet worden als der, auf der Genetik bzw. Genomforschung ansetzen – nämlich als theoretische Annahme über notwendige Entwicklungsvoraussetzungen im Rahmen der Rekonstruktion der Psychophylogenese. Grundlage für diese Annahme bildet die an Charles Darwin und August Weismann anknüpfende „synthetische Evolutionstheorie" nach George G. Simpson, Theodosius Dobzhansky und Ernst Mayr (vgl. Schurig, 2006, S. 136). Unter Einbeziehung von Modellen aus der Populationsgenetik formulierten Simpson, Dobzhansky und Mayr eine „Synthese" aus der sich ursprünglich entgegenstehenden Darwinschen Evolutionstheorie und der damals noch jungen Genetik (vgl. Huxley, 1942; Weber, 2010). Hierbei bestimmten sie die Gene als stabile und zugleich wandelbare Träger der Vererbung und die zufällige Mutation als Grundlage für evolutionäre Variation und Ansatzpunkt für Selektion. Volker Schurig begründet die Bezugnahme auf Simpson, Dobzhansky und Mayr als theoretischen Ausgangspunkt für seine Rekonstruktion der Psychophylogenese damit, dass ein „*historisch-genetischer* Wissenschaftsansatz" wie der der Evolutionstheorie „die Entstehung von Subjektivität und des Bewusstseins im Tier-Mensch-Übergangsfeld am ehesten einer Erklärung zugänglich" mache (Schurig, 2006, S. 136). Die Annahme einer „gesellschaftlichen Natur" des Menschen ergab sich dabei im Durchgang der Psychophylogenese als entwicklungslogische Notwendigkeit, um die Entstehung der gesellschaftlichen Form der Lebensgewinnung zu erklären. Immerhin ist der Mensch „als einziges Lebewesen ‚biologisch' dazu befähigt, sich zu vergesellschaften und an der Reproduktion des gesellschaftlichen Lebens teilzuhaben" (Holzkamp, 1983, S. 55). Die genauen physiologischen oder molekularbiologischen Grundlagen der gesellschaftlichen Natur auf Seiten des einzelnen Individuums wie für die Gattung Mensch sind allerdings bislang ungeklärt, wobei die biologischen Grundlagen, der Gesamtkomplex körperlicher Voraussetzungen etwa für Bewusstsein,[2] als unspezifisch für die psychische Entwicklung betrachtet werden. Sie werden theoretisch zwar als notwendige Grundlage mitgedacht, zugleich wird der Aufklärung der beteiligten physiologischen, biochemischen und molekularbiologischen Ebenen an diesen körperlichen Bedingungen nur sekundäre Bedeutung für Bewusstseinsprozesse und das Psychische zugesprochen – als empirische Konkretisierung notwendiger somatischer (Entwicklungs-)Prozesse (vgl. Maiers, 1985, S. 123). Dem Erbgut bzw. der genomischen Information kommt dabei die Funktion des Trägers stabiler biologischer Bedingungen auf der Seite des Individuums zu, allerdings nur insoweit dieses Repräsentant der Gattung ist. Gemäß der Bezugnahme auf Simpson, Dobzhansky und Mayr gilt für die evolutionstheoretisch vorausgesetzte interindividuelle Variabilität der genomischen Information, dass sie für die Ebene der Psychophylogenese vernachlässigbar ist, da für diese lediglich populationsbezogene Unterschiede relevant sind. Diese aus der Populationsgenetik übernommene Sichtweise zeigt sich etwa an einem Beispiel von Schurig zur Entwicklung der Hirnkapazität: „Obwohl es gehirnphysiologisch durchaus denkbar ist, dass einzelne Primaten mit maximalen Schädelkapazitäten innerhalb der Normalverteilungskurve einer Population von der Organspezialisierung her potenziell zur Bewusstseinsbildung fähig sind, dürften in letzter Konsequenz aber Faktoren wie die Struktur der innerartlichen Kommunikation, der soziale Systemzusammenhang der Gruppe, die ihrerseits wieder von der durchschnittlichen Hirnkapazitäten der Population abhängig sind, entscheidend sein." (Schurig, 1976, S. 162) Für die evo-

---

[2] Schurig weist darauf hin, dass wahrscheinlich nicht nur das Gehirn, sondern der gesamte menschliche Körper, insbesondere Bipedie und Handgebrauch, aber auch der Kehlkopf physiologische Voraussetzungen für die evolutionäre Entstehung des Bewusstseins waren (vgl. Schurig, 1976, S. 104ff., 224ff., 264ff.).

lutionäre Herausbildung ist demnach nur einschlägig, was genetisch der gesamten Gattung – wie eine Art „Gattungs-Gen" – zukommt. Für die evolutionäre Herausbildung der gesellschaftlichen Natur wird dabei angenommen, dass es im Tier-Mensch-Übergangsfeld zu ersten Formen gesellschaftlicher Organisation kam, die im Zuge der Evolution eine relative Eigenständigkeit gegenüber dem einzelnen bzw. einzelnen Sozialverbänden gewinnen. Deren Ausbreitung mündet schließlich in den „Übergang von der Dominanz des phylogenetischen zum gesellschaftlich-historischen Gesamtprozess" (Holzkamp, 1983, S. 197). Gemäß der evolutionstheoretischen Verortung wird davon ausgegangen, dass diese Entwicklung den Prinzipien der biologischen Selektion unterlag: „Die Evolution der menschlichen Gesellschaft ist in dieser Phase der Hominisation lediglich ein besonders erfolgreicher Selektionsfaktor" (Schurig, 1976, S. 324). Sie wirke „in dieser Übergangsphase über den Selektionsmechanismus [...] selbst auf die genomische Information, also das ,Erbgut' zurück. So entwickelt sich die biologische Funktionsgrundlage der Lern- und Entwicklungsfähigkeit der Hominiden [...] immer mehr zur biologischen Funktionsgrundlage für die Fähigkeit zur gesellschaftlichen Organisation der Lebensgewinnung. Der Mensch wird durch einen derartigen Kumulationsprozess genomischer Information zum einzigen Lebewesen, das aufgrund seiner ,artspezifischen' biologischen Entwicklungspotenzen zur gesellschaftlichen Lebensgewinnung fähig ist." (Holzkamp, 1983, S. 179f.; Herv. entf. V.L.)

Mit dieser die gesellschaftliche Natur auf der Seite des Gattungs-Individuums charakterisierenden „natürliche[n] Entwicklungspotenz zur Gesellschaftlichkeit" (ebd., S. 180) oder mit den „Vergesellschaftungspotenzen" (ebd., S. 183) ist somit eine spezifische Lern- und Entwicklungsfähigkeit des Menschen gemeint, die letztlich auch im Einzelindividuum – das eben als Repräsentant der Gattung das „Gattungs-Gen" besitzt – genomisch verankert ist. Aus der Perspektive entwicklungsnotwendiger Voraussetzungen des menschlichen Psychischen wird diese im Genom veranlagte Fähigkeit aber zugleich als im Detail unbestimmt und – im Gegensatz zu tierischen Phasen des Lernens – ohne Altersbeschränkung prospektiv offen spezifiziert. Sie ermögliche es gerade den Einzelnen, sich die historisch wandelnden Formen der (individuellen und gemeinschaftlichen) Vergesellschaftung immer wieder neu anzueignen, an ihnen zu partizipieren und sie letztlich auch bewusst zu gestalten: „Nur, indem [...] der Mensch *seiner Natur nach praktisch lebenslang lern- und entwicklungsfähig* wurde, konnte er die rapid wachsenden Anforderungen der sich historisch entwickelnden gesellschaftlichen Lebensgewinnungsformen individuell realisieren und ist so ‚*biologisch*' dazu fähig, die *unabgeschlossene gesellschaftlich-historische Entwicklung* in seiner individuellen Entwicklung *immer wieder ‚einzuholen*' und so durch seine Beiträge an der Reproduktion der jeweiligen Lebensgewinnungsform mitzuwirken." (Ebd., S. 419)

Die Rückwirkung der gesellschaftlichen Lebensformen auf die Phylogenese, deren Resultat die gesellschaftliche Natur des Menschen ist, wird schließlich durch das rasante und immense Wachstum der Frühgesellschaften, insbesondere durch den Anstieg der Anzahl an Menschen und somit die veränderte Größenordnung gesellschaftlicher Lebensgewinnung „bedeutungslos" und der Dominanzwechsel „faktisch vollendet" (ebd., S. 183). Dadurch komme es „nach dem Dominanzumschlag zum gesellschaftlich-historischen Prozess" nicht mehr zur „selektionsbedingten Rückwirkung" der „gesellschaftliche[n] Produktion [...] auf die genomische Information". Es wird also angenommen, dass wegen extrem unterschiedlicher Zeitdimensionen in der phylogenetischen und der gesellschaftlichen Entwicklung „die ‚gesellschaftliche Natur' des Menschen sich nicht mehr phylogenetisch" weiterentwickelt hat. Vielmehr ist auf der Grundlage der „biologische[n] Potenz des Menschen zur gesellschaftlichen Produktion, also dessen überindividuelle gesellschaftlich-historische Lern- und Entwicklungsfähigkeit", auch „der Organismus-Umwelt-Zusammenhang endgültig in den gesellschaftlichen Mensch-Welt-Zusammenhang umgeschlagen" (ebd., S. 193) und die gesamtgesellschaftliche Vermitteltheit individueller Existenzerhaltung erreicht.

Das Konzept der gesellschaftlichen Natur beinhaltet also neben der Annahme von Entwicklungspotenzen zur Vergesellschaftung auf der Seite der Einzelindividuen der Gattung zugleich – und hier zeigt sich die Funktion als Vermittlungskategorie – die Annahme der Verselbständigung gesellschaftlicher Entwicklung gegenüber der Phylogenese. Entsprechend ist mit dem Begriff „‚gesellschaftliche Natur'" der *„Mensch-Welt-Zusammenhang"*, auf den sich diese bezieht, immer mit gemeint (ebd., S. 432): „Die in der ‚gesellschaftlichen Natur' liegenden Entwicklungspotenzen sind also nicht ‚innere' Potenzen, zu denen die ‚äußeren' konkret-historischen Bedingungen irgendwie fördernd oder hemmend ‚hinzukommen', sondern Potenzen *zur* Entwicklung *in* jeweils konkret-historische Lebensbedingungen hinein. Die gesellschaftlichen Realisierungsbedingungen sind mithin ein *Bestimmungsmoment der menschlichen Entwicklungspotenzen* selbst. Diese können in ihrer menschlichen ‚Artspezifik' als Potenzen zur individuellen Vergesellschaftung *nur* in gesellschaftlich-historischer Konkretion in Erscheinung treten und sind dabei auch als ‚gelernte' Funktionsgrundlage [...] gesellschaftlich-historisch konkretisiert: *Gerade darin* liegt ja ihre

‚artspezifische', nur dem Menschen zukommende Eigenart *als* Entwicklungspotenzen der ‚gesellschaftlichen Natur'" (ebd., S. 433).

Das Konzept der „gesellschaftlichen Natur" dient aber nicht nur der Verhältnisbestimmung von Natürlichkeit und Gesellschaftlichkeit, sondern auch als Vermittlungskategorie zwischen Phylogenese und Ontogenese. Auf der Ebene der Individualentwicklung muss nämlich garantiert sein, dass die funktionellen Voraussetzungen für die menschliche Lern- und Entwicklungsfähigkeit – beginnend mit der dem Signallernen vorausgesetzten Perzeptions-Wertungs-Operations-Koordination – auf der Seite der Einzelindividuen realisiert werden (vgl. ebd., S. 429). Dabei ist Holzkamp zufolge anzunehmen, dass die elementarsten Funktionsebenen der Perzeptions-Wertungs-Operations-Koordination – die Ebenen „der ‚Gradientenorientierung', der ‚Aussonderung/Identifizierung' und der ‚Diskrimination/Gliederung'"– „angeboren" sind (ebd.). Sie sind als „entweder am Beginn der Ontogenese schon ‚funktionsfähig' oder durch einen physiologischen Reifungsprozess sich zur Funktionsfähigkeit entwickelnd" zu verstehen, wobei diese Alternative sowie die Frage, „welchen Förderungs-/Hemmungsbedingungen ein solcher Reifungsprozeß unterliegt [...] und in welchen zeitlichen Erstreckungen er sich vollzieht", nur aktual-empirisch zu entscheiden ist (ebd.).[3] Im Sinne einer solchen Konkretisierung der gesellschaftlichen Natur hebt Holzkamp, auch in Anlehnung an Schurigs Bestimmung einer relativen Eigenständigkeit der Sprachentwicklung in der Psychophylogenese, weiterhin die Bedeutung der Sprache hervor (ebd., S. 222).

Mit der Rekonstruktion solcher, zum Teil notwendig hypothetisch gebliebener, individual-biologischer Voraussetzungen der ontogenetischen Dimensionen der gesamtgesellschaftlich vermittelten Lern- und Entwicklungsfähigkeit des Menschen ist – wie der Verweis auf die Frage des „Angeboren-Seins" deutlich zeigt – der Eingriffspunkt der Genetik bzw. Genomforschung angesprochen. Bei Schurig und Holzkamp ist die „genomische Information", präzisiert etwa als genetische bzw. DNA-Komponente solcher elementarsten Funktionsgrundlagen oder der zugehörigen Reifungsprozesse, Teil der materiellen Basis der gesellschaftlichen Natur des Menschen. Allerdings können die Funktionsgrundlagen der Perzeptions-Wertungs-Operations-Koordination, die möglicherweise im Zuge solcher Reifungsprozesse entstehen, im weiteren Fortgang der Ontogene-

---

[3] „[M]an wird dabei an die Markscheiden-Reifungen und Synapsenbildungen von der pränatalen Phase an bis etwa zum Ende des ersten Lebensjahres denken, was natürlich nicht heißt, daß man damit während dieser Zeit eigentliche Lernprozesse ausschließen dürfte" (Holzkamp, 1983, S. 429).

se durch umfassendere Lernformen überformt werden (Holzkamp, 1983, S. 429ff.). Die Grundlage für diese Hierarchisierung bildet die im Zuge der funktional-historischen Rekonstruktion der Psychophylogenese vorgenommene Unterscheidung zwischen „*spezifisch-bestimmende[n], spezifisch-sekundäre[n]* ('mit-vergesellschaftete[n]') und *unspezifische[n] Charakteristika menschlicher Lern- und Entwicklungsfähigkeit*" (Maiers, 1985, S. 123). Diese Differenzierungen ermöglichen es auch, die Annahme einer unmittelbaren Entsprechung von Genotyp und Phänotyp – und das einer solchen Annahme zugrunde liegende Gen-Modell – als reduktionistisch zu problematisieren, ohne die biologische Dimension menschlicher Entwicklung zu negieren (vgl. auch die Kritik am physiologischen Reduktionismus bei Schurig, 1976, S. 136f.).

Für das Verhältnis zur Molekulargenetik bedeutet dies jedoch, dass mit dem Konzept der gesellschaftlichen Natur zugleich die Zurückweisung eines Gen-Modells einhergeht, demzufolge ein Gen eine diskrete Vererbungseinheit auf der Ebene des Genotyps mit einer kausalen Beziehung zu individuellen Eigenschaften auf der Ebene des Phänotyps ist (mendelsches oder auch klassisches Gen-Modell). Entsprechend bestimmt Holzkamp die Ausgangsfrage der Anlage-Umwelt-Debatte als falsche Problemstellung (Holzkamp, 1983, S. 431f.; vgl. auch Ulmann, 1991, S. 113). Am aus ontogenetischen Entwicklungsprozessen hervorgegangen Phänotyp seien „'Anlage'-Faktoren auf menschlichem Niveau einzig als ,*gattungsmäßige*' Potenzen des Menschen zur individuellen Teilhabe an der *unabschließbaren* gesellschaftlichen Entwicklung adäquat wissenschaftlich zu fassen" (Holzkamp, 1983, S. 432). In der Konsequenz könnten „*individuelle Unterschiede* des personalen Entwicklungsstands o.ä. *niemals auf ,Anlage-Unterschiede' zurückgeführt* werden" – zumindest nicht eindeutig. Daher sind diese zuvörderst „immer als *Resultat der gesellschaftlichen Förderung oder Behinderungen der Realisierung menschlicher Entwicklungsmöglichkeiten*" zu begreifen (ebd.). Andernfalls bestehe die Gefahr, die empirische Uneindeutigkeit biologisierend zu vereindeutigen (vgl. auch Seidel, 2004, S. 1316). Kurz: Wie die im „Gattungs-Gen" verankerten Entwicklungspotenzen sich jeweils individuell entfalten, hängt von den gesellschaftlichen Entwicklungsbedingungen ab und nicht von Differenzen in der genomischen Information (oder DNA), wobei allerdings folgende Einschränkung zu machen ist: Holzkamp weist am Beispiel von als Begabung interpretierten Leistungsunterschieden in IQ-Tests darauf hin, dass „niemals endgültig empirisch zu widerlegen" ist, „daß bestimmte Leistungsunterschiede in irgendeiner Weise auch durch unterschiedliche anlagemäßige Entwicklungspotenzen mitbedingt sein können"

(Holzkamp, 1992, S. 13). Damit sind auch potenzielle interindividuelle Unterschiede hinsichtlich der genomischen Grundlagen der Potenz zur Vergesellschaftung nicht ausgeschlossen. Aufgrund der notwendigen Vermitteltheit von individual-biologischer und individual-gesellschaftlicher Entwicklung sei aber aktualempirisch nie endgültig entscheidbar, welche Dimension im konkreten Fall eine Entwicklungseinschränkung maßgeblich bestimmt (vgl. ebd., S. 9ff.). Daher seien interindividuelle Leistungsunterschiede bezüglich intellektueller Fähigkeiten weder aus genetischen noch aus Umweltbedingungen deduzierbar, sondern müssten jeweils im Einzelfall begründungstheoretisch aufgeklärt werden (vgl. ebd., S. 12). Die Betonung gesellschaftlicher Entwicklungsdimensionen ist an dieser Stelle somit aber auch eine wissenschaftspolitische, im Kritikstandpunkt der Kritischen Psychologie begründete Positionierung. So führt Holzkamp aus: „Dies bedeutet aber keineswegs, daß die beiden Erklärungsalternativen hier wissenschaftlich gleichwertig wären […]. In dem Rückgriff auf Begabungsunterschiede als Ursache von Leistungsunterschieden liegt […] gerade ein *Verzicht* auf eine weitere Aufhellung der Bedingungen für ihre Entstehung." (Ebd., S. 14)

Da die aktual-empirische Bedeutung der DNA-Ebene wissenschaftlich ungeklärt ist, aufgrund der vielfachen biologischen Vermittlungsebenen als nicht eindeutig bestimmbar, tendenziell vernachlässigbar und auch wissenschaftpolitisch zweitrangig, aber in jedem Fall als unverfügbar angesehen wird, findet sich bei Holzkamp auch keine systematische Diskussion von Gen-Modellen oder Ergebnissen der Genomforschung. Dies führt allerdings dazu, dass unterschiedliche Vorstellungen von der Funktion der DNA bzw. von Vererbung unvermittelt nebeneinander stehen. Das Konzept der „prospektiven Potenz" (ebd., S. 8; vgl. auch Holzkamp, 1983, S. 419), deren biologische Funktionsgrundlage auf Seiten des Individuums durch einen „Kumulationsprozeß genomischer Information" entstanden ist (ebd., S. 179), wäre etwa als Variante eines Dispositionsmodells zu verstehen, demzufolge die DNA die Disposition für die Ausbildung von Fähigkeiten darstellt, die sich dann in einem spezifischen Umweltkontext entwickeln. Demgegenüber qualifizieren Richard Lewontin, Steven Rose und Leon Kamin in ihrem Buch „Die Gene sind es nicht" (Lewontin, Rose & Kamin, 1988), auf das in kritisch-psychologischen Zurückweisungen des genetischen Determinismus verschiedentlich Bezug genommen wurde (z.B. Holzkamp, 1992, S. 10; Ulmann, 1991, S. 118), ein solches von ihnen als „dialektisch" bezeichnetes Organismus-Umwelt-Verhältnis, das von Potenzen beim Organismus und – im Gegensatz etwa zu anderen Interaktionsmodellen – einer intentionalen Beeinflussung der

Entwicklungsbedingungen durch den Organismus (auf menschlichem Niveau in gesellschaftlichem Maßstab) ausgeht, dann als deterministisch, wenn nicht schon auf der Ebene der Molekularbewegungen die Zufälligkeit und damit Unbestimmbarkeit der Kausalketten berücksichtigt wird: „Dialektische Determination ist immer noch Determination" (Lewontin et al., 1988, S. 236). Sie betonen stattdessen eine, auf der Grundlage von komplexitäts- und chaostheoretischen Annahmen formulierte, „Unabhängigkeit" des Phänotyps von einzelnen „Ereignissen oder Aktionen" auf z.B. der genomischen bzw. biochemischen Reaktionsebene (ebd., S. 238). Hiernach hat jede menschliche Lebensäußerung immer auch eine materielle Basis und somit auch molekulare Ursache, die Kausalketten sind allerdings so komplex und verzweigt, dass eine eindeutige Rückführung auf eine einzelne Ursache – wie z.B. ein Gen bzw. eine DNA-Sequenz – nicht möglich ist (vgl. ebd.). Mit der Beschreibung der Anlage als „Potenz" oder „Fähigkeit" sind in der Kritischen Psychologie die Wechselwirkungen auf der Ebene der DNA und die involvierten Vermittlungsebenen jedoch nicht genauer gefasst, und damit ist die Frage der Bestimmbarkeit oder Unbestimmbarkeit von Kausalbeziehungen auf molekularbiologischer Ebene gerade nicht beantwortet. Von der Bedeutung des biochemischen Umfelds für die Funktionsweise der DNA wird weitestgehend abstrahiert, und das Verhältnis der genetischen, epigenetischen[4], intra- und interzellulären Komponenten und Wechselwirkungen bis hin zum Verhältnis von Embryo und Gebärmutter, Stoffwechsel, Wachstum und Ernährung oder sozialer Interaktion ist mit der Fassung als „genomischer Information" unterbestimmt. Im Kontext eines gesellschaftlich dominanten genetischen Reduktionismus geht damit jedoch potenziell eine Überbewertung der DNA einher und es besteht die Gefahr einer Genetifizierung z.B. der genannten Reifungsprozesse im Zuge der Herausbildung der Lernfähigkeit.

Bei Schurig finden sich einige wenige Präzisierungen zu Kausalbeziehungen, in die die DNA eingebunden ist. Beispielsweise versteht er die DNA-Ebene als die Ebene „genetischer Informationsweitergabe", der die Funktion zukommt, die Stabilität in der Vererbung zu ermöglichen: „Durch die genetische Informationsweitergabe werden phylogenetisch er-

---

[4] Gemäß dem hier verwendeten engen, molekularbiologischen Verständnis (vgl. Holliday, 2002) werden unter solchen epigenetischen Komponenten etwa die DNA-Methylierung, d.h. die Bindung von Methylgruppen an einzelnen Stellen der DNA, die die räumlichen Eigenschaften der DNA mitbestimmende Chromatinstruktur, das RNA-Interferenzsystem, d.h. RNA-RNA-Wechselwirkungen im Zellkern oder dem Rest der Zelle, sowie weitere, bislang weitgehend ungeklärte enzymatische Einwirkungen auf die DNA verstanden.

folgreiche Organisationsprinzipien identisch auf die Nachkommen weitergegeben. Die biochemische Grundlage dafür sind DNA-Moleküle, die als Matrize zur Reproduktion endlicher Mengen von Kopien des Vorbildes dienen. Die genetische Reproduktion kann deshalb als ein Beispiel für die ein-eindeutige Abbildung biologischer Strukturen aufeinander angesehen werden." (Schurig, 1976, S. 311) Damit bestimmt er jedoch Reproduktion auf der Ebene der DNA als identische Replikation. Die Auffassung der DNA als Matrize geht zudem einher mit Schurigs späterer Annahme, dass die „Ein-Gen-ein-Enzym-Hypothese" durch die Molekulargenetik „bestätigt und präzisiert werden konnte" (Schurig, 1991, S. 24). Für die molekularbiologische Ebene geht Schurig also von einer Entsprechung aus, die er für das Verhältnis von Physischem und Psychischem zurückweist. Die für die Ebene des Psychischen angenommene Komplexität und Plastizität gilt demnach nicht für die Ebene der DNA. Im Gegenteil: Das Konzept der genetischen „Disposition" oder „Potenz" zur Vergesellschaftung, das eine vage, hilfsweise Beschreibung der genomischen Grundlage der gesellschaftlichen Natur in Bezug auf die angenommene Komplexität darstellt, wird also von Schurig durch dieselben Modellannahmen zur DNA spezifiziert, die die Grundlage für das von Francis Crick formulierte „zentrale Dogma der Molekularbiologie" (aus DNA wird RNA wird Protein, vgl. Crick, 1970)[5] bildeten. Dieses Dogma ist es nun aber gerade, das durch die Fortschritte in der Genomforschung fundamental infrage gestellt wurde, wie im nächsten Abschnitt ausgeführt wird. Die Offenheit, die sowohl in der Vorstellung einer Potenz wie auch in der Annahme einer von Entwicklungsbedingungen nicht trennbaren Disposition angenommen wird, dient somit zwar einerseits der Zurückweisung eines genetischen Determinismus, wie er aus einer Übertragung der mendelschen Genetik auf psychische Prozesse resultieren würde. Andererseits führt die

---

[5] Dieser Vorgang wurde als zweistufiger Übersetzungsprozess vorgestellt: Die Transformation von DNA in RNA wird in der Genetik als *Transkription* bezeichnet. Bei ihr wird, enzymatisch unterstützt, ein RNA-Molekül gebildet, wobei ein Teilstück der DNA als „Vorlage" dient. Das aus diesem Prozess hervorgehende RNA-Molekül wird als messenger RNA (mRNA) bzw. Boten-RNS bezeichnet, da es von der DNA im Zellkern zu den Ribosomen im Zellplasma außerhalb des Zellkerns diffundiert – und somit als Informationsträger fungiert. An den Ribosomen findet die Proteinbiosynthese statt, d.h. die Bildung von Proteinen durch die Aneinanderreihung von Aminosäuren unter Verwendung der mRNA (Transformation von RNA in Protein). Der Prozess der Anordnung von Molekülen orientiert sich dabei, gemäß dieser vereinfachten Vorstellung, an der Reihenfolge der Nukleinsäuren der mRNA. Metaphorisch wird dieser Prozess als „Ablesen" verstanden. Er wird daher als *Translation* bezeichnet.

konzeptionelle Unklarheit jedoch dazu, dass hinterrücks Elemente aus Gen-Modellen übernommen werden, die in der Geschichte der Genetik gerade die Grundlage eines genetischen Determinismus bildeten.

Vom Gen zum Epigen: Paradigmenwechsel in der Genomforschung

Die Konzeption vom Gen als einem funktionellen DNA-Abschnitt mit Wirkung auf den Phänotyp eines Organismus ist in eine grundlegende Krise geraten. Hintergrund ist der ausbleibende Erfolg, die Funktion der DNA aus ihrer Sequenz heraus zu bestimmen. Wie eine Vielzahl von Forschungsergebnissen aus der genetischen Grundlagenforschung mittlerweile zeigten, sind die Beziehungen zwischen DNA und (molekular-) biologischer Funktion komplexer, als bisher in den Gen-Modellen berücksichtigt. Einen ersten Hinweis auf den Grad an Komplexität boten Vergleichsstudien zwischen der menschlichen und der DNA anderer Organismen, die eine hohe Übereinstimmung in Aufbau und Sequenz der DNA zeigten. So teilen wir Menschen den proteincodierenden Teil der DNA bis zu 98 Prozent[6] mit Schimpansen, 88 Prozent mit Nagetieren und 60 Prozent mit Hühnern; bis zu 80Prozent der proteincodierenden Gene von Seescheiden[7] findet sich in der ein oder anderen Form im menschlichen Genom wieder (vgl. Gunter & Dhand, 2005, S. 47). Solche Ergebnisse stützen „die Ansicht, dass das, was Menschen von anderen Säugetieren unterscheidet, eher in der Art und Weise liegt, wie ihre Gene reguliert werden und in die jeweiligen Prozesse eingebettet sind, als in der Spezifität oder der Anzahl der Gene" (Tecott, 2003, S. 646; übersetzt V.L.). Diese Regulationsmechanismen werden seit einiger Zeit systematisch untersucht, so z.B. im durch das US-amerikanischen National Human Genome Research Institute (NHGRI) initiierten Projekt ENCODE („ENCyclopedia Of DNA Elements") (vgl. The ENCODE Project Consortium, 2004). Schon die ersten Ergebnisse dieser Forschung zeigen, dass einzelnen DNA-Abschnitten keine eindeutige Funktion zugeordnet werden kann. Das Gen-Modell, wie es Grundlage des Humangenomprojekts war, ist nicht mehr aufrecht zu erhalten (vgl. Gerstein et al., 2007, S. 669). Die Phänomene, die das Modell ins Wanken bringen, beziehen sich auf sehr unterschiedliche Ebenen und Zeitpunkte der innerzellulären Prozesse.

---

[6] Laut Rolston schwankt die Zahl in den Veröffentlichungen zwischen 95 und 98 Prozent (vgl. Rolston, 2006, S. 472).
[7] Seescheiden sind unter Wasser lebende sack- oder knollenförmige wirbellose Tiere. Sie gehören zu den ersten Tierarten, deren DNA vollständig sequenziert wurde, und dienen der Genomforschung als Modellorganismus.

So sind Ort und Struktur von Genen nicht immer eindeutig bestimmbar. Wie Forschung an der Fruchtfliege gezeigt hat, können sich zwei Gene denselben „Ort" auf der DNA teilen (vgl. Henikoff, Keene, Fechtel & Fristrom, 1986), was bedeutet, dass sie räumlich, und – bezogen auf die Transkription in RNA (siehe Fn. 4) – gegebenenfalls auch zeitlich nicht voneinander zu trennen sind. Weiterhin wurden Gene mit überlappenden Sequenzen beschrieben (z.b. Contreras, Rogiers, van de Voorde & Fiers, 1977), und es konnte gezeigt werden, dass DNA-Abschnitte, die räumlich weit voneinander getrennt, teilweise sogar auf unterschiedlichen Chromosomen liegen, interagieren (z.b. Spilianakis, Lalioti, Town, Lee & Flavell, 2005). Für das Genom ist dabei grundsätzlich ein hoher Grad an Redundanz anzunehmen (vgl. auch Keller, 2000, S. 111ff.). Verschiedene DNA-Abschnitte können mehrere unterschiedliche, z.b. proteincodierende und regulative, Funktionen erfüllen, ein proteincodierender DNA-Abschnitt kann durch verschiedene DNA-Abschnitte reguliert werden oder ein DNA-Abschnitt kann regulierende Funktionen für mehrere proteincodierende Abschnitte übernehmen. „Es besteht offensichtlich eine vielfach-zu-vielfach [a many-to-many] (statt einer eins-zu-eins [one-to-one]) Beziehung zwischen regulierenden Regionen und Genen" (Gerstein et al., 2007, S. 677; übersetzt V.L.). Einige der Phänomene sind schon länger bekannt, wie die von Barbara McClintock für Mais beschriebene wandernde oder springende DNA, die nicht-ererbte Veränderungen der DNA-Struktur bewirken kann (vgl. McClintock, 1948). Ihre hohe Verbreitung und ihre Bedeutung nicht nur für die Genexpression, sondern auch für die fortlaufende DNA-Reproduktion werden allerdings erst langsam deutlich. Weitere nicht-ererbte Veränderungen in der DNA-Struktur können durch die Umsortierung bzw. Translokation von DNA-Abschnitten, etwa während der Zellteilung von Somazellen und durch spontanen Austausch zwischen Chromosomen (vgl. Early, Huang, Davis, Calame & Hood, 1980) oder durch die initiierte oder spontane Vervielfachung von DNA-Abschnitten, sogenannte „Copy-Number-Variationen" (vgl. Iafrate et al., 2004, Sebat et al., 2004, Tuzun et al., 2005), entstehen.

Zusätzlich zu der Struktur auf der DNA-Ebene ist die Genexpression, also das biochemische Produkt, das letztlich durch die Transkription und die Translation entsteht, von epigenetischen Prozessen reguliert. Besondere Aufmerksamkeit hat die bereits 1975 von Arthur D. Riggs (vgl. Riggs, 1975) beschriebene Funktion der DNA-Methylierung für das Aktivieren oder Ausschalten der Transkription von DNA-Abschnitten erlangt (vgl. auch Jablonka & Lamb, 2005, S. 126ff.). Die DNA-Methylierung besteht aus Methylmolekülen, die sich an einem Teil der Cytidinmoleküle[8] anlagern. Sie werden bei der Zellteilung und Spaltung von DNA-Strängen auf den neuen Strang übertragen. Li et al. haben am Beispiel von Mäusen gezeigt, dass dem für die Neu-Methylierung von DNA zuständigen Enzym DNA-Methyltransferase eine zentrale Funktion für die Embryonalentwicklung zukommt (vgl. Li, Bestor & Jaenisch, 1992). Auch ist die Re-Methylierung von einzelnen

---

[8] Cytidin ist zusammengesetzt aus der Base Cytosin und dem Zucker ß-D-Ribose. Es fungiert als Baustein des DNA-Strangs.

DNA-Abschnitten, durch die beispielsweise die Genexpression eines spezifischen DNA-Abschnitts ausgeschaltet wird, beschrieben worden. Dieser Funktion wird eine zentrale Bedeutung bei der Steuerung der Genexpression in der Ontogenese zugeschrieben (z.B. Jaenisch & Bird, 2003, S. 248). Zudem wird angenommen, dass sowohl der Alterungsprozess als auch Ernährungsgewohnheiten die Regulierung der DNA-Methylierung beeinflussen (vgl. Jaenisch et al., 2003, S. 250). Der genaue Prozess ist bisher nicht eindeutig geklärt, allerdings können Fehler in der Methylierung potenziell an die nächste Generation weitervererbt werden (vgl. Whitelaw & Martin, 2001). Schließlich kann die räumliche Struktur sowohl der DNA als auch der Chromosomen für die Genexpression bedeutsam sein, z.B. wenn DNA-Abschnitte auf verschiedenen Chromosomen an dieser beteiligt sind. Hier sind immer wieder Vorgänge berichtet worden, von denen angenommen wird, dass sie für die Genexpression in noch unbekannter Weise funktionell relevant sind, so etwa die „kissing chromosomes", zwei einzelne Chromosomen, die sich zu einem spezifischen Zeitpunkt im Zellkern berühren (vgl. Scherrer & Jost, 2007, S. 79).

Auch jenseits des DNA-Moleküls sind mittlerweile verschiedene Prozesse bekannt, die auf eine fundamentale Bedeutung von Wechselwirkungen zwischen RNA-Molekülen – es wird auch vom „RNA-System" gesprochen – für die Genexpression hinweisen (vgl. Pearson, 2006). So können aus einer DNA-Sequenz verschiedene mRNA-Moleküle entstehen („alternative splicing"), die an der Synthese unterschiedlicher Proteine beteiligt sind (vgl. Berget, Moore & Sharp, 1977). Eine DNA-Sequenz kann unterschiedlich gelesen werden, z.B. vorwärts, rückwärts oder nur partiell, in Abhängigkeit von regulierenden Mechanismen (sogenannte „Regulatorgene" oder „offene Leserahmen", vgl. Ouelle, Zindy, Ashmun & Sherr, 1995). Weiterhin können Proteine auch aus gemischten Transkriptionen, also RNA-Molekülen, die aus verschiedenen voneinander entfernt liegenden DNA-Sequenzen erstellt werden, synthetisiert werden (vgl. Borst, 1986). Zusätzlich kann der mRNA-Strang durch in der Zelle permanent vorhandene oder dafür gesondert synthetisierte Enzyme verändert werden (vgl. Eisen, 1988). Eine ähnliche Variabilität besteht auch für die Ebene des Proteins. Die endgültige Proteinstruktur kann z.B. durch alternative Bindungen funktioneller Moleküle, durch unterschiedliche physikalische und biochemische Prozesse (vgl. Villa-Komaroff, Guttmann, Baltimore & Lodishi, 1975) oder durch nachträgliche Modifizierung durch andere Proteine (vgl. Wold, 1981) verändert werden. Schließlich ist sogar mit dem Phänomen der „Retrogene" die umgekehrte Transkription von mRNA zu DNA beschrieben worden, wodurch ein neuer, funktioneller DNA-Abschnitt ins Genom eingefügt wird (vgl. Vanin, Goldberg, Tucker & Smithies, 1980). Dadurch ist es möglich, dass ganze DNA-Abschnitte durch zelluläre RNA ausgeschaltet oder sogar neu überschrieben werden. Die Funktion solcher „Retrogene" ist letztendlich nicht eindeutig bestimmt. „Eine Idee ist, dass in der RNA Sicherungskopien der genetischen Information der Großeltern codiert sind, die zusammen mit der regulären DNA über die Keimzellen weitergegeben werden und als Vorlage dienen, um bestimmte Gene gegebenenfalls zu korrigieren." (Pearson, 2006, S. 400; übersetzt V.L.)

Gemäß dieser komplexen Wechselwirkungen rund um die DNA ist es nicht möglich, die genetischen Faktoren zu identifizieren, ohne die anderen Faktoren zu kennen, die die Genexpression modulieren. Angesichts dieser Entwicklungen spricht Evelyn Fox Keller vom Ende des Gen-Konzepts und vom „Jahrhundert jenseits des Gens" („century beyond the gene", Keller, 2005, S. 3; vgl. Keller, 2000). In der Zeitschrift *Science* wird die Phase nach der Sequenzierung des menschlichen Genoms als „postgenomisches Zeitalter" („postgenomic era", Peltonen & McKusick, 2001, S. 1224) bezeichnet. Genetische Forschung orientiert auf die Rekonstruktion der Wechselwirkungen innerhalb der DNA-Ebene (z.B. „gene sharing"), auf epigenetische Prozesse oder die Wechselbeziehungen zwischen Proteinen. Keller zufolge ist ein Paradigmenwechsel („paradigm shift") innerhalb der Biologie zu beobachten: weg vom genetischen Reduktionismus hin zur Systembiologie („Systems Biology") (Keller, 2005, S. 4f.). In dieser systembiologischen Perspektive wird die Vorstellung von der DNA als stabiler Vererbungsmasse durch die Annahme komplexer Regulationssysteme mit permanenter Interaktion auf den verschiedenen molekularen, biochemischen und zellulären Ebenen ersetzt. „Genetik kann darin als ein Abschnitt eines komplexen physiologischen (und/oder, in Abhängigkeit von der Fragestellung, entwicklungsbiologischen, ökologischen oder evolutionstheoretischen) Forschungsprogramms neben anderen verstanden werden" (Herbert, 2005, S. 181; übersetzt V.L.). Die Relevanz der DNA kann dabei ohne weitere Kenntnisse der Prozesse, in die die DNA eingebettet ist, nicht bestimmt werden.

Die gesellschaftliche Natur als gesamtgesellschaftlich vermitteltes Entwicklungssystem

Die Psychologin und Wissenschaftstheoretikerin Susan Oyama hat die Konsequenzen dieser Annahme für eine nicht-reduktionistische Entwicklungstheorie ausformuliert. Mit ihrem Ansatz einer Developmental Systems Theory (DST) tritt sie für eine gegenüber dem mendelschen Gen-Modell bedeutsame Verschiebung im Verständnis von Vererbung ein: „Ich habe vorgeschlagen, dass wir Vererbung nicht als Weitergabe von Merkmalen [*traits*] zwischen Organismen [...], sondern vielmehr als Art und Weise verstehen, wie Entwicklungs*ressourcen oder -bedingungen* der nächsten Generation zur Verfügung gestellt werden." (Oyama, 2000, S. 87; übersetzt V.L.) Evolution versteht sie als übergeordnete Entwicklung, die auf individuellen Entwicklungsprozessen aufbaut, wobei es wiederum diese individuellen Entwicklungsprozesse sind, die Oyama mit ihrem Konzept der Entwicklungssysteme zu fassen sucht. Da aber die jeweiligen Entwicklungssysteme und nicht mehr die Gene Träger evolutionärer Veränderungen sind, verschiebt sich auch der Fokus in der Rekonstruktion von Entwicklungsprozessen weg von der molekulargenetischen Ebene: „Ich definiere Evolution als Veränderung in der Verteilung und Konstituierung von (Organismus-Umwelt-)Entwicklungssystemen. Mit dieser geht oft eine Veränderung in der Häufigkeit einzelner Gene einher, nimmt man aber nur die Gen-Ebene in den Blick, schließt das den Reichtum und die Aktivität lebendiger Prozesse aus, die doch überhaupt erst die Aufmerksamkeit auf diese lenkten." (Ebd., S. 77; übersetzt V.L.) Durch ihre starke Betonung individueller Entwicklungsprozesse stellt Oyama die Ontogenese eines Organismus oder eines organismischen Teilssystems (z.B. des Immunsystems) und deren Stabilität wie Variabilität ins Zentrum ihrer Konzeption.

Entwicklung ist bei Oyama ein Prozess, der auf mehreren Ebenen gleichzeitig stattfindet, von denen die Gene bzw. die DNA, aber auch die Zelle nur einen Teil bilden. Zudem nimmt sie eine Plastizität und Mehrdeutigkeit von Entwicklungsprozessen an, und zwar schon auf der molekulargenetischen Ebene: „Der Punkt ist, dass für jeden Genotyp mehrere Entwicklungspfade möglich sind, von denen viele zu [einem Phänotyp innerhalb; V.L.] einer normalen Variationsbreite führen [...] und einige nicht, und dass oftmals ein gegebener Phänotyp über viele verschiedene Genotyp-Umwelt-Beziehungen erreicht werden kann." (Ebd., S. 37; übersetzt V.L.) Um ein Verständnis der Prozesse zu erreichen und diese rekonstruieren zu können, „muss man letztlich nicht nur die intrazellulären Prozesse, sondern auch die Wechselbeziehungen zwischen Zellen sowie die Art und Weise, wie diese Wechselbeziehungen höher gelagerte Prozesse – die Organismus-Umwelt-Interaktionen eingeschlossen – beeinflussen und von ihnen beeinflusst werden, beschreiben" (ebd., S. 30f.; übersetzt V.L.).

Aus dieser Perspektive problematisiert Oyama das neodarwinistische Postulat, Genotyp und Phänotyp würden sich eins zu eins entsprechen. Zudem weist sie die Vorstellung einer genetischen Festgelegtheit quantitativer wie qualitativer Differenzen von Merkmalen zurück: „Wirkliche Entwicklung [...] ist das Ergebnis eines ständigen Zusammenwirkens [...] von genetischen und Umwelfaktoren; die Annahme, dass manche [Entwicklungs-; V.L.]Ergebnisse mehr oder weniger genetisch sind als andere, bedeutet, in eine verbreitete konzeptionelle Falle zu tappen [...]. Bei manchen Tierarten kann sich selbst das sexuelle Geschlecht, das ‚genetische' Merkmal schlechthin, durch entsprechende Signale aus der Umwelt ändern [responds to environmental cues in some species]." (Ebd., S. 39; übersetzt V.L.) Als Beispiel für letzteres verweist Oyama auf die dominanten Weibchen des

Korallenrifffisches (*Labroides dimiatus*), die bei Männchen-Mangel in der Population innerhalb von 14 bis 18 Tagen die Fähigkeit entwickeln, andere Weibchen zu befruchten. Für Oyama liegt das zentrale Moment darin, dass einzelne Entwicklungsprozesse – nimmt man solche Interaktionsprozesse ernst – nicht einmal theoretisch in genetische und Umweltfaktoren aufgeteilt werden können: „Weil sich alle Aspekte des Phänotyps entwickeln müssen, sind sie alle in der Ontognese ‚erworben' […]. Sie sind alle durch die Umwelt hervorgebracht [‚environmental'], weil für ihre Entwicklung spezifische Bedingungen notwendig sind und weil diese Bedingungen von Anfang an in die Bildung des Organismus eingehen. Phänotypen sind immer auch ‚ererbt' und ‚biologisch', wenn damit eine wie auch immer geartete kausale Rolle der Gene in ihrer Entwicklung gemeint ist." (Ebd., S. 86; übersetzt V.L.) Oyama schließt hieraus: „Eine Unterscheidung zwischen ererbten und erworbenen Anteilen [components] eines Organismus ist nicht aufrechtzuerhalten" (ebd., S. 86; übersetzt V.L.). Ein ähnlicher Gedanke liegt Holzkamps Problematisierung einer Gegenüberstellung von Anlage und Umwelt in Bezug auf die Ontogenese psychischer Phänomene zugrunde.

Im Vergleich zu Holzkamp präzisiert Oyama allerdings allgemeinste Bestimmungen über das Zusammenspiel der Entwicklungsdimensionen bis hin zur DNA. So kann sich zum Beispiel die jeweilige Funktion der einzelnen, am Entwicklungsprozess beteiligten Interakteure („interactants", ebd., S. 61)[9], ihr Verhältnis zueinander sowie ihre Bedeutung im Entwicklungssystem insgesamt über die Zeit permanent wandeln. Potenzielle Interakteure eines (organismischen) Entwicklungssystems sind das Genom, die Zellstruktur mit den Organellen (Einzelbestandteilen), chemische Verbindungen im intrazellulären Raum (u.a. auch frei schwimmende mRNA), das extrazelluläre Umfeld (mechanisch, biochemisch und energetisch), zu dem auch andere Zellen gehören, das elterliche Reproduktionssystem (physiologisch wie behavioral), etwaige Selbststimulation des Organismus, die unmittelbare physikalische Umwelt, Vertreter der eigenen und anderer Spezies, Klima, Nahrungsquellen etc. (ebd., S. 73f.). Oyama zufolge geht es nun darum, nicht nur die involvierten Faktoren, sondern ihre Wirkungsweise gemäß den jeweiligen Lebenszyklen („life cycles") eines Organismus zu beschreiben (ebd., S. 61): „Ob wir nun von DNA-Abschnitten, Zellen, Organismen oder Gruppen von Organismen […] ausgehen, wir müssen stets, im Sinne von Kohärenz, Konsis-

---

[9] „Gene und soziale Umwelten sind ererbte Interakteure, bereitgestellt, um bei der Konstruktion von Lebenszyklen verwendet zu werden." (Oyama, 2000, S. 61; übersetzt V.L.)

tenz und Vollständigkeit, den Kontext in den zu erklärenden Komplex mit einbeziehen, und dies nicht nur als eine Art Gehäuse oder als sekundäres Ensemble von Modulatoren oder Bausteinen, sondern als die jeweiligen Prozesse und Produkte konstituierend." (Oyama, 2006, S. 280; übersetzt V.L.) Insbesondere ist die Rede von „genetischer Information" nach Oyama nur im Zuge einer solchen Kontextualisierung sinnvoll: „Interakteure in Entwicklungsprozessen [developmental interactants] sind Träger von ‚Information' in dem Sinne, dass sie ontogenetische Prozesse beeinflussen – dass sie einen Unterschied machen –, und nicht in dem Sinne, dass sie kontextunabhängige Botschaften über Phänotypen ‚transportieren'." (Oyama, 2000, S. 67; übersetzt V.L.) Christoph Rehmann-Sutter beschreibt Oyamas Entwicklungskonzeption entsprechend als relationales Modell, in dem die Erbinformation immer neu konstituiert wird: „Für Oyama ist Information weder auf der DNA noch in der Umwelt zu suchen, sondern sie entsteht in den kontingenten, ‚flüssigen' Beziehungen zwischen beiden Sphären. ‚Genetische' Information ist ein relationales Phänomen. Das Lebewesen wird als ein sich entwickelnder Prozess aufgefasst, als Lebenszyklus, dessen prozessuale Struktur sich weiter vererbt." (Rehmann-Sutter, 2005, S. 90) Die Anlage bzw. DNA tritt dadurch in den Hintergrund: Oyama spricht sogar von der „nackten DNA" („naked DNA", Oyama, 2000, S. 88), deren Bedeutung ohne Kenntnis der anderen Interakteure des Entwicklungssystems nicht bestimmbar ist. Dass die einzelnen Interakteure nicht vollständig beliebig zusammenwirken, sondern es immer darum geht, einen lebendigen Organismus zu konstituieren, der in einem spezifischen Organismus-Umwelt-Verhältnis funktionsfähig, d.h. lebensfähig, sein muss, ist hier vorausgesetzt. Allerdings ermöglicht Oyamas Fokus auf den Konstitutionsprozess gerade, die spezifische Entwicklung eines Einzelindividuums oder einer Art nicht allein aus der DNA heraus bestimmen zu müssen, wie es die Programm- bzw. Code-Metapher des genetischen Determinismus nahe legt. Das, was den Organismus ausmacht, ist nicht in der DNA, sondern – als systemische Qualität und Ergebnis von Entwicklung – im Entwicklungssystem verankert. Diese Sichtweise berücksichtigt auch die beschriebene Kongruenz und Austauschbarkeit von DNA-Sequenzen zwischen verschiedenen Arten (siehe den vorherigen Abschnitt). Das, was die Art ausmacht, ist das spezifische Entwicklungssystem. Zu diesem gehören aber die chromosomale Struktur und das zelluläre Umfeld ebenso, wie die Organismus-Umwelt-Beziehungen als Voraussetzung für die Entwicklung eines Individuums der Art. Das heißt, bezogen auf das Genom ist dessen Entwicklungskontext auch in Bezug auf die Bestimmung der Artspezifik immer mitzudenken. Dieser Gedanke ist anschlussfähig an die oben angeführte Funktion des kritisch-psychologischen Konzepts der gesellschaftlichen Natur als Vermittlungskategorie zwischen individueller und gesellschaftlicher Entwicklung.

Oyama betont besonders, dass auch soziale Interaktionsprozesse zum Entwicklungssystem gehören können: „Das Entwicklungssystem beinhaltet [...] nicht nur die Gene, sondern auch alle lebende und tote Umwelt, die zur Entwicklung [des Organismus, V.L.] beiträgt oder diese unterstützt." (Ebd.; übersetzt V.L.) Das Zusammenspiel der Interakteure bleibt zudem nicht notwendig über die gesamte Lebensspanne des Organismus gleich: „Das Entwicklungssystem ist ein mobiles Ensemble interagierender Einflüsse und Einheiten. Es umfasst alle Entwicklungseinflüsse, auf allen Ebenen der Analyse." (Ebd., S. 72; übersetzt V.L.) Diese starke Betonung der Variabilität stellt die Stabilität von Vererbung durchaus in Frage. In jedem veränderten Kontext muss das Entwicklungssystem neu konstituiert werden bzw. sich neu konstituieren, um funktionsfähig zu sein. Dies ist für Oyama jedoch die zentrale Voraussetzung, um einen Reduktionismus auf DNA-Ebene und den damit implizierten genetischen Determinismus auch wirklich zu überwinden: „Das System verändert sich innerhalb seines Lebenszyklus und wird in den nachfolgenden Generationen auf eine Art und Weise neu konstituiert, die ähnlich, aber nicht notwendigerweise identisch mit der vorhergegangenen ist. Nur auf diese Weise können wir die Vererbung genetischen Materials (und anderer Interakteure) fassen, ohne diese als Vererbung von Merkmalen [*traits*] interpretieren zu müssen." (Ebd., S. 73; übersetzt V.L.)

Versteht man nun das Mensch-Welt-Verhältnis als ein solches Entwicklungssystem, lässt sich die Fähigkeit zur Vergesellschaftung als Ergebnis dieses Entwicklungssystems auf der Seite der Einzelindividuen und damit als Resultat der Ontogenese/Biographie präzisieren. Aus der Perspektive von Oyamas Konzeption der Entwicklungssysteme als Einheiten der Evolution stellt sich allerdings die Frage, ob die Herausbildung der gesellschaftlichen Natur im Rahmen der Psychophylogenese wirklich auf die genomische Information in ihrer engen Fassung als DNA-Sequenz zurückgewirkt haben *muss*. Vielmehr kann sich die Fähigkeit zur Vergesellschaftung auch über die Umstrukturierung schon bestehender Entwicklungssysteme herausgebildet haben, nachdem im Tier-Mensch-Übergangsfeld die Grundvoraussetzungen wie Bipedie, Kehlkopfentwicklung, Auge-Hand-Koordination und frühmenschliche Formen von Psychischem/Bewusstsein entwickelt waren. Gemäß Oyamas Konzeption können dabei auch die anderen Ebenen der Vererbung bzw. die nicht-genetischen Interakteure des Entwicklungssystems nicht nur die Variabilität, sondern insbesondere auch Stabilität und Plastizität des Reproduktionsprozesses konstituieren, wie etwa die Zelle (im Sinne einer selbsterhaltenden Entwicklungseinheit) oder die Kind-Erwachsenen-Koordination als notwendige Voraussetzung kindlicher Entwicklung. Mit Oyamas Konzeption wird es möglich, nicht-genetische Entwicklungsbedingungen von der Zelle bis zu den gesellschaftlichen Bedingungen (im Sinne der menschlichen „Umwelt") ebenfalls als materiale Träger der menschlichen Gattungs- und Individualentwicklung zu fassen. Die kritisch-psychologische Fassung der Produktionsverhältnisse als ebensolcher nicht-genetischen Entwicklungsvoraussetzung des Menschen wäre hier entsprechend integrierbar.

Durch die Annahme von Funktionswechseln auf der molekulargenetischen Ebene und die Relativierung einer ausschließlich genomischen Verankerung durch die Berücksichtigung nicht-genetischer Interakteure an den beteiligten Entwicklungssystemen stünden sowohl die Höhe des für eine Rückwirkung auf die DNA notwendigen Selektionsdrucks als auch die Länge des Zeitraums der Rückwirkung, um die ausführliche Kontroversen kreisen (vgl. z.B. Schurig, 1976, S. 83ff.), nicht mehr notwendig im Zentrum einer Theorie der Menschwerdung. Für eine funktionale Umstrukturierung bestehender Entwicklungssysteme wäre ein geringerer Selektionsdruck wie Entstehungszeitraum ausreichend. Es kann etwa angenommen werden, dass bereits die Sozialverbände der Hominiden auf der Entwicklungslinie zum Menschen die Funktion erfüllten, den Selektionsdruck abzumildern, worin ja gerade ihr Selektionsvorteil bestand. Die Suche nach den Genen oder auch nach interagierenden DNA-Sequenzen (als Teil einer genetischen Disposition), die die Grundlage für die menschliche Lern- und Entwicklungsfähigkeit darstellen, muss vor diesem Hintergrund jedoch erfolglos bleiben. Selbst wenn für einzelne DNA-Abschnitte eine funktionelle Beteiligung an der Entwicklung bestimmter Zelltypen im Gehirn aufgewiesen werden könnte, die an höheren kognitiven Prozessen im Vergleich zu anderen Zelltypen überproportional beteiligt sind, ist das Entwicklungssystem dieser Zellen, für das der DNA-Abschnitt relevant ist, nur ein Element des Entwicklungssystems der gesellschaftlichen Natur, d.h. es ist damit noch nicht bestimmt, welche Relevanz der einzelnen DNA-Sequenz oder auch ihrer Abwesenheit für die Entwicklung der speziellen Zelltypen und im Gesamtsystem zukommt. In der abstrakten Fassung als Entwicklungssystem ist dabei offen gehalten, welche Bedeutung welche Komponente für welchen Entwicklungsschritt hat. Erst im konkreten Zusammenspiel ist bestimmbar, welche Rolle eine spezifische DNA-Sequenz bei der Herausbildung des Phänotyps hat, ob ihr Effekt durch andere Elemente bestärkt oder beschränkt wird, oder ob sie eventuell sogar ganz ersetzt wird.

Die Herausbildung der gesellschaftlichen Natur des Menschen im Tier-Mensch-Übergangsfeld könnte nun als Ergebnis einer Verschiebung im Entwicklungssystem beschrieben werden. In diesem wäre die DNA nur ein Element unter anderen, dessen Bedeutung empirisch zu bestimmen wäre, wobei eine solche Bestimmung aufgrund ihres notwendig rekonstruktiven Charakters nur noch partiell möglich ist und teilweise spekulativ bleibt. Allerdings differenziert die Bezeichnung Entwicklungs*system* nicht zwischen der Entwicklung des Immunsystems, den Organismus-Umwelt-Wechselwirkungen in der ökologischen Nische der Galapagós-Finken oder des Mensch-Welt-Verhältnisses. Zwar berücksichtigt Oyama durchaus auch die strukturellen Beziehungen und Hierarchisierungen der verschiedenen Ebenen innerhalb der Entwicklungssysteme: „Entwicklungssysteme sind zu einem gewissen Ausmaß hierarchisch organisiert. Sie können auf vielen verschiedenen Ebenen untersucht werden und die Beziehungen zwischen den Ebenen sind zentral." (Oyama, 2000, S. 70; übersetzt V.L.) Die Organisation der Sorge und Pflege für Kinder versteht sie zum Beispiel als „eingebettete Systeme" („nested systems", ebd., S. 93) der Ontogenese – ein Gedanke der etwa mit der Formulierung der Kind-Erwachsenen-Koordination als Einheit der Ontogenese (vgl. Holzkamp, 1983, S. 438) kompatibel ist. Oyama unterscheidet jedoch nicht qualitativ zwischen Umwelt und Gesellschaft – und weicht damit vom Mensch-Welt-Verständnis in der Kritischen Psychologie deutlich ab. Stattdessen weitet sie die Konzeption sich selbstreproduzierender Systeme als Beschreibung für biologische Entwicklungsprozesse zu einer Universaltheorie auch der menschlichen Entwicklung aus: „Statt den Zuständigkeitsbereich der Biologie [proper scope of biology] zu beschränken, wie es Kritiker gerne tun, erweitere ich ihn, um den ganzen Lebenszyklus zu umfassen." (Oyama, 2000, S. 185; übersetzt V.L.) Oyama fehlt damit jedoch eine Gesellschaftstheorie, mit der sich die Funktionsweise des gesellschaftlichen Lebensgewinnungsprozesses in seiner historisch-konkreten Formationsspezifik und in Abgrenzung zu biologischen Entwicklungsprozessen konzeptionalisieren lässt. Unter Berücksichtigung der qualitativen Differenz zwischen menschlicher Vergesellschaftung und organismischer Umwelt wird allerdings möglich, die in Oyamas Konzeption angelegte Gleichsetzung aller Elemente des Entwicklungssystems in Hinsicht auf die Entwicklung des menschlichen Psychischen unter Bezugnahme auf die Psychophylogenese zu präzisieren. Die Betonung des gesellschaftlich-historischen Entwicklungsprozesses als primär bestimmender Dimension für die Entwicklung des Psychischen beim Menschen ist mit der in der Kritischen Psychologie verwendeten Unterscheidung von spezifischen und unspezifisch Funktionsebenen, deren Verhältnis im Kontext der Rekonstruktion des Entwicklungssystems jeweils zu bestimmen wäre, konzeptionell einholbar.

Mit der Reformulierung der „gesellschaftlichen Natur" als Qualität des individuellen Entwicklungssystem der Gattung „Mensch", eingebettet in das umfassendere System des Mensch-Welt-Verhältnisses, wird möglich, die komplexen Wechselwirkungen epigenetischer und genetischer Prozesse in die subjektwissenschaftliche Theoriebildung zu integrieren. Die unmittelbare Bedeutung genomischer Information, speziell der DNA, für die Herausbildung des Psychischen ist dadurch, dass sie nur ein Element unter vielen darstellt, aus dieser Perspektive erneut zu relativieren. Die unterschiedlichen Funktionsweisen der DNA in den verschiedenen psycho-physischen Prozessen ist zudem aktual-empirischer Grundlagenforschung aufgegeben (vgl. Holzkamp, 1983, S. 573ff.) – und dies ist auch der Ansatzpunkt für interdisziplinäre Bezugnahmen auf (zukünftige) genetische Forschung. Allerdings bleibt Genomforschung aufgrund der sich aus ihrem Gegenstand ergebenden Abstraktion von den gesellschaftlich-individuellen Entwicklungsbedingungen stets „,unspezifische' Aktualforschung" (ebd., S. 575). Sie ist damit nur ein „unselbständiger Teilaspekt des [...] subjektwissenschaftlichen Forschungsprozesses auf dem Niveau gesamtgesellschaftlicher Vermitteltheit individueller Existenz" (ebd.). Die DNA bzw. die genomische Information ist nicht das bestimmende Element des Entwicklungssystems, und vor allem konstituiert sie kein Programm, das Möglichkeiten und Grenzen der Individualentwicklung festlegt. Die zentrale Ebene des Entwicklungssystems ist der gesellschaftliche Entwicklungsprozess der Gattung „Mensch" und dessen individuelle Realisierung im Rahmen der Individualentwicklung.

Reformuliert man die gesellschaftliche Natur als gesamtgesellschaftlich vermitteltes Entwicklungssystem, ist es somit nicht mehr notwendig, eine spezifische genomische Grundlage für die menschliche Lern- und Entwicklungsfähigkeit – im Sinne eines „Gattungs-Gens" – als Voraussetzung für die Fähigkeit zur Vergesellschaftung anzunehmen. Als Grundlage für die Bestimmung der Artspezifik können letztlich nur die empirisch vorfindlichen Entwicklungssysteme dienen – und zwar in gleicher Weise, wie sie auch für die Annahme einer gesellschaftlichen Natur als entwicklungslogischer Notwendigkeit herangezogen wurden. Die Betonung der *empirischen* Bestimmung der Funktionsweisen und Wechselwirkungen des Entwicklungssystems der gesellschaftlichen Natur verweist dabei auf die aktual-empirische Analyse der Individualentwicklung einzelner Individuen und hebt zugleich die konstituierende Funktion gesamtgesellschaftlicher Entwicklungsbedingungen hervor.

Literaturverzeichnis

Berget, S. M., Moore, C. & Sharp, P. A. (1977). Spliced segments at the 5' terminus of adenovirus 2 late mRNA. *Proceedings of the National Academy of Science, 74* (8), 3171-3175.

Blech, J. (2008, 04. August). Gen-Forschung: Bruch des bösen Zaubers. *Spiegel Online*. Verfügbar unter: http://www.spiegel.de/spiegel/0,1518,druck-569871,00.html [29.7.2010].

Blech, J. (2010, 09. August). Das Gedächtnis des Körpers. *Der Spiegel*, Heft 32/2010, S. 110-121.

Borst, P. (1986). Discontinuous transcription and antigenic variation in trypanosomes. *Annual Review of Biochemistry, 55* (1), 701-732.

Contreras, R., Rogiers, R., van de Voorde, A. & Fiers, W. (1977). Overlapping of the VP2-VP3 gene and the VP1 gene in the SV40 genome. *Cell, 12* (2), 529-538.

Crick, F. (1970). Central dogma of molecular biology. *Nature, 227* (5258), 561-563.

Early, P., Huang, H., Davis, M., Calame, K. & Hood, I. (1980). An immunoglobulin heavy chain variable region gene is generated from three segments of DNA: VH, D and JH. *Cell, 19* (4), 981-992.

Eisen, H. (1988). RNA editing: Who's on first? *Cell, 53* (3), 331-332.

Gerstein, M. B., Bruce, C., Rozowsky, J. S., Zheng, D., Du, J., Korbel, J. O. et al. (2007). What is a gene, post-ENCODE? History and updated definition. *Genome Research, 17* (6), 669-681.

Gunter, C. & Dhand, R. (2005). The chimpanzee genome. *Nature, 437* (7055), 47.

Henikoff, S., Keene, M. A., Fechtel, K. & Fristrom, J. W. (1986). Gene within a gene: Nested Drosophila genes encode unrelated proteins on opposite DNA strands. *Cell, 44* (1), 33-42.

Herbert, M. R. (2005). More than code. From genetic reductionism to complex biological systems. In R. Bunton & A. Petersen (Hrsg.), *Genetic governance. Health, risk and ethics in the biotech era* (S. 171–188). London: Routledge.

Holliday, R. (2002). Epigenetics comes of age in the twenty first century. *Journal of Genetics, 81* (1), 1-4.

Holzkamp, K. (1983). *Grundlegung der Psychologie*. Frankfurt a. M.: Campus-Verl.

Holzkamp, K. (1992). „Hochbegabung": Wissenschaftlich verantwortbares Konzept oder Alltagsvorstellung? *Forum Kritische Psychologie* (29), 5-22.

Holzkamp-Osterkamp, U. (1975). *Grundlagen der psychologischen Motivationsforschung 1*. Frankfurt a. M.: Campus-Verl.

Holzkamp-Osterkamp, U. (1976). *Grundlagen der psychologischen Motivationsforschung 2*. Frankfurt a. M.: Campus-Verl.

Huxley, J. (1942). *Evolution: The modern synthesis*. New York [u.a.]: Harper.

Iafrate, A. J., Feuk, L., Rivera, M. N., Listewnik, M. L., Donahoe, P. K., Qi, Y. et al. (2004). Detection of large-scale variation in the human genome. *Nature Genetics, 36* (9), 949-951.

Jablonka, E. & Lamb, M. J. (2005). *Evolution in four dimensions: Genetic, epigenetic, behavioral, and symbolic variation in the history of life* (1. ed.). Cambridge, Mass.: The MIT Press.

Jaenisch, R. & Bird, A. (2003). Epigenetic regulation of gene expression: how the genome integrates intrinsic and environmental signals. *Nature Genetics, 33* suppl., 245-254.

Kaindl, C. (2008). Emotionale Mobilmachung – „Man muss lange üben, bis man für Geld was fühlt". In L. Huck, C. Kaindl, V. Lux, T. Pappritz, K. Reimer & M. Zander (Hrsg.), *Abstrakt negiert ist halb kapiert. Beiträge zur marxistischen Subjektwissenschaft*. Morus Markard zum 60. Geburtstag (S. 65–85). Marburg: BdWi-Verl.

Keller, E. Fox. (2000). *The century of the gene.* Cambridge Mass. u.a.: Harvard Univ. Press.
Keller, E. Fox. (2005). The century beyond the gene. *Journal of Bioscience, 30* (1), 3-10.
Lewontin, R. C., Rose, S. & Kamin, L. J. (1988). *Die Gene sind es nicht. Biologie, Ideologie und menschliche Natur.* München, Weinheim: Psychologie-Verl.-Union.
Li, E., Bestor, T. H. & Jaenisch, R. (1992). Targeted mutation of the DNA methyltransferase gene results in embryonic lethality. *Cell, 69* (6), 915-926.
Maiers, W. (1985). Menschliche Subjektivität und Natur: Zum wissenschaftlichen Humanismus in den Ansätzen A.N. Leontjews und der Kritischen Psychologie. *Forum Kritische Psychologie* (15), 114-128.
Markard, M. (2009). *Einführung in die Kritische Psychologie.* Hamburg: Argument-Verl.
McClintock, B. (1948). Mutable loci in maize. *Carnegie Institution of Washington Year Book, 47,* 155-169.
Ouelle, D. E., Zindy, F., Ashmun, R. A. & Sherr, C. J. (1995). Alternative reading frames of the INK4a tumor suppressor gene encode two unrelated proteins capable of inducing cell cycle arrest. *Cell, 83* (6), 993-1000.
Oyama, S. (2000). *Evolution's eye: A systems view of the biology-culture divide.* Durham, London: Duke University Press.
Oyama, S. (2006). Boundaries and (constructive) interaction. In E. M. Neumann-Held & C. Rehmann-Sutter (Hrsg.), *Genes in development. Re-reading the molecular paradigm* (S. 272–289). Durham, London: Duke University Press.
Pearson, H. (2006). Genetics: What is a gene? *Nature, 441* (7092), 398-401.
Peltonen, L. & McKusick, V. A. (2001). Genomics and medicine: Dissecting human disease in the postgenomic era. *Science, 291* (5507), 1224-1229.
Rehmann-Sutter, C. (2005). *Zwischen den Molekülen: Beiträge zur Philosophie der Genetik.* Tübingen: Francke.
Riggs, A. D. (1975). X inactivation, differentiation, and DNA methylation. *Cytogenetics and Cell Genetics, 14* (1), 9-25.
Rolston, H. (2006). What is a gene? From molecules to metaphysics. *Theoretical Medicine and Bioethics, 27* (6), 471-497.
Scherrer, K. & Jost, J. (2007). Gene and genon concept: coding versus regulation: A conceptual and information-theoretic analysis of genetic storage and expression in the light of modern molecular biology. *Theory in Biosciences, 126* (2-3), 65-113.
Schurig, V. (1976). *Die Entstehung des Bewußtseins.* Frankfurt a. M.: Campus-Verl.
Schurig, V. (1991). Aspekte der Biologie als neuer Leitwissenschaft: Entstehung und Folgen der Molekulargenetik. In J. Heilmeier & U. Eser (Hrsg.), *Gen-Ideologie. Biologie und Biologismus in den Sozialwissenschaften* (S. 15–40). Hamburg, Berlin: Argument-Verl.
Schurig, V. (2006). Psychophylogenese und Umweltpsychologie als naturwissenschaftlicher Themenbereich der Kritischen Psychologie. *Forum Kritische Psychologie* (50), 133-151.
Sebat, J., Lakshmi, B., Troge, J., Alexander, J., Young, J., Lundin, P. et al. (2004). Large-scale copy number polymorphism in the human genome. *Science, 305* (5683), 525-528.
Seidel, R. (2004). Intelligenz. In W. Fritz Haug (Hrsg.), *Historisch-Kritisches Wörterbuch des Marxismus. Band 6/1: Hegemonie bis Imperialismus* (S. 1308–1318). Hamburg: Argument-Verl.
Spilianakis, C. G., Lalioti, M. D., Town, T., Lee, G. Ryol & Flavell, R. A. (2005). Interchromosomal associations between alternatively expressed loci. *Nature, 435* (7042), 637-645.

Tecott, L. H. (2003). The genes and brains of mice and men. *American Journal of Psychiatry, 160* (4), 646-656.
The ENCODE Project Consortium. (2004). The ENCODE (ENCyclopedia Of DNA Elements) Project. *Science, 306* (5696), 636-640.
Tuzun, E., Sharp, A. J., Bailey, J. A., Kaul, R., Morrison, V. A., Pertz, L. M. et al. (2005). Fine-scale structural variation of the human genome. *Nature Genetics, 37* (7), 727-732.
Ulmann, G. (1991). Angeboren - Anerzogen? Antworten auf eine falsch gestellte Frage. In J. Heilmeier & U. Eser (Hrsg.), *Gen-Ideologie. Biologie und Biologismus in den Sozialwissenschaften* (S. 113–138). Hamburg, Berlin: Argument-Verl.
Vanin, E. F., Goldberg, G. I., Tucker, P. W. & Smithies, O. (1980). A mouse alpha-globin-related pseudogene lacking intervening sequences. *Nature, 286* (5770), 222-226.
Villa-Komaroff, L., Guttmann, N., Baltimore, D. & Lodishi, H. F. (1975). Complete translation of poliovirus RNA in a eukaryotic cell-free system. *Proceedings of the National Academy of Science, 72* (10), 4157-4161.
Weber, M. (2010). Genetik und Moderne Synthese. In P. Sarasin & M. Sommer (Hrsg.): *Evolution. Ein interdisziplinäres Handbuch* (S. 102–114). Stuttgart: Metzler.
Whitelaw, E. & Martin, D. I. K. (2001). Retrotransposons as epigenetic mediators of phenotypic variation in mammals. *Nature Genetics, 27* (4), 361-365.
Wold, F. (1981). In vivo chemical modification of proteins (post-translational modification). *Annual Review of Biochemistry, 50* (1), 783-814.

Volker Schurig

Ausgewählte biologische Grundlagen der Kritischen Psychologie (I): Populationsgenetik, Gehirnforschung und Tier-Mensch-Übergangsfeld (TMÜ)

> *Wir (die Biospezies Homo sapiens) sind somit das späte Entwicklungsprodukt eines extrem unwahrscheinlichen Zufalls-Ereignisses ...., das vor etwa 2000 Millionen Jahren in den warmen Ozeanen des frühen Proterozoikums stattgefunden hat.*
>
> Ulrich Kutschera. Tatsache Evolution. Was Darwin nicht wissen konnte (2010)[1]

Biologie ist, ebenso wie die *Psychologie*, personell, institutionell und inhaltlich ein hyperkomplexes Wissenschaftssystem, das durch seine wissenschaftliche, ökonomische und gesellschaftliche Bedeutung gegenwärtig den Anspruch erhebt, innerhalb der Naturwissenschaften die neue „Leitwissenschaft" bzw. eine „Jahrhundertwissenschaft" (Präve 1992) zu sein. Der Physiologe Ernst Florey hatte 1972 als ein Kriterium des „Anbruch eines biologischen Zeitalters" festgestellt (S. 79), dass als „Synthetische Biologie" (z.B. *Gentechnik, Biotechnologie*) Natur nun auch künstlich hergestellt wird, vergleichbar dem psychologischen Analogon einer „künstlichen Intelligenz". Ein Höhepunkt dieser *Synthetischen Biologie* war die Klonierung des Hausschafes „Dolly" 1997. Die hohe Wertschätzung der *Biologie* beruht damit weniger auf den ‚weichen' (evolutionsbiologischen) Wissenschaftskriterien, die sich durch ihren naturhistorischen (phylogenetischen, ontogenetischen und statistischen) Charakter von der *Physik* und *Chemie* als ‚exakten' Naturwissenschaften unterscheiden[2], sondern auf der ökonomischen und bioethischen Bedeutung angewandter Aspekte der Grundlagenforschung in der *Biotechnologie, Immunologie, Gentechnik, Technologiefolgenabschätzung,* dem *Natur-* und *Umweltschutz,* der *Bioinformatik, Biokybernetik,* den *Neurowissenschaften,* der *Züchtungsforschung* und der *Medizin,* aber auch auf einer zunehmenden Bedeutung für Sozial- und Geisteswissenschaften wie die *Psychologie,* deren wichtigste naturwissenschaftliche Grundlage die *Biologie* ist. Der komplexe Wissenschaftsverbund *Biologie* von Grundlagenforschung, angewandten Spezialwissenschaften, *Medizin* und *Biotechnologien* wird seitdem auch mit den neuen, unscharfen Systembegriffen *life sciences* und *Biowissenschaften* bezeichnet.

Die fünf wichtigsten klassischen Disziplinen im System der *Biologie* – geordnet nach dem Komplexitätsgrad ihres Untersuchungsgegenstandes – sind *Genetik, Morphologie, Physiologie, Ethologie* und *Ökologie*, die jeweils auch einen spezifischen empirischen und methodologischen Zugang zum Verhalten und Erleben des Menschen und damit zur *Psychologie* besitzen. Sie bilden den harten Kernbereich der *Biowissenschaften*.

Die Domäne spezialisierter Teilwissenschaften der *Genetik* (1) – wie der *Humangenetik*, der *Populationsgenetik* sowie der *Tierzüchtung* – ist die Existenz, die Ausbreitung und der Umfang ererbter Körper- und Verhaltensmerkmale. Der Aufstieg der Genetik begann 1953 mit der Entschlüsselung der DNS-Struktur als Erbsubstanz, 1966 konnte der durch Marshall W. Nirenberg u.a. komplett entschlüsselte genetische Code vorgestellt werden. 2003 wurde das milliardenschwere Humangenomprojekt abgeschlossen (2001 vollständige Sequenzierung des menschlichen Genoms). Die *Morphologie* (2) und *Anatomie* beschreiben Gesetzmäßigkeiten, Form- und Gestaltbildung des Menschen (z.B. als Copesche Regel[3]), die *Physiologie* (3) als *Humanphysiologie* die Regulation des menschlichen Stoffwechsels durch richtige (gesunde) oder falsche (ungesunde) Ernährung, Gesetzmäßigkeiten der Sinneswahrnehmung, von Copingprozessen und neurophysiologischen Prozessen und die *Humanethologie* als Spezialwissenschaft der *Ethologie* (4) angeborene Ausdrucks- und Verhaltenseigenschaften bei tierischen Primaten und dem Menschen. Die *Humanökologie* ist neben der *Autökologie, Demökologie* und *Synökologie* ein neues Teilgebiet der *Ökologie* (5), welche die Auswirkungen der Naturzerstörung auf die Umwelt- und Lebensbedingungen einzelner Menschen und der Gesamtpopulation beschreibt und ihrerseits zur Entstehung einer *Umweltpsychologie* geführt hat (Miller 1998, Stengel 1999). Ihr Aufstieg beginnt um 1970 mit prognostischen Modellrechnungen zur Ressourcenverknappung von Wasser und Land, zu Bevölkerungsentwicklung, Abfallbelastung und den Auswirkungen auf die Atmosphäre (Gefährdung der Ozonschicht, Luftverschmutzung usw.), damit zur globalen Veränderung der menschlichen Umwelt (Meadows 1972).

Abb. 1 Das *logos*-Kalkül, benannt nach der *logos* (gr., Lehre)-Komponente in der Wortbildung, ist eine Variante der ‚harten' Klassifikation biologischer Disziplinen. Für jede der angeführten 5 Hauptdisziplinen der *Biologie* existiert eine für die *Psychologie* bedeutsame humanspezifische Teilwissenschaft, die bestimmte Aspekte der *Genetik, Anatomie* und *Physiologie* des Menschen sowie in der *Humanethologie* und *Ökologischen Psychologie (Umweltpsychologie)* seines angeborenen Verhaltens und seiner Umwelt unter naturwissenschaftlich-biologischen Gesichtspunkten analysiert.

Eine zweite, organismische Biologieklassifikation geht von unterschiedlichen empirischen Organismenklassen – Bakterien, Pilzen, Pflanzen, Tieren und dem Menschen – aus, wobei als Wissenschaftssysteme *Mikrobiologie, Mykologie, Botanik, Zoologie* und *Anthropologie* (gr. anthropos, Mensch) unterschieden werden, von denen v.a. die *Anthropologie* einen spezifischen empirischen und methodologischen Zugang zur *Psychologie* besitzt. In der klassischen *Anthropologie* sind der problematische, als Typus über statistische Verfahren konstruierte Terminus „Rasse" und anthropologische Menschenbilder, anthropometrisch erhobene Daten und verschiedene morphologische Sachverhalte (z.B. Gesichtsformen, fehlende Körperbehaarung als „nackter Affe", Körpergröße[4], Langlebigkeit) als biologische Grundlagen der *Psychologie* bedeutsam. Ökonomisch und politisch gewinnen gegenwärtig statistische Modelle und daraus abgeleitete Prognosen einer weiteren anthropologischen Teildisziplin, der *Demographie* (Bevölkerungskunde), sowie die *Populationsgenetik* und *Populationsökologie* für die *Entwicklungs-* und *Sozialpsychologie* an Bedeutung. Die *Demographie* untersucht und beschreibt die Populationsstruktur und die menschliche Bevölkerungsentwicklung seit der neolithischen Revolution in Prognosemodellen für die nächsten Jahrzehnte und das 21. Jh., darunter die Altersgliederung, die Geschlechterverhältnisse, die Geburten- und Sterbehäufigkeit, damit also auch soziale und gesellschaftliche Rahmenbedingungen von Subjektivität, Individual- und Bewusstseinsentwicklung. Die Problematik der Populationsentwicklung aller hoch entwickelten Industrieländer, bes. Japans und Deutschlands – verringerte Geburtensterblichkeit, steigende Lebenserwartung bei sinkender Geburtenhäufigkeit – führt langfristig zu einer Alterung der Gesellschaft[5] und damit auch für das Individuum zu sich verändernden sozialen und psychologischen Lebensbedingungen. Die Subjektwissenschaft Kritische Psychologie ist sicher gut beraten, der Daten-, Modell- und Theorienproduktion in der *Demographie* ihre Aufmerksamkeit zu widmen und sozialpsychologische Auswirkungen zu analysieren, da Subjektivität und allgemein-gesellschaftliche Bewusstseinslage außer von Klimamodellen zunehmend von populationsbiologischen, in der Öffentlichkeit häufig in Wachstumsmodellen und Katastrophenszenarien politisierten Daten geprägt werden. Hinter den abstrakten Daten der Fertilität (Fruchtbarkeit) verbirgt sich z.B. eine nach 1950 in allen Industrieländern einsetzende sinkende Geburtenhäufigkeit, die in der Bundesrepublik bis in die neunziger Jahre durch Zuwanderung ausgeglichen werden konnte, bis auch diese für eine stabile Bevölkerungszahl nicht mehr ausreichte. Daraus ergibt sich bis 2050 in Deutschland ein Absinken um geschätzt 10-12 Millionen Einwohner, eine wachsende Zahl von Ein-Kind-Familien und Single-Haushalten, die in Großstädten bereits die Mehrzahl bilden, mit entsprechend neuen Formen von Subjektivität und Sozialität. Ein weiteres aus den demographischen Daten abzuleitendes Phänomen sind die Zu- und Abwanderungen von Migrantengruppen und die damit in Verbindung gebrachten psychologischen und kulturellen Probleme der Integration, Fremdenfeindlichkeit, des Rassismus und der Multikulturalität. *Populationsbiologie* mit Modellrechnungen über das zukünftige Wachstum der Weltbevölkerung und das Absinken in Teilpopulationen und *Populationsökologie* als Analyse der Auswirkungen der Populationsgröße werden als naturwissenschaftliches ‚Hintergrundwissen' deshalb zunehmend für die Subjektbildung und die gesellschaftlich-historische Entwicklung bedeutsame Naturwissenschaften. Ihre Einsichten sind häufig aus mehreren Gründen ernüchternd und geben einen ersten Hinweis auf das komplexe und widersprüchliche Verhältnis von sozial-gesellschaftlicher und biologischer Entwicklung der menschlichen Population. Die um 1800 ca. 1 Milliarde große Weltbevölkerung wird bis Ende des 21. Jh. schätzungsweise auf 9-12 Milliarden ansteigend und dann allmählich wieder sinken, begleitet von Klimaverschiebungen durch eine Erwärmung um bis zu 2° C und zunehmender Naturzerstörung[6]. Weder der steile globale An- noch der Abstieg der Populationsgröße erweisen sich bisher – bis auf eine Ausnahme[7] – als durch ökonomische und politische Maßnahmen beeinflussbar; sie zeigen die selektive Wirkung biologischer Naturgesetze, in diesem Fall das Wachsen und Schrumpfen der Populationsgröße, selbst wenn die sich daraus ergebenden negativen ökonomischen und sozialen Veränderungen bekannt sind und verhindert werden sollen.

Ein Schrittmacher der kritischen Reflexion der durch das Wachstum der menschlichen Gesamtpopulation ausgelösten Umweltveränderungen war der 1968 von dem italienischen Industriellen Aurelio Peccei gegründete „Club of Rome", dessen Publikationen mit den Prognosen über die „Limits of Growth" (Meadows 1972) seitdem die Diskussion mitbestimmen: den in der kapitalistischen Ökonomie an Mehrwertgewinnung orientierten Wachstumsmodellen mit Zugriff auf eine bisher „freie Natur" stehen die populationsbiologischen und -ökonomischen Modelle der *Humanökologie* mit einer zeitlich überschaubaren Endlichkeit von Naturressourcen gegenüber. Nach 1970 wurden auch in mehreren Wissenschaften (in der Kritischen Psychologie z.B. oder in der Kritischen Theorie) und in der Politik (z.B. mit der Gründung grüner Parteien) Konzepte einer sich verändernden gesamtgesellschaftlichen Subjektivität unter Einbeziehung gesellschaftskritischer Dimensionen entwickelt. Die von der *Humanökologie* und *Populationsökologie* naturwissenschaftlich begründeten Einsichten – Ressourcenknappheit, Populationsentwicklung, Wachstumsgrenzen – sind zwar seit Jahrzehnten aus der *Tierökologie* bekannt und häufig auch elementare Lebenseinsichten einzelner Individuen, sie werden zunehmend aber auch zu einem gesellschaftlich und ökonomisch relevanten Phänomen, dessen kritische Reflexion allgemein mit dem nach 1970 entstandenen Begriff „Umweltbewusstsein" bezeichnet wird und 1972 zur Gründung eines Umweltbundesamtes führte. Der Widerspruch zwischen *Ökonomie* <----> *Ökologie* soll durch die Strategie der Nachhaltigkeit gelindert werden – eine Vorgehensweise, die mit der zunehmenden Entwaldung Mitteleuropas seit dem späten Mittelalter an Bedeutung gewann.[8]

Die wissenschaftliche Grundlage des Verhältnisses von *Ökonomie* und *Ökologie,* dessen Widersprüche über das Prinzip der Nachhaltigkeit nur scheinbar entschärft werden, sowie allgemein von *Biologie* und *Psychologie* bildet die Darwinsche Evolutionstheorie, deren Gesetzmäßigkeiten langfristig die individuelle (ontogenetische) und gesellschaftlich-historische (phylogenetische) Entwicklung der biologischen Art *Homo sapiens sapiens* bestimmen. Die Entstehung eines gesellschaftlich-historischen – kulturell gesehen: humanen – Status als Mensch in der Phylogenie der *Hominiden* bedeutet nicht eine Überwindung oder Ausschaltung der Wirkungen der Mutations-Selektionstheorie, sondern eine Variation und Erweiterung des Mutationsspektrums und der Selektionswirkung durch eine komplexe künstliche Umwelt und deren neue Gefahrenpotenziale (z.B. Zivilisationskrankheiten)[9]. Ob der Mensch der biologischen Art *Homo sapiens* wirklich der „Weise" (lat. *sapiens*) ist, wie Carl von Linné (1707-1778) in seiner lateinischen Artbezeichnung hoffte, zeigt sich deshalb nicht zuletzt darin, inwieweit er die Evolutionstheorie nicht nur als eine abstrakte wissenschaftliche Theorie und im Sinne der Wissenschaftstheorie als „richtig" anerkennt, sondern individuell und als gesellschaftliches Wesen auch praktisch so lebt, dass er z.b. das von ihm seit dem 18. Jh. durch Umweltänderungen ausgelöste rasante Artensterben in der Natur – gegenwärtig sterben weltweit stündlich 1-2 biologische Arten aus – selbst überlebt.

Das Verhältnis der Darwinschen Evolutionstheorie zu den verschiedenen Sozialwissenschaften ist seit 1859 fragil und führt immer wieder zu heftigen Kontroversen. Vulgärdarwinismus, Sozialdarwinismus und Biologismus bilden dabei eine durch Nicht- und Halbwissen geprägte Grauzone mit einer Doppelfunktion. Einerseits werden ständig ‚echte' Biologismen in Ideologien, z.B. Rassismus, reproduziert und neu konstruiert, indem die viel komplexeren gesellschaftlich-kulturellen Phänomene biologisch und evolutionstheoretisch vereinfacht erklärt werden sollen, um bestimmte Herrschaftsverhältnisse (z.B. Apartheid) politisch zu zementieren; andererseits dient der Biologismusvorwurf in der *Psychologie* häufig auch dazu, sich gegen das Vordringen neuer und subjektiv als unangenehm empfundener biologischer Erkenntnisse v.a. aus der *Ethologie, Soziobiologie, Molekulargenetik* und *Humanökologie* zu immunisieren und deren Erkenntnisfortschritte abzuwerten. Eine interessante Forschungsfrage der Kritischen Psychologie wäre deshalb sicher auch die psychologische Analyse der ambivalenten Doppelfunktion ‚echter' und ‚falscher' (vermeintlicher) Biologismen im Übergangsbereich *Biologie <----> Psychologie*. Die 1975 von Edward O. Wilson begründete *Soziobiologie,* in der davon ausgegangen wird, dass auch das menschliche Sozialverhalten angeborene Verhaltensdispositionen besitzt, sowie die Gehirnforschung mit der Frage nach der Entstehung und Funktion menschlichen Bewusstseins zeigen, dass der Anspruch der *Biologie* als „Leitwissenschaft" auch im Bereich der Erkenntnisgewinnung nicht ganz unbegründet ist. Nicht zu übersehen ist aber auch, dass die Rezeption biologischer Erkenntnisfortschritte in den einzelnen biologischen Disziplinen, v.a. der *Humangenetik* und *Humanökologie,* für die Kritische Psychologie ein umfangreiches Betätigungsfeld eröffnet.

1. Evolutionstheorie und Kritische Psychologie

> *Just three years after Charles Darwin died in 1882 his Origin of Species was linked to a 'bombshell' that had set off 'a revolution in every mode of thought and feeling' – the 'great Darwinian Revolution'.*
>
> D.R. Oldroyd. Darwinian Impacts (1980)[10]

So komplex das System der *Biologie* mit ihren verschiedenen Einzel- und Spezialwissenschaften auch ist – die Abb. 1 liefert lediglich ein stark vereinfachtes strukturelles Abbild –, so wird der Erklärungswert aller biologischen Aussagen in den verschiedenen Disziplinen doch durch eine allgemeine Theorie vereinheitlicht: die Darwinsche *Evolutionstheorie*. In ihrem harten Kern ist die Biologie deshalb zugleich Evolutionsbiologie. Die Evolutionstheorie begründet die Entstehung der Mannigfaltigkeit der Lebewesen (schätzungsweise 3-30 Millionen Arten), als Deszendenztheorie (lat. *descendere*, herabsteigen, -kommen) ihre gemeinsame phylogenetische Abstammung (Stammesgeschichte, *Phylogenese*, Abstammungslehre) und als Selektionstheorie die Ursachen des evolutiven Wandels durch eine ständige Anpassung an die sich verändernden Umweltbedingungen. Der zentrale Begriff einer biologischen „Art" als Produkt dieses Anpassungsprozesses ist, ebenso wie „Rasse", ein hypothetisches Konstrukt, das nach ganz verschiedenen Verfahren konstruiert werden kann und dann als *Biospezies*, *Morphospezies*, *Chronospezies* usw. bezeichnet wird. Für alle biologischen Aussagen und Erklärungen gilt deshalb der erkenntnistheoretische Leitspruch des ukrainisch-amerikanischen Genetikers Theodosius Dobzhansky (1900-1975), dass nichts in der Biologie Sinn ergibt außer im Lichte der Evolutionstheorie (1973).

Entgegen ihrer geläufigen Bezeichnung als „Theorie" ist die Evolutionstheorie wissenschaftstheoretisch im strengen Sinne keine Theorie, sondern ein komplexes, empirisch-induktiv begründetes Hypothesensystem, deren Kategorien, Regeln, Gesetzmäßigkeiten und Grundprinzipien sich in ständiger Veränderung befinden.[11] Der Systematiker und führende Evolutionstheoretiker des 20. Jh. Ernst Mayr (1904-2005) sieht den Theorieanspruch in der Biologie ebenfalls kritisch und verwendet stattdessen den umfassenderen methodologischen Begriff „Konzept". Das Grundmuster der Evolutionstheorie, seit Darwin der Wissenschaftsstandard aller biologischen Aussagen, ist das Mutations-Selektionsprinzip, das in verschiedener Weise variiert und differenziert wird. Die „Evolution der Evolutionstheorie" (Wieser 2007) als historischer Prozess der Theorienbildung führt

– allen Einwänden und vermeintlichen Widerlegungen (z.B. durch den Kreationismus) zum Trotz – deshalb zu einem immer höheren Bestätigungsgrad und fortschreitender Erklärungstiefe. So begründete nach 1904 der Zoologe August Weismann (1834-1914) mit einer Kritik an Darwinschen Aussagen von 1859 über die Existenz der Vererbung erworbener Eigenschaften den „Neodarwinismus". Die 1912 formulierte Dollosche Regel beschreibt die Irreversibilität von Evolutionsprozessen, wonach komplexe stammesgeschichtliche Umwandlungen, etwa in der Phylogenese durch Umweltänderungen reduzierte Augen, nicht erneut ausgebildet werden können. 1935-1950 entwickelten Genetiker (Dobzhansky), Paläontologen (Simpson) und Systematiker (Mayr) durch die Verkopplung der Genetik mit dem Darwinschen Selektionsparadigma die „Synthetische Evolutionstheorie". Adaptiogenese, Artbildung und Einnischung werden auch als Mikroevolution oder infraspezifische Evolution bezeichnet, die Entstehung neuer Großgruppen als transspezifische Evolution oder Makroevolution. Hier konkurrieren dann spezielle Evolutionstheorien wie die additive Typogenese der Artbildung, Mosaikevolution und die Neutralitätstheorie, die das allgemeine Mutations-Selektionsparadigma variieren, um eine wissenschaftliche Erklärung der biologischen Artbildung[12]. Wichtige Problemzonen der Evolutionstheorie sind die – statistisch gesehen – hohe Unwahrscheinlichkeit der Entstehung erster Lebensformen vor ca. 3,5 Milliarden Jahren, die aber unbestreitbar stattgefunden hat, die Entstehung erster zellulärer Lebensformen, die Endosymbiose[13], die Entstehung der Photosynthese sowie die 1944 von dem Biophysiker Erwin Schrödinger (1887-1961) begründete biophysikalische Fähigkeit aller Organismen, sich zeitweise durch genetische Reproduktion der Wirkung des 2. Hauptsatzes der Thermodynamik (Entropiesatz) zu entziehen. An der Wertschätzung der Evolutionstheorie existieren auch kulturell kaum Zweifel: „Außer der Bibel hatte im christlichen Kulturkreis kaum ein Buch eine derartige Wirkung wie Darwins *Origin of Species* 1859."[14] Es bleiben aber trotz aller Erkenntnisfortschritte mehrere v.a. erkenntnispsychologische Problemzonen. Dazu gehört die Schwierigkeit, die biologische Evolution als einen Zufallsprozess zu verstehen, der sich aus zwei Komponenten zusammensetzt: der ständig wirkenden richtungslosen mutativen Veränderung der genetischen Variabilität und der davon unabhängig wirkenden ebenso zufälligen Änderung der Umweltbedingungen als zentralem Selektionsfaktor, deren Aufeinanderstoßen dann zur Artbildung oder dem Aussterben von Arten als Evolution führt.

Ausgewählte biologische Grundlagen der Kritischen Psychologie (I)

In der Kritischen Psychologie wurden die biologischen Grundlagen der *Psychologie* nach 1972 systematisch über die Rezeption der Darwinschen Evolutionstheorie integriert. Die Komplexität und Schwierigkeit dieses Unterfangens zeigt sich darin, dass erst über hundert Jahren nach Darwin seine Entwicklungsvorstellungen, bestimmte Regeln (z.b. die Mendelschen Regeln) und Gesetzmäßigkeiten (z.B. das ontogenetische Grundgesetz) systematisch auch für die *Psychologie* fruchtbar gemacht werden konnten. So einfach die Mutations-Selektionstheorie in einer ersten Annäherung erscheint, bedingt ihr Einsatz einige für die *Psychologie* neue und ungewöhnliche Denkformen sowie die Aufgabe einiger verbreiteter, aber unhaltbarer Empirie- und Wissenschaftsauffassungen. Die in der Kritischen Psychologie eingeleitete systematische Rezeption und Anwendung evolutionstheoretischer Erklärungen als Naturgeschichte des Psychischen und der Entstehung erster Bewusstseinsformen im Tier-Mensch-Übergangsfeld (TMÜ, vgl. Schurig 1976) diente einer Verwissenschaftlichung verschiedener psychologischer Konzepte und Theorien, bes. der Motivationspsychologie (Holzkamp-Osterkamp 1975) und von Lerntheorien (Keiler & Schurig 1978, Holzkamp 1993). Von der *evolutionären Psychologie, Psychobiologie, Biopsychologie* und *evolutionären Erkenntnistheorie*, die später diese evolutionstheoretische Wendung ebenfalls teilweise vollzogen, unterscheidet sich die Kritische Psychologie insofern, als sie diese Umsetzung nicht über die Gründung neuer Wissenschaftsdisziplinen und -begriffe voranbrachte, sondern die Evolutionstheorie in Gegenstand und Methodik der *Psychologie* unmittelbar inhaltlich integriert wird. Dies war dadurch möglich, dass zwischen der Darwinschen Evolutionstheorie als Naturwissenschaft und der Kritischen Psychologie als Subjektwissenschaft eine grundsätzliche Gemeinsamkeit besteht: sie sind beide empirisch und methodologisch genuin historische Wissenschaftskonzepte.

Nur einige ausgewählte Problemzonen im Verhältnis Evolutionstheorie – Kritische Psychologie können hier angeführt werden:
1. Das kategoriale Verhältnis von *Individuum* und *biologischer Art.* – Menschliche Subjekte – die Thematik tierischer Protosubjektivität und Individualität muss hier ausgeklammert bleiben – sind singuläre Individuen in geschichtlich-gesellschaftlichen Lebenswelten und bilden in ihrer je einmaligen psychologischen Gesamtheit die menschliche Persönlichkeit mit ihren subjektiven Eigenarten. Der Begriff des Individuums repräsentiert damit zugleich das Allgemeine in der *Psychologie*, in der diese personale Individualität und Subjektivität differenziert und spezifiziert wird. Alle gegenwärtig ca. 7 Milliarden menschlichen Individuen bilden aber

auch eine biologische Art, d.h. sie verfügen über mehrere, allen Individuen dieser Art gemeinsame biologische (genetische, morphologische, physiologische) Merkmale und über mindestens zwei psychologisch-kulturelle Gemeinsamkeiten: alle Individuen der Art *Homo sapiens* besitzen Bewusstseinsfunktionen und sind – obwohl auch eine biologische Art – historisch-gesellschaftliche, humane Wesen. Da die Artmerkmale für alle Individuen gleich sind, kann in der psychologischen Praxis in der Regel von ihnen abstrahiert werden, da sie für das Verständnis der jeweiligen Individualität nur einen geringen Erklärungswert besitzen: sie bilden gewissermaßen nur ein theoretisches Hintergrundrauschen. Evolutionstheoretisch ist umgekehrt die Existenz einzelner Individuen bedeutungslos, da nur die ihnen gemeinsamen Merkmale den Begriff einer biologischen Art (Spezies, Biospezies) ausmachen. Ebenso wie Psychologen davon abstrahieren, dass alle menschlichen Individuen eine biologische Art bilden, abstrahieren Evolutionsbiologen deshalb von der psychologischen Variabilität der Individuen. Die Differenz Individuum/Art spiegelt sich dann auch in einer unterschiedlichen raum-zeitlichen Dimension von Empirie und „Entwicklung" in der *Psychologie* und *Evolutionsbiologie*. Menschliche Individuen besitzen einen *ontogenetisch* je nach Geschlecht begrenzten Entwicklungszeitraum von gegenwärtig durchschnittlich 78 bzw. 81 Lebensjahren; als biologische Art *Homo sapiens sapiens* – entsprechend der Out of Africa-Theorie im Omo-Gebiet (Äthiopien) entstanden und vor 35 000 Jahren erstmals in Europa nachweisbar – ein Alter von circa 130 000 Jahren, die Gattung *Hominoidea* (Menschenartige) einschließlich der *Australopithecinen*-Gruppe eine 4,1 Millionen Jahre umfassende phylogenetische Entwicklungsdauer.

Biologie und *Psychologie* sind damit jeweils auf den Artbegriff bzw. auf Individualität fokussierte Wissenschaftskonzepte, die sich in ihrem wissenschaftlichen Erklärungsanspruch einerseits ausschließen, aber auch aufeinander beziehen, da sie zugleich wechselseitig Wissenschafts-, Denk- und Erklärungsgrenzen markieren. In der Kritischen Psychologie wird ein systematischer Zusammenhang zwischen Individuum/Art und der ontogenetischen/phylogenetischen Entwicklungsdimension hergestellt, indem die Entstehung des Empiriebereichs „Bewusstsein" im TMÜ phylogenetisch begründet wird. Aber auch die Individualität der Art *Homo sapiens sapiens*, auf der psychischen Funktionsebene als Subjektivität ausgebildet, ist ein phylogenetisches Evolutionsprodukt, das Selektionsvorteile besitzt, da die Variabilität zwischen den einzelnen Individuen auch die Evolution der Art *Homo sapiens* begünstigt. Die Grundlage der vielschichtigen

Beziehung Individuum/biologische Art ist methodologisch das Verhältnis von Einzelnem, Besonderem und Allgemeinem.

2. *Höherentwicklung.* – Zu den in der *Psychologie* beliebten anthropomorphen Entwicklungsvorstellungen, die von der Evolutionstheorie konterkariert werden, gehört die Annahme, dass Entwicklung, darunter auch die vom Tier zum Menschen, ‚von unten nach oben' erfolge, also eine gerichtete Höherentwicklung sei. Historisch sind derartige Vorstellungen Ausläufer eines teleologischen, auf ein Ziel ausgerichteten Entwicklungsdenkens: aus einfachen primitiven Formen entstehen höher entwickelte Lebewesen, letztlich mit dem Menschen als Spitzenprodukt, der durch seine Bewusstseinsfunktion den Prozess analysiert und sich selbst dann verständlicherweise ‚oben' einordnet, da er am klügsten ist. Der englische Physiologe und Tierpsychologe George Romanes (1848-1894) hatte dieses lineare Konzept einer psychologischen Höherentwicklung in seinen Publikationen „Animal Intelligence" 1881 und „Mental evolution in animals" 1883 mit einer Skala psychischer Intelligenz- und Bewusstseinsleistungen versehen, die beim Menschen endet. Die Annahme einer gerichteten und zielstrebigen Evolution auf der Basis innerer Kräfte gehört in der *Biologie* neben der Vererbung erworbener Eigenschaften und „Typensprüngen" durch Saltation in der Makroevolution zu den wichtigsten antidarwinistischen Evolutionstheorien.[15]

Die Annahme, der Mensch sei durch seine Bewusstseinfunktionen auch in der biologischen Entwicklung ‚oben', kontrastiert mit der ‚niederen' taxonomischen Einordnung der Primaten und des Menschen in der *Zoologie* als evolutionstheoretisch gering spezialisierte Säugetiergruppe. Evolutionstheoretisch und systematisch ist der – naturwissenschaftliche – Blick auf die Position des Menschen als vermeintlicher Höhepunkt und Abschluss der Evolution der Säugetiere deshalb grundsätzlich anders. In der zoologischen *Systematik* werden die Primaten – neben Maulwürfen und Fledermäusen – ‚unten' eingeordnet. Begründet wird ihre ‚niedrige' systematische Position mit der geringen anatomischen Spezialisierung. So besitzen alle Primaten mit den pendaktylen Extremitäten die phylogenetisch unspezialisierte fünfgliedrige Ausgangsform der Extremitäten aller Säugetiere, deren Zahl in der Säugetierevolution zunehmend reduziert wird. Andere anatomischen Merkmale des Menschen (Bipedie, Gehirngröße), die seine psycho-physische Sonderstellung bedingen, werden dagegen evolutiv als abgeleitete Merkmale angesehen. Das Selbstverständnis des Menschen als höchst entwickeltes Lebewesen bleibt evolutionstheoretisch deshalb eine anthropozentrische Entwicklungsvorstellung. Die räumlichen Metaphern ‚oben' und ‚unten' sind in der *Psychologie* und

Evolutionstheorie konträre, unterschiedlich phylogenetisch und psychologisch definierte Denkpositionen von Entwicklungsrichtungen. Die biologische Evolution verläuft nicht ‚von unten nach oben', sondern ist ein Zufallsprozess, dessen Richtung nicht prognostiziert werden kann. Der empirische Maßstab, an dem Entwicklung in der Biologie gemessen wird, ist das Verhältnis von unspezialisiert <----> spezialisiert, so dass hochspezialisierte Säugetiere wie die Nagetiere und Paarhufer ‚vorne' sind und deshalb in der zoologischen Systematik ‚oben' stehen.

3. Das Verhältnis „angeboren"/„erworben" (*nature/nurture*-Problem). – In der Psychologie gilt „angeboren" im Verhaltensbereich traditionell als ein negatives Reizwort, da es methodologisch den Untersuchungs- und Behandlungsgegenstand der *Psychologie* empirisch limitiert: angeborenes menschliches Verhalten ist kein Gegenstand der *Psychologie*, so dass bei dieser Erkenntnisfortschritte auf diesem Feld in der *Humanethologie* häufig auf Ablehnung stoßen oder ignoriert werden. Häufig werden v.a. die humangenetischen Erkenntnisfortschritte als „Biologismus" abgewehrt und ideologisiert, statt das vielschichtige Verhältnis angeboren/erworben differenziert zu bestimmen.[16] So kann „angeboren" im engeren Sinn bedeuten: bei der Geburt vorhanden, im weiteren Sinn aber auch: genetisch bedingt. Aus dieser Doppelbestimmung ergeben sich dann weitere Begriffsbedeutungen. So kann ein Verhaltensmerkmal (z.B. Erbkoordinationen wie der Suchautomatismus) angeboren und erblich bedingt sein oder ein Merkmal ist nicht angeboren, aber genetisch bedingt (z.B. die spätere Reifung motorischer Fähigkeiten).

Die Beziehungen der Wissenschaftssysteme von *Biologie* und *Psychologie* sind nicht nur ein Wachstums- und Kooperations-, sondern auch ein Konkurrenzverhältnis. So systematisiert die von Eibl-Eibesfeldt nach 1972 begründete *Humanethologie* das angeborene Verhaltensinventar des Menschen, bes. das Ausdrucksverhalten (Eibl-Eibesfeldt 1995), gleichzeitig setzte ein Abstieg der Ausdruckspsychologie ein.[17] In der *Humansoziobiologie* werden evolutionsbiologisch Aspekte des menschlichen Sexual- und Sozialverhaltens auf unterschiedliches „Investment" und unterschiedliche „Ressourcennutzung" beider Geschlechter zurückgeführt (Voland 2009). Für das Verhältnis der klassischen *Ethologie* (Tinbergen, Lorenz, Eibl-Eibesfeldt) zum Behaviorismus (Skinner, Kuo) galt im Verhältnis angeboren/erworben zunächst ein dichotomes „Entweder-Oder", während sich später allmählich ein differenzierteres „Sowohl als auch" durchsetzte. So konnte nachgewiesen werden, dass bereits für die Reaktionen eines menschlichen Embryo Reiz-Reaktionslernen existiert, d.h. bereits in der fötalen Umwelt kommt es zu einer Interaktion von angeboren/erworben.

Methodologisch von besonderer Bedeutung für die Erforschung angeborener Verhaltensdispositionen bei Tieren waren in der *Ethologie* Kasper-Hauser-Experimente (Schurig 1987). Traditionell umstritten ist der Umfang angeborener Verhaltensdispositionen für Motivationsprozesse (z.b. als vermeintlicher Aggressionstrieb), Lernen (z.B. Prägungslernen) und Abstraktionsleistungen (averbale Kommunikation, positive und negative Wertmuster, Intelligenzfunktionen).

In der Kritischen Psychologie sollte, um den Zugang zur *Humangenetik* als Erblehre des Menschen offenzuhalten, als ein erster Schritt strikt zwischen dem beliebten, aber vorwissenschaftlichen Attribut „angeboren" und der präziseren genetisch definierten Bezeichnung „erblich" unterschieden werden. „Erblichkeit" (Heridität) bezeichnet genetisch die Merkmalsweitergabe zwischen Generationen auf der molekularen Grundlage der Nukleotidsequenzen der DNA über „Erbfaktoren" (Gene), „Erbgut" die Gesamtheit der im Zellkern codierten genetischen Information, „Erbgänge" die Art und Weise, wie die erblich bedingten Merkmale z.B. durch die Mendelschen Regeln als dominant, rezessiv, intermediär, mono- oder dihybrid auf Nachkommen übertragen werden.[18]

Das Anlage-Umwelt-Problem besitzt neben den wissenschaftlichen Aspekten auch eine gesellschaftliche und politische Dimension. Unbestreitbar begrenzt der genetische und experimentelle Nachweis unveränderlicher Verhaltensmuster im menschlichen Verhalten, also artspezifischer Reaktionsmuster, die Möglichkeiten didaktischer, psychologischer und sozialer Verhaltensänderungen von Individuen und damit das psychologische Handlungsspektrum. Konservative Befürworter einer vermeintlichen „Chancengerechtigkeit", die Differenzen und soziokulturelle Unterschiede z.B. im Bildungssystem aufrechterhalten wollen, betonen und überbetonen deshalb häufig die genetische Komponente menschlichen Verhaltens. Andererseits führt der irrtümliche Glaube an eine präformistische Starrheit genetischer Verhaltensanteile zu einer Ablehnung der empirischen Erblichkeitsbefunde in der *Humangenetik*. Aussagen z.B. über die Erblichkeitsschätzung der Intelligenz, dass x% des Verhaltens angeboren und y% modifizierbar seien, bleiben wissenschaftlich unsinnig: Anlage und Umwelt addieren oder substrahieren sich nicht, sondern multiplizieren sich. Jede menschliche Individualentwicklung ist das unikate Ergebnis einer besonderen individuellen und sozialen Genotyp-Umwelt-Interaktion, die je nach gesellschaftlicher Umwelt kleinere oder größere sowie jeweils andere Anteile des genetischen Potenzials nutzbar macht oder durch Lern- und Erziehungsprozesse überlagert und modifiziert. Im Sport kann z.B. die angeborene Lokomotionsfähigkeit durch Training weiter ausgebaut und die Leistung dadurch für spezifische motorische Muster gesteigert werden. In der Kritischen Psychologie wurde in das umstrittene Verhältnis angeboren/erworben auch ein neuer Gesichtspunkt eingeführt, der die Spezifik der menschlichen Verhaltensentwicklung im Unterschied zum Tier verdeutlicht. Menschliche Individuen lernen an den vergegenständlichten Objekten ihrer Umwelt als einer Art vergesellschaftlichten Gedächtnisses, das alle bisher gewonnenen Informationen speichert. Diese Vergegenständlichung von Wissen und Information ist ein Kulturprozess, der zeigt, dass die persönliche Erfahrung der Individuen zwar nicht vererbt wird, aber auch nicht verloren gehen muss, sondern unabhängig von DNA-Codes über neue materielle Speichersysteme über Generationen hinweg in Form einer Traditionsbildung weitergegeben wird. Die Tradierung individueller und gesellschaftlicher Informationen wird zu einem zentralen Strang gesellschaftlicher Entwicklung mit der Entstehung neuer und besserer Informationscodes, wobei Zugriffsmöglichkeiten und Informationsumfang ständig gesteigert werden. In diesem Sinne konnte auch Darwins Publikation „Origin of Species" nach 1859 in mehreren verbesserten und berichtigten Auflagen immer wieder neu gelesen und gegenwärtig im Internet jedem Benutzer zugänglich gemacht werden.

2. Übergangsbereiche von Biologie und Psychologie

> *Welches ist die führende Wissenschaft in der zweiten Hälfte dieses Jahrhunderts? Kein Zweifel, es ist die Biologie.*
>
> P. Präve. Jahrhundertwissenschaft Biologie!? Aktueller Stand der Biowissenschaften im 20. Jahrhundert (1992)[19]

Jede der in Abb. 1 angeführten biologischen Wissenschaften setzt für die *Psychologie* andere inhaltliche Schwerpunkte. Die klassische Basis bildet die *Physiologie*, für die *Wahrnehmungspsychologie* und *Psychophysik* die *Reiz- und Sinnesphysiologie*, für die Informationsverarbeitung die *Neurophysiologie, physiologische Psychologie* und gegenwärtig die Gehirnforschung. Die Problematik der für die Kritische Psychologie methodologisch und inhaltlich wichtigen Disziplin *Ethologie (Verhaltensforschung, Verhaltensbiologie)* mit den Teilgebieten *Humanethologie* (Eibl-Eibesfeldt 1995) und *Humansoziobiologie* (Voland 2009) kann im weiteren Text nicht berücksichtigt werden. Insgesamt ist das Verhältnis von *Biologie* und *Psychologie* transdisziplinär mit ca. 20-30 Spezialwissenschaften verknüpft, die unter verschiedenen Namen fungieren. Neben der klassischen *Psychophysik* und *physiologischen Psychologie* bilden *Biopsychologie*[20] (Pinel 2001), *kognitive Ethologie* (Griffin 1985), die 1980 von dem amerikanischen Psychologen Robert Ader begründete *Psychoneuroimmunologie* (Schedlowski&Tewes 1996), *Psychopharmakologie, Psychochirurgie, Psychomotorik, Psychogenetik, Umweltpsychologie*[21] und *evolutionäre Psychologie* neue interdisziplinäre Teilwissenschaften. Die diversen Umweltänderungen führen auch zu neuen Denkstilen und einem elementaren Wertewandel, der psychologisch vermittelt werden muss. V.a. der Übergang von einer Jahrtausende praktizierten rigorosen Nutzung der Umwelt mit einem entsprechenden Primat des Nützlichkeitsdenkens, gegenwärtig zugespitzt unter dem Druck kapitalistisch vorangetriebener Globalisierung, zu einem Schutz der Natur um ihrer selbst willen ist psychologisch für das gesellschaftliche und individuelle Naturverhalten gegenwärtig der umfassendste und radikalste Wertewandel. Er beginnt im Kopf, limitiert den individuellen Egoismus und führt zu einem subjektiv anderen Verständnis von Natur. Der Aufstieg der *Ökologie* als ein Aspekt der „Jahrhundertwissenschaft Biologie" bleibt dann erfolglos, wenn deren wissenschaftliche Erkenntnisse nicht auch praktisch in menschlichen Verhaltensänderungen umgesetzt werden, wie sie z.B. in der *Umweltpsychologie* thematisiert werden (Miller 1998, Stengel 1999).[22] – Einige Übergangsbereiche *Biologie ----> Psychologie* sollen nun genauer betrachtet werden: die Gehirnforschung als ein aktuell dominierender Forschungstrend (2.1) und das Tier-Mensch-Übergangsfeld als klassischer Themenbereich der Kritischen Psychologie (2.2). Der schillernde, ebensosehr biologisch umstrittene wie politisch umkämpfte Rassenbegriff wird in einem Fortsetzungsartikel behandelt.

2.1 Gehirnforschung: Ignorabimus

> *Voller neuer Kenntnisse und Selbstvertrauen richten die Biologen ihre Aufmerksamkeit auf ihr höchstes Ziel: die biologische Erklärung des menschlichen Geistes.*
>
> E. Kandel: Auf der Suche nach dem Gedächtnis (2009)[23]

Seit der Publikation „Das Ich und sein Gehirn" des Gehirnphysiologen und Nobelpreisträgers John Eccles (1903-1997) und des Wissenschaftstheoretikers Karl R. Popper (1902-1994) 1977 wächst die Zahl gehirnphysiologischer Untersuchungen und Publikationen (Breidbach 1996,

Roth 2001, Singer 2002 u. 2006, Janich 2010). Limbisches System[24], der Hypothalamus und frontaler Cortex sind einige gehirnphysiologische Schaltstellen der Bewusstseinsbildung. Der frontale Cortex gilt z.B. als Schaltstelle für Empathie, Verantwortung, Folgenabschätzung und Planungsprozesse sowie die Entstehung des Willens, der Hypothalamus und seine Kerne (*Nucleus supraopticus, N. paravetricularis, N. preoptici, N. suprachiasmaticus*) ist die oberste Regulationsinstanz von vegetativen Prozessen (Atmung, Nahrungsaufnahme, Sexualität) und der Hormonproduktion, das Limbische System von Gedächtnisbildung, Triebverhalten und Emotionalität. Dazu kommt die Spezialisierung der Gehirnhälften auf unterschiedliche Funktionen: rechts auf intuitive Eingebungen, räumliche Wahrnehmung, ganzheitliche Erfassung und Kreativität, links dominieren logische Operationen, analytisches Denken und Sprachbildung (Pauen 1999). Mehrere komplexe psychische Phänomene wie Parkinson, Autismus, Depression werden auf die Störung oder den Ausfall einzelner Bereiche zurückgeführt. In den letzten Jahrzehnten ist ein breites Feld unterschiedlicher Spezialdisziplinen entstanden, die das psychophysische Problem zum Gegenstand haben.

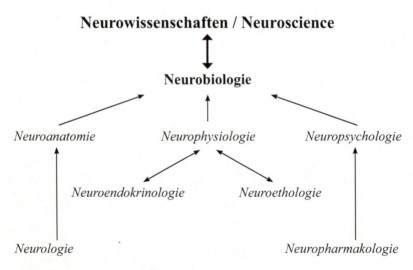

Abb. 2 Im Gegensatz zur klassischen Abgrenzung physischer und psychischer Verhaltensaspekte als *Ethologie* (objektive Verhaltensforschung) versus *Tierpsychologie* wird in den *Neurowissenschaften* das Verhältnis von Gehirn und Geist zum zentralen Gegenstand eines komplexen Klassifikationskalküls verschiedener Spezialwissenschaften.

Ungeachtet aller empirischen Fortschritte im Detail kommt es auf der Metaebene immer wieder auch zur Reproduktion mehrerer ungelöster klassischer Erkenntnispositionen:

Viele in der *Gehirnphysiologie* vertretene Kausal- und Determinismusvorstellungen über das Verhältnis von Physischem und Psychischem, scheinbar präzisiert nun als Zuordnung von Synapsen- und Neuronenverschaltungen zu Bewusstseins- und Willensprozessen (Roth 2001, Singer 2006), zeigen starke Anklänge an das mechanistische Ideal des Laplaceschen Dämons mit einem strikten Ursache-Wirkungs-Zusammenhang. So liegt der Vorstellung einer linearen Kausalität von Ursache ----> Wirkung die Vorstellung zugrunde, von physiologischen, elektrophysiologischen und informationstheoretischen Sachverhalten könne direkt auf psychische Funktionen geschlossen werden, so dass die *Psychologie* überflüssig wird und als *Gehirnphysiologie* betrieben werden kann, da „Bewusstsein" nur eine epiphere Reaktion auf das ist, was elektrophysiologisch im Nervensystem bereits abgelaufen ist. Zahlreiche elektrophysiologische Gehirnfunktionen (evozierte Potenziale, EEG) sind aber statistische Korrelate, die nicht auf derartige lineare Ursache-Wirkungs-Relationen zurückgeführt werden können. Die Chaostheorie (Theorie des Verhaltens nichtlinearer Systeme) zeigt außerdem, dass die Gehirnfunktionen nicht nur als lineare Ursache-Wirkungs-Zusammenhänge ablaufen, sondern stochastische und integrative Prozesse mit eigenen und neuen Systemqualitäten dominieren. Popper sowie Eccles u.a. Gehirnforscher vertreten zwar einen globalen „Interaktionismus" als Wechselwirkung von Gehirn und Geist, der aber ebenfalls auf grundsätzliche Schwierigkeiten stößt, da eben gerade keine Wechselwirkung von materiellen und immateriellen Gegenständen existiert. Bei der Wirkung von dem Geist auf das Gehirn müsste Energie aus dem Nichts produziert werden und umgekehrt würde Energie im Nichts verschwinden usw. Ähnliche Einwände können gegen den „panpsychischen Identismus" von Bernhard Rensch (1900-1990) vorgebracht werden, wonach protopsychische Eigenschaften letztlich bereits bei Elementarteilchen vorhanden sind, dort aber nicht gefunden werden; bzw. ist dies nicht überprüfbar (Zoglauer 1998). Neuere Argumente für die Identitätstheorie finden sich bei Pauen (1999).

Wie gering trotz aller gehirnphysiologischer Fortschritte der gegenwärtige Wissensstand aus phylogenetischer Sicht ist, können zwei Beispiele zeigen. Seit dem TMÜ kommt es in der Hominidenevolution zu einer Zunahme der Gehirnkapazität, die bei Schimpansen noch 400 cm^3 beträgt, bei *Australopithecinen* 550 cm^3, beim *Homo erectus* 800 cm^3 und beim *Homo sapiens* 1250 cm^3. Trotz dieser quantitativen Zunahme ist es nicht möglich, aus dem Umfang der in der Hominidenevolution zunehmenden Gehirnkapazität präzise die Frage zu beantworten, wann, warum und unter welchen Lebensbedingungen in der Hominidenevolution und dem TMÜ erstmals Bewusstsein und Subjektivität entstanden. Einige Gehirnforscher sehen in der Entstehung des Bewusstseins eine eher zufällige, evolutiv bedeutungslose Erscheinung mit einer dysfunktionalen Tendenz oder das spezielle Produkt einer Orthoevolution.[25] Tatsächlich ist das Gehirn aber das energieintensivste Organ, dessen Ausbau in der Evolution nicht vorangegangen wäre, wenn seine psychischen Leistungen bei der Informationsverarbeitung für die jeweilige Art nicht auch einen wesentlichen Selektionsvorteil bedeuten würden.

Schwierigkeiten selbst einer globalen Zuordnung von Bewusstseinsleistungen zu Gehirnteilen wie dem frontalen Cortex oder Neocortex ergeben sich auch aus Tierexperimenten. So setzt eine Krähenart (*Corvus moneduloides*) gezielt richtiges Werkzeug ein, so dass „Intelligenz" in der Form angenommen werden kann, dass eine kognitive Einsicht in Kausalzusammenhänge existiert. Die anatomische Besonderheit dieser Befunde liegt darin, dass Vögel keinen Neocortex besitzen und Intelligenzleistungen deshalb unabhängig voneinander in der Gehirnevolution mehrfach bei unterschiedlichen Tiergruppen mit unterschiedlichen Nervensystemen entstanden sein müssen, so dass phylogenetisch verschiedene Prototypen psychischer Funktionen existieren. Die Frage bleibt deshalb, unter welchen Evolutionsbedingungen und wann psychische Funktionsleistungen, wie sie bei zahlreichen hoch entwickelten Tierarten existieren, zur Entstehung eines spezifisch menschlichen Bewusstseins führen, das sich selbst reflektieren kann. Beantwortbar wird diese Frage dann, wenn das menschliche Bewusstsein als Ergebnis morphologischer Strukturänderungen im Übergang von den Pongiden zum menschlichen Bewusstsein bei den humanen Hominiden darstellbar wird und also die Bewusstseinsentwicklung im TMÜ auf die Änderungen des Lebensraumes, der Anatomie und des Verhaltens zurückführbar werden (vgl. Schurig 1976, S. 135ff.). Dabei sind nach dem gegenwärtigen Wissensstand mindestens drei zusammentreffende Komponenten der Bewusstseinsentstehung anzunehmen: Manipulation und Werkzeugverhalten, hochdifferenzierte Sozialsysteme und eine entwickelte innerartliche Kommunikationsstruktur.

Demgegenüber ist in einer funktionalistischen Interpretation des psychophysischen Problems, die im Zuge der Forschung zur künstlichen Intelligenz entstand, der Geist bzw. das Bewusstsein ein Algorithmus der Gehirnfunktion. Geist und Gehirn stehen demnach in einem Verhältnis von Software und Hardware. Das stößt allerdings auf das Problem, dass viele bewusste Gehirnfunktionen, wie z.B. Emotionen und Gedächtnis, nicht algorithmisch ablaufen. Ein kausaler „psychophysischer Parallelismus" mit der Zuordnung gehirnanatomischer, elektrophysiologischer und informationstheoretischer Befunde zu psychischen Gehirnleistungen, wie er in der Gehirnforschung häufig vertreten wird, existiert damit nur eingeschränkt. Es bleibt außerdem immer das Problem, dass nicht alle Gehirnfunktionen Denk- und Bewusstseinsprozesse sind. Systemtheoretisch orientiert sind neuere emergenztheoretische Erklärungen der Bewusstseinsfunktion. Nach der emergentistischen Identitätstheorie sind Geist und Gehirn – im Gegensatz zum Descarteschen Dualismus – keine eigenen Substanzen, sondern Systemeigenschaften komplexer neuraler Systeme und Ausdruck einer qualitativ neuen Systemqualität in der Informationsverarbeitung. Emergent[26] sind die mentalen Gehirnfunktionen in dem Sinne, dass der geistige Aspekt nicht einzelnen Neuronen, ihren Verschaltungen oder Gehirnteilen zukommt, sondern nur hinreichend komplexen Neuronenverbänden. Ebenso wie Lebensfunktionen keine eigene Substanz besitzen, sondern emergente Systemeigenschaften bestimmter Materiekonstellationen von DNA und Proteinen sind, gilt dies auch für die Gehirnfunktionen. Der Geist (Psychisches, Bewusstsein) in seinen verschiedenen Ausbildungsformen (Abstraktion, Denken) ist demnach nicht an einen bestimmten Stoff oder eine Substanz gebunden, derart, dass Gehirne wie eine Drüse etwas absondern, sondern er ist eine komplexe Systemfunktion mit qualitativ unterschiedlichen Ebenen der internen Informationsverarbeitung, im einfachsten Fall zwischen psychischen (nichtbewussten) Prozessen, Unbewusstem und Bewusstseinsfunktionen.

Neben diversen Allmachtsansprüchen neurobiologischer Bewusstseinserklärungen werden von Gehirnforschern wie Eccles und Popper durchaus auch Einsichten in die Erkenntnisgrenzen formuliert: „Das Problem der Beziehung zwischen Körper und Geist und besonders des Zusammenhanges zwischen den Strukturen und Prozessen des Gehirns einerseits und geistigen, bewusstseinsmäßigen Anlagen und Vorgängen andererseits ist außerordentlich schwierig. Ohne zu beanspruchen, künftige Entwicklungen vorauszusehen, halten es beide Autoren dieses Buches für unwahrscheinlich, dass das Problem jemals in dem Sinne gelöst werden kann, dass wir diese Beziehung wirklich verstehen."[27] Der Physiologe Emil Du Bois Reymonde (1818-1896) hatte diese skeptische Erkenntnisposition in der Parole „Ignoramus et ignorabimus" (Wir wissen es nicht und werden es nicht wissen) 1872 auf der 45. Tagung der deutschen Naturforscher und Ärzte in Leipzig zusammengefasst, die seitdem nicht ohne Grund immer wieder zitiert wird. In der Gehirnphysiologie kommt der naturwissenschaftlich-biologische Forschungsansatz an seine Erkenntnisgrenzen: ebenso wie Lebensfunktionen nicht physikalisch erklärt werden können, gilt dies auch für eine neurophysiologische Erklärung von Bewusstseinsprozessen, da es sich in beiden Fällen um qualitativ neue Systemeigenschaften handelt, deren Funktion auch nicht an eine spezifische Materiekonstellation gebunden ist, sondern an eine neue Art der Informationsspeicherung und -verarbeitung komplexer Systeme.

Als Problem der Psychogenese lässt sich das psychophysische Problem durchaus mit dem Biogeneseproblem – dem Übergang hochdifferenzierter physikalischer Systeme zu qualitativ neuen, biologischen, Systemeigenschaften – vergleichen. Beide Übergänge stellen große Entwicklungssprünge in der objektiven Realität dar. Die psychophysische Beziehung ist jedoch insofern komplizierter, als sie bereits den Kausalzusammenhang unterschiedlich hoch organisierter Bewegungsformen der Materie, des Anorganischen und des Organischen, voraussetzt. Eine zentrale Schwierigkeit des psychophysischen Problems ist die Charakterisierung der ideellen Natur des Psychischen gegenüber materiellen Trägerprozessen. Als spezifisch einzelwissenschaftliche Formulierung dieses Verhältnisses bleibt das psychophysische Problem jedoch notwendigerweise unbestimmt, solange auf der naturphilosophischen Denkebene das Verhältnis von Materiellem und Ideellem kategorial ungeklärt bleibt bzw. strittig ist. Das psychophysische Problem markiert damit zugleich eine objektive Grenze der Anwendbarkeit naturwissenschaftlicher Methodik auf das Phänomen des Psychischen bzw. des Gegenstands der Psychologie. Die Reflexion der besonderen Eigenschaften ideeller Prozesse (bewusstseinsphilosophisch etwa diskutiert als Qualiaproblem, als Subjektivität und Perspektivität etc.) bedarf einer eigenständigen psychologischen Methodik.

Der Beitrag der Gehirnforschung zur Klärung des psychophysischen Problems ist durch ihre analytisch-experimentellen Methoden (etwa die morphologischen Methoden zur Lokalisation diskreter psychischer Leistungen in den verschiedenen Hirngebieten mittels der Messung des EEG), mit denen der globale psychophysische Zusammenhang in spezifische Kausalbeziehungen zwischen psychischen und physischen Phänomene zerlegt wird, beschränkt. Unterhalb der elektrophysiologischen Untersuchungsebene, auf bereits molekularer Ebene, lässt sich zudem die substanziell-stoffliche Bedingtheit der zentralnervösen Informationsverarbeitung erforschen.

Der durch immer neue Experimentiertechniken ermöglichte Abstieg auf immer elementarere biologische Organisationsebenen bedingt dabei eine theoretische Eigentümlichkeit der analytischen Betrachtung des psychophysischen Problems: ihre Ahistorizität. Obwohl analytisch-experimentell die verschiedenen biologischen Organisationsebenen psychischer Funktionen exakt beschrieben werden können, wird die qualitative Spezifik des psychophysischen Problems gerade ausgeklammert. Die synthetische Betrachtungsweise ermöglicht nun gerade die methodische Überwindung der Zergliederung des psychophysischen Systemganzen, wobei das synthetische Vorgehen allerdings seinen Ausgang von analytisch gewonnenen Fakten nehmen muss. Die Erkenntnisbeziehungen zwischen *Biologie* und *Psychologie* sind deshalb immer doppelter Natur: Neben einer analytischen Reduktion psychischer Prozesse auf immer elementarere biologische Systemebenen sind gleichzeitig synthetisch biologische Fakten auf höher organisierten Funktionsebenen wie dem Verhalten zur Umwelt und unter dem Gesichtspunkt der Spezifik der besonderen psychischen Leistungen des Nervensystems zu generalisieren. Neben hirnphysiologischen sind hierbei allerdings weitere biologische Spezialdisziplinen wie die Verhaltensforschung, Ökologie, Anthropologie usw. einzubeziehen, wobei den allgemeinen Bezugsrahmen dabei die Evolutionstheorie bildet. Im Denkansatz der Psychophylogenese als historisch-materialistischer Theorie des psychophysischen Problems wird das Verhältnis von Physischem und Psychischem als Entwicklungsproblem darstellbar. Eine Verabsolutierung naturwissenschaftlicher Methodologie durch ihre schematische Übertragung auf ideelle Prozesse, wie sie heute in der – selbst erklärten oder ihr zugeschriebenen – Hegemoniestellung der Neurowissenschaften wiederkehrt, muss dagegen, da naturwissenschaftliche Erkenntnis- und Verfahrensweisen immer nur die je spezifischen materiellen Eigenschaften ihrer Untersuchungsgegenstände abbilden, letztlich an der Spezifik des Ideellen scheitern. Trotz aller Erkenntnisfortschritte in der Gehirnforschung im Detail gilt weiterhin: „Der Homo neurobiologicus ist eine Fiktion".[28]

2.2 Das Tier-Mensch-Übergangsfeld (TMÜ)

> *Die ersten Anzeichen dafür, dass sich unsere Vorfahren in irgendeiner Hinsicht von anderen Tieren unterschieden, waren jene äußerst primitiven Steinwerkzeuge, die vor rund zweieinhalb Millionen Jahren in Afrika auftauchten [...]. Von unseren nächsten Verwandten verwenden Zwergschimpansen und Gorillas keine Werkzeuge.*
>
> Jared Diamond. Der dritte Schimpanse (2006)[29]

Das vor ca. 10 bis 2 Millionen Jahren einsetzende TMÜ[30] bildet den empirischen und methodologischen Schwerpunkt der Anwendung der Evolutionstheorie auf psychologische Fragestellungen in der Kritischen Psychologie: phylogenetisch sind in diesem Zeitfenster erste prototypische Formen menschlichen Bewusstseins entstanden. Von der zum Menschen führenden Stammeslinie innerhalb der Menschenaffen (*Pongidae*) haben sich zunächst die Gibbonarten abgespalten, der Orang-Utan (*Pongo pygmaeus*) folgte vor 12-16 Millionen Jahren, der Gorilla (*Gorilla gorilla*) trennte sich von der Schimpansenlinie vor 9 Millionen Jahren und vor ca. 3 Millionen Jahren der Schimpanse (*Pan troglodytes*) und der Bonobo (*Pan paniscus*). Wichtige biologische Tier-Mensch-Unterscheidungsmerkmale – Bipedie, Gehirnbildung, Haarlosigkeit, Kommunikation als Sprache – werden von 1,6% des Erbmaterials codiert, der Abstand zum Gorilla beträgt 2,3%.

Sowohl der Begriff „Tier" als Inbegriff von „Natur" als auch der „Hominide" und „Mensch" in seiner Doppelbestimmung als biologische Art *Homo sapiens sapiens* und als humanes, gesellschaftlich-historisches Wesen bedürfen einer ständigen Präzisierung, die methodologisch bereits dann verfehlt wird, wenn Tieren „Bewusstsein" zugesprochen wird (Griffin 1985 u. 1992, Stamp Dawkins 1994, Janich 2010), dies auch in komplexen Formen etwa als „Lüge" (Sommer 1992).[31] Die Entstehung von elementaren Bewusstseinsfunktionen sollte auch nicht als ein zeitlich punktueller Umschlag oder als Unterschied zwischen zwei Arten verstanden werden, sondern als ein Millionen Jahre dauernder Kumulationsprozess. In diesem Zeitraum existieren dann wieder mehrere sich überlagernde qualitative Sprünge der Humanisierung und kulturellen Traditionsbildung bei *Australopithecinen* und dem *Homo erectus* – Hinweise auf Sprachfunktionen, Feuergebrauch, elementare Norm- und Wertebildung als Anfänge einer Moral, ästhetische Artefakte, Planhandlungen. Zentrale Themata des TMÜ sind die Entstehung der ersten Werkzeugherstellung, von Friedrich Engels (1820-1895) als „Anteil der Arbeit an der Menschwerdung des Affen" bereits 1876 angesprochen[32], soziale Traditionsbildungen, Entstehung einer kulturellen Evolution, Funktions- und später Arbeitsteilungen, Sprachentwicklung und die Herausbildung elementarer Bewusstseinsformen sowie erster Formen von Subjektivität, ablesbar z.B. an Bestattungsformen oder künstlerischen Artefakten (z.B. Färbungen), als psychologische Aspekte des Humanen. Trotz diverser Varianten der Anthropomorphisierung tierischer Lern- und Abstraktionsleistungen als „Bewusstsein" gibt es auch mehrere Themenbereiche, die von derartigen subjektiven Projektionen bisher (noch) frei sind. Obwohl z.B. Schimpansen diverse Gegenstände ihrer Umgebung als Instrument („Werkzeug") gebrauchen, gibt es bisher noch keine Publikation, in der behauptet wird, dass diese Tiere, die „Werkzeuge" benutzen, auch arbeiten, dass Tiere in ihrem Verhalten „frei" sind oder dass sie Begriffe in der Art bilden, dass sie Gegenständen ihrer Umgebung Namen geben. Nur in wenigen, jahrelangen und aufwändigen Sprachexperimenten ist es bisher gelungen, den Versuchstieren, ausschließlich Schimpansen, reflexive Bewusstseinsformen, etwa die Verwendung der Bestimmung „Ich", beizubringen.

Auch wenn unter den ca. 200 Primatenarten die Überfamilie der *Hominoidea* (Menschenartige) mit der Familie der Menschenaffen (*Pongidae*) seit 1859 unbestritten als die nächsten tierischen Verwandten des Menschen gelten, haben sich bei der Zuordnung einzelner Menschenaffenarten erhebliche Verschiebungen ergeben. So hielt Darwin den 1844 entdeckten und 1847 von Thomas Savage (1804-1880) erstmals beschriebenen Westlichen Flachlandgorilla (*Gorilla gorilla gorilla*) für den nächsten tierischen Verwandten des Menschen, was sich als Irrtum erwies.[33] Später nahm der Schimpanse (*Pan troglodytes*) diese Position ein und behielt sie in der *Psychologie* und in der Öffentlichkeit bis in die Gegenwart, was aus zoologisch-systematischer Sicht sich als ein weiterer Irrtum erwies. V.a. seit Wolfgang Koehlers (1887-1967) Lern- und Werkzeugexperimenten 1909 auf der Primatenstation der Preußischen Akademie der Wissenschaften auf Teneriffa wurde der Schimpanse zum Prototyp des „intelligenten Affen", der vieles kann: averbal sprachlich kommunizieren, ein Wertesystem entwickeln, Werkzeuge herstellen, Lernen durch Einsicht praktizieren – dies allerdings immer nur durch einzelne Tiere und nur im Tierexperiment. In der *Primatologie* (Geissmann 2003, de Waal 2005) gilt seit 1928 unter den Menschenaffenarten der Bonobo (*Pan paniscus*), von dem ca. 20 000 Tiere in einem begrenzten Gebiet des Kongotieflandes leben, als phylogenetisch nächster Verwandter des Menschen. Von den Schimpansen unterscheiden sich Bonobos durch eine häufigere bipede Fortbewegung und das Fehlen einer Jagd auf kleinere Affenarten. Sozial bilden Bonobos und Schimpansen „fission-fusion societies", flexible, stündlich und täglich wandelnde Kleingruppen. Die freilebenden Bonobos besitzen außerdem mehrere auffällige soziale Eigenarten. Zu ihnen gehört die dominante Position der Weibchen im Sozialgefüge, die sich auch auf ihre männlichen Nachkommen überträgt, sowie nichtverwandte Weibchen-Weibchen-Beziehungen als Führungsduo. Bei Bonobos nimmt das Sexualverhalten eine zentrale Stellung als Vermeidungsstrategie und im Konfliktverhalten ein. Dazu dient das „Genito-genital-rubbing" sowie, im Unterschied zum Schimpansen, Sexualkontakte auch von Angesicht zu Angesicht (de Waal 2000). Da das Erbmaterial von Schimpanse, Bonobo und Mensch zu 98,4% identisch ist (z.B. ist das Hämoglobin der drei

Arten mit 287 Bestandteilen identisch), existieren auch Vorschläge, alle drei Arten zusammenzufassen und den Menschen damit taxonomisch zu einem „dritten Schimpansen" zu machen oder die zwei Menschaffenarten in die Gattung *Homo* zu integrieren (Diamond 2006) – zweifellos eine der bisher radikalsten Verschiebungen im Tier-Mensch-Verständnis.

Obwohl „Tier" (Menschenaffenarten) und „Mensch" einerseits anatomisch und genetisch immer enger zusammenrücken, gibt es auf der Verhaltensebene mit den Themen Sprachentstehung, Sozialität, Sexualverhalten, kulturelle Evolution aber auch einen entgegengesetzten Trend: es dominiert die Betonung der fundamentalen Unterschiede: „Zwischen der Sprache des Menschen und der Lautbildung bei Tieren klafft eine scheinbar unüberwindliche Lücke."[34] So können Schimpansen und Bonobos experimentell zwar einige hundert Symbole lernen – ihre kognitiven Fähigkeiten reichen also zum Gebrauch und Aufbau eines Wortschatzes aus –, aufgrund der Anatomie ihres Stimmapparates sind sie aber phonetisch nicht in der Lage, wie der Mensch eine differenzierte Vielzahl von Vokalen und Konsonanten zu erzeugen, so dass ihre „Sprache" auf Grunzlaute beschränkt bleibt und keine Syntax besitzt. Gegenwärtig gilt die Kommunikation der Grünen Meerkatze (*Chlorocepus aethiops*) als eines der komplexesten und am besten untersuchten Kommunikationssysteme der Primaten. Einige spezielle Untersuchungsbereiche und Fragestellungen tierischer Kommunikation sind (vgl. Diamond 2006, Tomasello 2009): Handelt es sich bei Lauten der tierischen Primaten um echte Begriffe mit Symbolfunktion? Wie groß ist der Wortschatz? Gibt es in diesen tierischen Lautsystemen eine Art Grammatik, so dass sie auch als „Sprachen" bezeichnet werden können?

Der Begriff „Hominisation" (lat. *homines*, Menschen) – der stammesgeschichtliche Prozess der Menschwerdung, der die verschiedenen biologischen, psychologischen und sozio-kulturellen Aspekte verallgemeinert – steht im Zentrum des TMÜ. Er besitzt zwei unterschiedliche Dimensionen: a) eine weitere, als evolutionstheoretischer Prozess der biologischen Artbildung (es existieren mehrere fossile und eine rezente Menschenart)[35]; und b) eine engere, humanspezifische und kulturelle v.a. der rezenten Art *Homo sapiens*, die seit der neolithischen Revolution mit der Domestikation von Wildtieren und der Sesshaftigkeit den biologischen Artbildungsprozess zunehmend überlagert. Prononciert formuliert: die phylogenetische Entwicklung von Praesapiens-Formen (z.B. *Homo heidelbergensis*) und dem *Homo sapiens* seit ca. 600 000 bis 400 000 Jahren als Naturgeschichte wird seit ca. 10 000 Jahren auch zu einer gesellschaftlich-kulturellen Entwicklung als Geschichte, für die bereits Linné die These für den vernünftigen und einsichtigen Menschen *Homo sapiens* ausgegeben hat: *Nosce te ipsum* (Erkenne Dich selbst).

Evolutionstheoretisch beschreibt der Begriff „Hominisation" die phylogenetische Entstehung basaler anatomischer Merkmale der Menschwerdung, die den *Homo sapiens* von Menschaffenarten im Körperbau unterscheiden. Dazu gehören die Entstehung des aufrechten Ganges (Bipedie) im Unterschied zur Lokomotion als Stemmgreifkletterer (Gorilla), zum Schwing-Hangel-Klettern (Orang-Utan) und zum Knöchelgang (Schimpanse) der Menschaffenarten, die Ausbildung eines typisch menschlichen Gebisses mit einem parabolischen Zahnbogen und reduzierten Eckzähnen sowie die Gehirnbildung (Cerebralisation). Der biologische Begriff „Hominisation" erfasst damit die Abstammungs- und Herleitungsprobleme der biologischen Ursachen, durch die der Mensch zu der Art *Homo sapiens* wurde, darunter auch den Unterschied zwischen verschiedenen Menschenarten. So unterscheiden sich die verschiedenen Funde der Chronospezies *Homo sapiens fossilis* von den Arten der *Homo erectus*-Gruppe v.a. durch ein größeres durchschnittliches Gehirnvolumen von 1250 cm^3. Der Kausalzusammenhang zwischen dem Erwerb der Bipedie[36], dem Freiwerden der Vorderextremitäten, und der Gehirnbildung ist Gegenstand zahlreicher Hypothesen, wobei die Vorstellung des Übergang von einer baumbewohnenden kletternden Lebensweise zur Fortbewegung in der Steppe und einer dadurch erzwungenen, biomechanisch revolutionären Aufrichtung des Körpers dominiert. Der anatomische Umbau wurde danach durch einen Wechsel des ökologischen Lebensraumes eingeleitet, der seinerseits eine Folge von Klimaänderungen war. Da die frühen Hominiden allen die Savannen bewohnenden Säugetierarten – Pflanzenfressern ebenso wie Raubtieren – physisch, im Nahrungserwerb und in der Fortbewegung unterlegen waren, müssen sie neue, darunter auch erste spezifisch humane Fähigkeiten – etwa Werkzeuggebrauch und Feuer – entwickelt haben, die trotz ihrer physischen Unterlegenheit im Selektionsprozess ein Überleben ermöglichten. Dieser plausiblen Vorstellung widersprechen allerdings einige ethnologische Sachverhalte. So haben Untersuchungen der in Südafrika lebenden San (Buschleute) gezeigt, dass Antilopen als wichtige Nahrungsquelle in der Kalahari zwar schneller laufen, von den San aber ausdauernd bis zu acht Stunden verfolgt werden und dann erschöpft erlegt werden. Gegenwärtig empfinden Menschen v.a. Parklandschaften als schön und angenehm, psychologisch möglicherweise ein Archetypus als Assoziation des ursprünglichen Lebensraumes Savanne.

Ein speziell biologischer Aspekt der Hominisation, der zum Nachdenken über die naturgesetzliche Wirkung der Selektion auch in der Evolution der Hominiden anregen kann, bleibt die große Zahl der entstandenen und wieder ausgestorbenen Menschenarten. Von den ca. 8 bis 12 seit dem TMÜ entstandenen Menschenarten sind alle bis auf den *Homo sapiens* trotz eines hohen Cerebralisationsgrades und der Fähigkeit zur elementaren Werkzeugherstellung ausgestorben, d.h. für ihre Entwicklung bleiben die biologischen Gesetzmäßigkeiten der Artbildung und selektiven Auslese wirksam. Die Entstehung humaner Fähigkeiten, von Kulturtraditionen und elementaren Bewusstseinsformen im TMÜ könnten zu der Auffassung führen, diese seien ein Schutzschild gegen die Selektionswirkung, die aber selbst noch vor ca. 28 000 Jahren zum Aussterben des *Homo neanderthalensis* führte, der in Europa mindestens 10 000 Jahre zusammen mit dem *Homo sapiens* den gleichen Lebensraum besiedelte. Taxonomisch wurde er zunächst als Unterart *Homo sapiens neanderthalensis* eingeordnet, gegenwärtig ist er eine eigenständige Menschenart *Homo neanderthalensis*. Für mehrere Arten wie *Australopithecus robustus* existieren anatomische Spezialisierungen für den Nahrungserwerb bei Pflanzennahrung im Körperbau und Gebiss oder für den Neandertaler Körperanpassungen an das Eiszeitklima, die möglicherweise auch Ursache ihres Aussterbens durch einen erneuten Klimawechsel sind. Der Neandertaler ist zwar Träger der speziellen Moustérien-Kultur, die ein Gerätespektrum von 60 mit Kernsteintechnik hergestellten Werkzeugtypen besaß, er entwickelte ein ästhetisches Empfinden, bestattete wahrscheinlich Tote und entwickelte ein elementares Sprachvermögen. Im Gruppenverhalten existierte möglicherweise auch bereits eine soziale Fürsorge. Trotz all dieser humanen Fähigkeiten und einem Gehirnvolumen von 1200-1750 cm^3 ist er aber ausgestorben. Evolutionstheoretisch besitzt damit für das Konkurrenzverhältnis *Homo neanderthalensis / Homo sapiens* das ökologische Konkurrenzausschlussprinzip (Gause-Volterrasches Gesetz) Gültigkeit, das besagt, dass zwei ähnliche Arten nicht in dem gleichen Lebensraum koexistieren können, sondern sich verdrängen, oder eine stirbt aus.

„Hominisation" im engeren kulturellen Sinne beschreibt die Entstehung humaner Verhaltenseigenschaften, die aber auch – wie z.B. die Traditionsbildung als nichtgenetische Informationsweitergabe – analog entstandene Vorläufer bei mehreren Tierarten besitzen. Die Humanisierung erfasst im Verhaltensbereich Brutpflege, Sozialverhalten mit Elementen des reziproken Altruismus, Sexualverhalten, Inzestschranken, Instinkt-Kulturverflechtung und Traditionsbildung, aber auch Problembereiche der Affektbeherrschung und -kontrolle (z.B. bei Aggressionen). Zu den Themenbereichen des TMÜ gehören ferner die Fähigkeit der Selbsterfahrung, averbale Begriffsbildungen, die Entstehung sozialer Kommunikation mit der Unterscheidung von „Ich" und „Du" (Tomasello 2009 bezeichnet den Menschen als ein Tier, das „wir" sagen kann), Perspektivübernahme, ein soziales Rollenverständnis, Empathieprozesse, die Ausbildung von Regeln sowie kulturelle Techniken und erste Anfänge einer Unterscheidung von „gut" und „böse". Derartig diffizile psychologische Aspekte der „humanen" Hominisation können phylogenetisch als Fakten nicht oder nur in Ausnahmefällen nachgewiesen werden. In Tierversuchen werden sie experimentell v.a. bei allen Menschenaffenarten analysiert. Sie bleiben in ihrer Zuordnung zu fossilen Hominiden aber Analogien und spekulative Interpretationen.

Die allgemeinste, über 3 Millionen Jahre dominierende Lebensform der Altsteinzeit ist die der Sammler und Jäger, mit einer allmählich einsetzenden ersten geschlechtsspezifischen Arbeitsteilung; möglicherweise kamen auch Ernährungsformen wie die eines Aasfressers vor. Aufgrund von Funden aufgebrochener menschlicher Extremitätenknochen und Schädel an den Lagerstätten der verschiedenen Unterarten des *Homo erectus* wird außerdem die Möglichkeit von Kannibalismus nicht ausgeschlossen. Ähnliche Interpretationen gelten für den Neandertaler. Die Jagd wurde bereits vor 700 000 Jahren differenziert als Fallenjagd im Sumpf und später auch als Feuertreibjagd betrieben. Die einzelnen Unterarten des *Homo erectus* waren Großwildjäger – zu den erlegten Wildarten gehörten Nashörner, Elefanten, Höhlenlöwen, Wildpferde und Auerochsen –, was eine soziale Kooperation und Planungen voraussetzt. Da eine Vorratswirtschaft nur gering entwickelt war, erfolgte ein Weiterwandern, wenn die Ressourcen erschöpft waren. Lagerplätze der Hominiden sind in der Oldovai-Schlucht seit ca. 1,9 Millionen Jahren nachweisbar, einfache kreisförmige Aufschüttungen von Steinen werden als Windschirme interpretiert. Die Wildbeuterkultur erlebte ihre Blütezeit in der Jungsteinzeit mit der Spezialisierung auf bestimmte Wildarten, mit kollektiven Jagdarten (Treibjagd), Jagdamuletten und anderen Kulturartefakten (Höhlen- und Felsbilder seit 20 000 Jahren in Altamira und Lascaux).

‚Harte' Fakten der kulturellen Evolution, den biologischen Körpermerkmalen vergleichbar, sind die ersten Werkzeugfunde (z.B. „pebble tools", Geröllgeräte), die Rückschlüsse auf Bewusstseinsprozesse zulassen und materielle Träger der „humanen Phase" in der Hominisation sind[37]. Als erste bipede Hominidenarten traten vor ca. 4,1 Millionen Jahren die *Australopithecinen* (lat. *australis,* südlich, gr. *pithekos,* Affe, z.B. mit *A. afarensis* als „Lucy") auf, die vor ca. einer Million Jahren ausstarben. Die ersten Vertreter der Gattung *Homo* sind der *Homo rudolfensis* vor 2,5 und der *Homo habilis*[38] vor 2,1 Millionen Jahren, die beide als Übergang der *Australopithecus*-Gruppe zu der *Homo*-Gruppe angesehen werden. Mit ihrem Auftreten beginnt der Aufbau einer vergegenständlichten, künstlichen Umwelt durch eine elementare Werkzeugherstellung – auch als Oldovai-Kultur bezeichnet –, deren Gegenstände empirische Nachweise materialisierter Bewusstseinsfunktionen sind. Zwischen dem Einsetzen der „biologischen" Artbildung der Hominiden und der späteren „humanen" Hominisation existiert damit eine als „subhumane Phase" bezeichnete Zeitlücke, d.h. es existieren in einem begrenzten Zeitraum auch Hominiden auf einem nichthumanen Entwicklungsniveau, was die Frage verschärft, welche Evolutionsfaktoren für die humane Hominisation entscheidend sind. Mehrere den *Australopitecinen* als Werkzeuge zugeordnete Geräte einer osteotontokeratischen Zahn-Horn-Kultur bleiben umstritten, unbestritten ist aber, dass die erstmals von Raymond Dart 1924 in Südafrika nachgewiesenen *Australopithecinen* bereits Fleisch verzehren und die Nahrung des Neandertalers zu 95% aus Fleisch bestand.

Jenseits der zahlreichen Fakten der *Primatologie, Ethologie* und *Paläoanthropologie,* die für das TMÜ relevant sind, kann hier nur ein begrifflicher Aspekt des TMÜ angeführt werden, der als Präzisierung wichtig ist.

So sollte begrifflich strikt zwischen „Instrumenten" im Verhalten von Tieren und „Werkzeugen" sowie zwischen „Werkzeuggebrauch" und „Werkzeugherstellung" bei fossilen Hominiden unterschieden werden. Eine instrumentelle Nutzung von Gegenständen in der Umgebung findet sich bei zahlreichen Tierarten und erreicht bereits eine erstaunliche Komplexität, ein angeborener instrumentalisierter Gebrauch z.B. bei mehreren Insektenarten wie der Grabwespe *Ammophila* und der Ameisenjungfer *Myrmeleon* sowie bei Fischen, z.B. dem Schützenfisch (*Toxotes jaculatrix*). Zwei Arten der Darwinfinken stochern mit Kaktusstacheln im Schnabel nach Insektenlarven. Der Schmutzgeier (*Neophron percnopterus*) und der Seeotter (*Enhydra lutra*) benutzen Steine zum Nahrungserwerb. Die Verwendung instrumentalisierter Objekte aus der Umgebung existiert in den Funktionskreisen Komfortverhalten, beim Nahrungserwerb, als Waffe und bei der Balz des Seidenlaubvogels (*Ptilonorhynchus*) durch Bestreichen der Balzlauben mit Fruchtfarben, die mit Borkenstücken aufgetragen werden. Die Verwendung von Instrumenten bei freilebenden Schimpansen ist bereits vielseitig: Stöckchen als Zahnstocher, zerkaute Blätter als Schwamm zum Wasser-Aufsaugen, Steine als Hammer zum Nüsse-Aufschlagen und Grashalme zum Termiten-Angeln. Stöcke werden multifunktionell sowohl als Schlagwaffe als auch zum Krawallmachen und beim Imponierverhalten eingesetzt. Diese alle sind aber keine „Werkzeuge" im humanen Sinn, sondern bleiben „Instrumente". Evolutionsbiologisch ist der Instrumentengebrauch auf ganz unterschiedlichen Niveaus bei ganz unterschiedlichen Tiergruppen und -arten ausgebildet: als komplexes angeborenes Verhalten (z.b. beim Biber), als Nachahmung und soziale Anregung der Gruppenmitglieder (bei Makaken und in Schimpansengruppen) sowie tierexperimentell als komplexe Formen von Einsicht und Planhandlungen. Zwischen diesen Einzelfällen existiert keine zusammenhängende Höherentwicklung des Instrumentengebrauchs, sondern es handelt sich um analog und mehrfach zufällig voneinander entstandene Verhaltensanpassungen bei ganz verschiedenen Tierarten. Auffällig bleibt auch, dass selbst bei hoch entwickelten Menschenaffenarten (Gorilla, Bonobo) im Freiland bisher kein Instrumentengebrauch beobachtet werden konnte. Die Verwendung des Begriffs „Werkzeug" im Bereich des Tierverhaltens bleibt ein Anthropomorphismus, der eine ‚Höherentwicklung' vom Tier zum Menschen suggeriert, die real nicht existiert, sondern nur ein artpezifisches Durchprobieren verschiedener Funktionsmöglichkeiten unter verschiedenen Umweltbedingungen. In der Hominidenevolution existiert seit den *Australopithecinen* dann wieder ein erheblicher qualitativer Unterschied zwischen bloßem Werkzeuggebrauch und der gezielten Herstellung von Werkzeugen sowie der Tradierung der Herstellungstechniken.

Die Herstellung erster menschlicher Werkzeuge ist qualitativ sowohl durch das verwendete Material als auch durch die Komplexität von angeborenem und erlerntem tierischen Instrumentengebrauch deutlich unterschieden. Durch ihre Härte sind Steine in der Evolution zwar mehrfach instrumentalisiert worden, bei Pavianen z.B. als Wurfgeschoss zur Verteidigung. Erst im TMÜ wurden Steine aber durch verschiedene Abschlagtechniken auch Gegenstand einer eigenständigen Werkzeugherstellung. Während den *Australopithecinen* bisher nur der Gebrauch von Antilopenhörnern als Grabstock zur Gewinnung von Wurzeln und Knollen zugeschrieben wurde und erste Steinwerke (Feuersteinabschläge) im Alter von 2,6 Millionen Jahre existieren, wurden 2010 3,4 Millionen Jahre alte Schlag- und Schnittspuren an zwei Knochenstücken im Lebensraum von *Australopithecus afarensis* in Äthiopien gefunden. Durch die Dominanz der Steinwerkzeuge wird die humane Kulturstufe der Hominiden in der *Paläoanthropologie* als „Steinzeit" bezeichnet. Sie umfasst die Altsteinzeit, die ihrerseits weiter untergliedert wird, die Mittel- und Jungsteinzeit, die im Vorderen Orient 7000 v.u.Z. in die Kupferzeit übergeht.

Die Werkzeugkultur der älteren Altsteinzeit, die Olduvai-Kultur, umfasst Geröllgeräte, Chopper (Hackmesser), Spaltbeile, Kern- und Abschlagschaber sowie Schlagsteine. Neben Abstraktionsleistungen, Einsicht und Planhandlungen erfordert Werkzeuggebrauch und -herstellung eine hohe Fingerfertigkeit, bes. das motorische Zusammenspiel der Muskeln des kleinen Fingers, des Daumens und des Handtellers. Nachfolger der *chopping tools* im Oldovai sind die Faustkeile, die sowohl aus Feuerstein als auch aus Quarz bestehen, typische Werkzeuge der älteren und mittleren Altsteinzeit. Sie werden hergestellt, indem Abschläge um das ganze Geröllgerätestück geführt werden. Faustkeile sind Universalwerkzeuge, die seit ca. 1,5 Millionen Jahren hergestellt wurden und dem *Homo erectus* zum Schlagen, Sägen, Schaben, Graben oder Bohren dienten. Über Millionen Jahre existiert damit konstant ein Werkzeugtypus und verschiedene Werkzeugkulturen, aber kaum eine innovative Weiterentwicklung[39]. Erst mit Einsetzen der Blattspitzen erlischt die Faustkeilgerätekultur. Neolithische Geräte bestanden dann aus verschiedenen spezialisierten Steinwerkzeugen (Blattspitzen, Flachhacken, Beilklingen, Sicheln, Meißeln, Bohrern, Klopfsteinen, Pfeilspitzen, Angelhaken, Hammeräxten) sowie Geräten aus Holz[40], Knochen und Geweih.

Es bleibt das rätselhafte Phänomen, dass während 99% des Zeitraums der Hominisation ein Werkzeugmaterial (Stein) und ein wenig variierter Werkzeugtyp dominierten. Seit 3,6 Millionen Jahre vollzog sich die „humane" Hominisation lediglich in Ausdifferenzierung und Differenzierung von Steinwerkzeugen und später von Faustkeilen als Prototyp eines Steinwerkzeugs, deren Produktion aber zu keiner grundsätzlich neuen Lebensform führte. Trotz ihrer Fähigkeit zur Werkzeugherstellung sowie der damit verbundenen psychologischen und sozialen Fähigkeiten sind bis auf die jetzige rezente Art *Homo sapiens* alle phylogenetisch seit dem TMÜ entstandenen Menschenarten wieder ausgestorben. Dies bleibt auch deshalb bemerkenswert, da die *Australopithecinen* mit einer Gehirnkapazität von unter 500 cm^3 und die *Homo*-Gruppe mit über 600 cm^3 sowie der Bipedie alle biologischen Voraussetzungen für eine differenzierte Ausgestaltung einer Werkzeugkultur besaßen. Trotzdem bildet die Vergegenständlichung des Bewusstseins in Werkzeugen die Keimzelle einer späteren gesellschaftlich-historischen Entwicklung, da sie die bloß genetische Informationsweitergabe überlagert und ergänzt. Die Bewusstseinsmaterialisation in künstlichen Gegenständen als Werkzeug, Bekleidung und Schmuck bedeutet, dass die individuell erworbenen Lernerfolge und Entdeckungen nicht mehr verlorengehen, sondern über Tradition und Nachahmung an die nächste Generation weitergegeben werden. Sowohl innerhalb als auch zwischen den Generationen kommt es seitdem zu einer permanenten Perfektion und Beschleunigung der Informationsweitergabe, später v.a. durch die Entstehung einer Schrift und von Zahlen als hartem Kern der Kulturentwicklung, deren gegenwärtiges Endprodukt das Internet ist. Der Unterschied zwischen der genetischen Informationsweitergabe innerhalb der Generationenfolge, also bei fossilen Hominiden einer Zeitspanne zwischen 25 und 35 Jahren, und der kulturellen Entwicklung der Informationsüberlieferung durch Traditionsbildung wird seit der neolithischen Revolution zum strukturellen Kern der gesellschaftlich-historischen Entwicklung. Über die Erfindung des Alphabets, des Buchdrucks und des Internet kommt es unabhängig und losgelöst von der biologischen Informationsweitergabe zu einer ständigen Beschleunigung und Anhäufung der verfügbaren Informationen, darunter auch der 3,1 Milliarden Basenpaare des Genoms des Menschen. 1999 wurde als erstes der 23 Chromosomen das Chromosom 22 entschlüsselt, seit 2003 ist das menschliche Genom bekannt. Das Genom ist der Schlüssel für die Beantwortung der Frage, wie eine biologische Art phylogenetisch entstanden ist, wie sie gegenwärtig angepasst ist und warum sie eventuell, unabhängig von allen Internetinformationen, auch wieder ausstirbt. Die biologischen Grundprobleme des 21. Jh. sind weniger Fortschritte im Erwerb neuen empirischen Wissens, da mit dem Abschluss des „Human Genome Project" eine Sättigungsgrenze erreicht ist, vielmehr bioethische Grundsatzentscheidungen, wie etwa: Soll dieses empirische Wissen dazu benutzt werden, das menschliche Genom mit Eingriffen wie der PID (Präimplantationsdiagnostik) zu verändern oder lieber doch nicht?

Anmerkungen:

[1] Kutschera 2010, S. 310.
[2] Ungeachtet ihrer zentralen Stellung in der *Biologie* sprach der Wissenschaftstheoretiker Popper der Darwinschen Evolutionstheorie den Wissenschaftscharakter ab, da aus ihren Aussagen keine Modelle über zukünftige Entwicklungen abgeleitet werden können und ihre Grundannahmen von Mutation und Selektion nicht falsifizierbar sind (Popper 1976, Kap. 37: *Darwinism as a Metaphysical Research Programme;* relativiert 1978). Dies besagt aber auch, dass die Wissenschaftstheorie des Kritischen Rationalismus nicht jede wissenschaftliche Theorie auch wirklich beurteilen kann, da die von ihr vertretenen Wissenschaftskriterien nicht universell gültig sind.
[3] Die 1896 formulierte Copesche Regel verallgemeinert, dass es in der phylogenetischen Entwicklung bestimmter Abstammungslinien sukzessive zu einer Größensteigerung kommt, so dass z.B. die Endglieder der ursprünglich nur hundegroßen Urpferde deutlich größer sind als die Ausgangsformen.

[4] Selbst elementare anthropologische Daten wie die Körpergröße bleiben genetisch vielseitig interpretierbar. Phylogenetisch muss z.b. die durchschnittlich höhere Körpergröße von Männern gegenüber Frauen in der Hominidenevolution als ein Vorteil möglicherweise durch sexuelle Zuchtwahl selektiert worden sein. Seit dem Mittelalter ist außerdem ein Ansteigen der durchschnittlichen Körpergröße des Menschen, die außer von Umweltfaktoren von ca. 50 Genen reguliert wird, nachweisbar.

[5] Die Vereinten Nationen sprechen von einer „alternden Gesellschaft" wenn 10% einer Bevölkerung über 60 Jahre und 7% über 65 Jahre alt sind. In China wurde diese Zahl 2000 erreicht, 2010 sind 12,5% über 60 Jahre alt und 2050 werden es 30% der Bevölkerung sein, so dass politisch-perspektivisch gilt: „China wird alt, bevor es reich wird."

[6] Der Umfang der Weltbevölkerung um 12 000 v.u.Z. wird auf ca. 10 Millionen geschätzt. Ihre Lebensweise war zu 100% das Wildbeutertum als Sammler und Jäger (vgl 2.2). Von den gegenwärtig 6 Milliarden Menschen sind noch 0,0001% Sammler und Jäger (Hoffmann 1999). Dazu werden die Eskimos in Nordamerika, die Aborigines in Australien und die Buschmänner Südafrikas gerechnet.

[7] 1980 hielt die politische Führung Chinas das Bevölkerungswachstum für das größte Hindernis der wirtschaftlichen Entwicklung. Die Einführung der Ein-Kind-Familie – die weltweit strengste politische Kontrolle des Bevölkerungswachstums – führte dazu, dass in einem Jahrzehnt Indien China als bevölkerungsreichstes Land überholt haben wird und China gegenwärtig hohe ökonomische Wachstumsraten erzielt.

[8] Historisch wurde das Prinzip der Nachhaltigkeit erstmals 1560 in der kursächsischen Forstordnung und später wieder 1713 von Carl von Carlowitz formuliert. Es besagt ursprünglich, dass man in einem Wald nur soviel Holz einschlagen soll, wie nachwächst.

[9] Ein wichtiger physiologischer Funktionsbereich, der auf die neuen Reizfaktoren in der künstlichen Umwelt mit Verhaltensstörungen und Krankheiten reagiert, ist das Immunsystem. Die *Psychoneuroimmunologie* (Schedlowski&Tewes 1996) geht davon aus, dass das menschliche Immunsystem, vermittelt über das Hormon- und Nervensystem, auch durch Erleben und Verhalten beeinflusst werden kann. In Stressexperimenten kann z.b. geprüft werden, welche Auswirkung standardisierte Stressoren auf Immunfunktionen haben.

[10] Oldroyd 1980, Preface.

[11] Diese Veränderung betrifft auch viele Grundbegriffe. So wurde 1859 von Darwin weder der Begriff „Evolution" gebraucht, noch der „Kampf ums Dasein" (vgl. Schurig 2008) als „Selektion" oder das Gesamtkonzept als „Evolutionstheorie" bezeichnet, dafür aber z.b. der umstrittene Begriff „Rasse" verwendet. Im 19. Jh. dominierte zunächst die Bezeichnung „Deszendenzlehre" (Abstammungslehre). Auch der Terminus „Mutation" war Darwin unbekannt und wurde erst 1901 von dem Genetiker Hugo de Vries (1848-1935) eingeführt.

[12] Der Terminus „Art" (Species) ist das komplexeste und allgemeinste hypothetische Konstrukt der *Biologie* und ein grundlegender Begriff der *Systematik, Taxonomie* und Evolutionstheorie (vgl. Willmann 1985). Eine biologische Art bildet

eine Gruppe sich potenziell oder tatsächlich untereinander fortpflanzender Individuen, die sexuell als Fortpflanzungsgemeinschaft damit von anderen Arten isoliert ist. „Rassen" sind dann Teilpopulationen einer Art, die sich in einigen erblichen Merkmalen unterscheiden, deren Individuen untereinander aber fortpflanzungsfähig bleiben und deshalb immer einer Art angehören.

[13] Die Endosymbiontenhypothese geht davon aus, dass autoreduplikative Plastiden und Mitochondrien als Endosymbionten in Zellen aufgenommen wurden, die bereits eukaryotische Organisationsmerkmale besaßen, aber noch organellenfrei waren. Dieser Prozess vollzieht sich vor 2000 Millionen Jahren (siehe Fn. 1).

[14] Kutschera 2010, S.11.

[15] Hypothesen über eine gerichtete und zielstrebige Evolution – auch als Orthogenese, Orthoselektion, rektilineare Evolution bezeichnet – sind v.a. in der *Paläontologie* entwickelt worden, um gerichtete Trends in der Ausbildung einzelner Merkmale zu erklären. So besitzt der Giraffenhalssaurier (*Tyanystrophus*) bei 1 m Rumpflänge einen 4 m langen Hals.

[16] 1863 entdecke der Schweizer Arzt Miescher in der Zelle eine besondere Substanz, die er „Nuklein" nannte. 1944 konnte Avery nachweisen, dass die Desoxyribonukleinsäure (DNS, engl. DNA) Träger der Erbsubstanz ist, 1953 beschrieben Watson und Crick die DNA-Struktur als Doppelhelix und 1966 entschlüsselten Nirenberg u.a. den genetischen Code als universellen Vererbungsmechanismus. 2003 wurde das Human Genome Project mit der Sequenzierung der ca. 20-30 000 Gene des menschlichen Genoms abgeschlossen, so dass der umgangssprachliche Begriff „angeboren" nun auch molekulargenetisch präzisiert werden kann.

[17] Das ethologische Interesse an tierischem und menschlichem Ausdrucksverhalten geht historisch auf Darwins „The Expression of the Emotions in Man and Animals" 1872 zurück.

[18] Störungen innerhalb von Erbgängen werden in der Tierzucht als „Erbfehler", beim Menschen als „Erbkrankheiten" bezeichnet. Bei den ca. 76 Erbkrankheiten des Menschen werden monogyne Erbkrankheiten, strukturelle Chromosomenaberrationen und mitochondriale Erbkrankheiten unterschieden.

[19] Präve 1992, S. 2. Neben den üblichen Fortschrittskriterien in der Erkenntnisgewinnung, z.B. „revolutionäre" neue Erkenntnisse, hohe Wachstumsraten des empirischen Wissens usw., zeichnet sich die „Jahrhundertwissenschaft" *Biologie* dadurch aus, dass sie Natur nicht nur in der *Gentechnik* neu konstruiert oder in der Tierzüchtung Individuen wie das Schaf Dolly durch Klonierung multipliziert, sondern auch z.B. beim Menschen mit der pränatalen Diagnostik und der Stammzellforschung an ethische Grenzen stößt und diese immer wieder überschreitet.

[20] Der Wissenschaftsbegriff *Biopsychologie* wird synonym auch als *Psychobiologie* bezeichnet. Ihre Grundlage bildet historisch das 1949 publizierte Buch „The Organization of Behavior" von D.O. Hebb, in dem erstmals versucht wird, Wahrnehmungen, Gefühle, Denken und Erinnerungen systematisch auf Aktivitäten des Gehirns zurückzuführen.

[21] Einige Synonyme der Wissenschaftsbezeichnung *Umweltpsychologie* sind *Ökopsychologie, enviromental psychology* und *Ökologische Psychologie*.

[22] Die zahllosen Konflikte zwischen den unterschiedlichen Naturnutzern und dem

Schutz der Natur, die in der Regel in einem Kompromiss ausgehandelt werden, sind nur unter dem Einsatz von Umweltpädagogen und -psychologen zu schlichten, die in Öffentlichkeitsarbeit sowie Fortbildung in Gemeinden, Natur- und Nationalparks neue Arbeits- und Berufsperspektiven finden. V.a. die Auseinandersetzung mit der wachsenden Zahl ‚postmoderner' Naturnutzer (Freizeitsportler, Touristen) mit hohem Bildungsniveau erfordert den Einsatz gut geschulter Umweltpsychologen.

[23] Kandel 2009, S.11.

[24] Das 1878 von Broca als limbischer Lappen (lat. *limbus*, Saum) und später als Limbisches System bezeichnete Areal bleibt ein hochgradig hypothetisches Konstrukt, dessen Systemcharakter als eine funktionelle Einheit seit 1990 zunehmend kritisch hinterfragt wird.

[25] In der Evolution entstehen vereinzelt auch atelische Überspezialisierungen ohne erkennbaren Anpassungswert wie die Ausbildung der 3,5 m weiten Geweihspanne des Irischen Elches (*Mecaloceros*). Viele derartige Luxusbildungen, z.B. das Prachtkleid bei Hühnervögeln und Paradiesvögeln, können als durch sexuelle Zuchtwahl entstandene Strukturen evolutionstheoretisch erklärt werden.

[26] Als Emergenz (lat. *emergens,* zum Vorschein kommend) wird das schnelle Auftreten qualitativ neuer Systemeigenschaften bezeichnet. Lorenz hat derartige qualitative Sprünge in der Systementwicklung auch als Fulguration (lat. *fulgur,* Blitz) bezeichnet.

[27] Popper&Eccles 1982, S. 13.

[28] Tretter&Grünhut 2010, S. 231.

[29] Diamond 2006, S. 454.

[30] Der Begriff „Tier-Mensch-Übergangsfeld" wurde 1958 von dem Anthropologen Gerhard Heberer (1901-1973) eingeführt. Auch in diesem Evolutionsbereich existiert keine lineare Höherentwicklung: „Der Erwerb von als menschlich angesehenen Eigenschaften ist in der Evolution der Hominiden wohl nicht nur einmal, sondern wahrscheinlich mehrfach erfolgt" (*Lexikon der Biologie,* Bd. 13, 2004, S. 467).

[31] „Lügen" setzt nicht nur ein Selbstreflexionsvermögen voraus, sondern auch ein Bewusstsein von „Wahrheit". Täuschungen von Räubern und Fressfeinden werden in der Evolutionstheorie als „Mimikry" und „Mimese" bezeichnet.

[32] Die Arbeit ist „die erste Grundbedingung alles menschlichen Lebens, und zwar in einem solchen Grade, dass wir in gewissem Sinn sagen müssen: Sie hat den Menschen selbst geschaffen." (in: Marx, K. & Engels, F. [1876/1962]. *Werke,* Bd. 20, S. 444).

[33] Freilandbeobachtungen an Gorillas setzten erst über hundert Jahre später 1958 durch den Zoologen George Schaller und seit 1967 durch Dian Fossey ein.

[34] Diamond 2006, S. 183.

[35] Die genaue Artenzahl der Hominiden ist unklar, da der taxonomische Status vieler fossiler Funde unsicher bleibt. So besitzt *Homo erectus* zur Zeit 14 Unterarten. Selbst die Existenz einzelner Menscharten wie *Homo ergaster* und *Homo antecessor* (lat. *antecessor,* Vorgänger) bleibt umstritten.

[36] Zunächst wurde nur ersten *Homo*-Arten vor 2,1 Millionen Jahren die Bipedie zugeordnet, die deshalb als *Homo erectus* (lat. *erectus,* aufgerichtet) bezeichnet

wurden. Gegenwärtig wird auch den vor 4,1 Millionen Jahren existierenden ersten *Australopithecinen* Bipedie zugesprochen. Die ökologischen Ursachen der Vertikalisierung der Körperachse müssen einen extremen Selektionsdruck ausgeübt haben, da die Bipedie anatomisch und biomechanisch selektiv auch ganz erhebliche Nachteile besitzt (z.B. Verengung des Geburtskanals, Belastung der Wirbelsäule).

[37] Erste Formen einer Werkzeugherstellung sind noch keine „Arbeit", sondern diese entsteht erst, wenn die verschiedenen Werkzeugprodukte zwischen Individuen und Teilpopulationen als Wertäquivalente ausgetauscht werden und einen spezifischen Tausch- durch ihren unterschiedlichen Gebrauchswert erhalten.

[38] Die Bedeutung der Werkzeugherstellung und erster Werkzeugkulturen für einen humanen Status der Hominiden ist unbestritten und schlägt sich auch in der biologischen Artbezeichnung als *Homo habilis* (lat., der Machende, Geschickte, des Werkzeugebrauchs fähige) und *Homo ergaster* (lat. *ergaster,* Arbeiter) nieder. In der philosophischen Anthropologie hat Max Scheler 1928 den Begriff *Homo faber* (lat., der Machende) eingeführt, um die Sonderstellung des Menschen als humanen Wesens gegenüber dem Tier zu verdeutlichen.

[39] Es gibt, neben den Steinwerkzeugen, ein zweites, für die humane Phase typisches Werkzeug: den Feuergebrauch. Eine 720 000 Jahre alte Feuerstelle des *Homo erectus* wurde in Zhoukoudien (China) gefunden, die älteste europäische Feuerstelle ist 1 Million Jahre alt. Mehrere Stücke gebrannten Lehms mit einer Brenntemperatur von 400-600° C und einem Alter von 1,5 Millionen Jahren wurden in Kenia nachgewiesen. Die Feuerbenutzung stellt einen geistigen Fortschritt dar gegenüber der Steingerätekultur, da Unterhaltung und Feuererzeugung einen erheblichen Planungs- und Organisationsaufwand erfordern. Sie relativiert das Bild der Steingerätekultur, da nun auch Holzbearbeitung und -sammlung das Spektrum des Werkzeuggebrauchs erweitern.

[40] Die ältesten Holzwerkzeuge (Lanzenfunde) sind ca. 400 000 Jahre alt, verkohlte Baumstämme, Holzkeulen ca. 200 000 Jahre. Die meisten fossilen Holzfunde stammen aus der Jungsteinzeit seit 12 000: Paddel, Einbäume, Pfähle usw.

Literatur

Breidbach, O. (1997). *Die Materialisierung des Ichs. Zur Geschichte der Hirnforschung im 19. und 20. Jahrhundert.* Frankfurt a. M.: Suhrkamp.
Darwin, Ch. (1859). *On the Origin of Species by Means of Natural selection, or the Preservation of Favoured Races in the Struggle for Life.* London: John Murray.
Ders. (1872). *The Expression of the Emotions in Man and Animals.* London: John Murray.
de Waal, F. B. M. (2000). *Chimpanzee Politics: Power and Sex among Apes* (überarb. Ausg.). Baltimore: Johns Hopkins University Press.
Ders. (2005). *Our Inner Ape. A Leading Primatologist Explains Why We Are Who We Are.* New York: Riverhead Books.
Diamond, J. (2006). *Der dritte Schimpanse. Evolution und Zukunft des Menschen* (erw. Neuausg.). Frankfurt a. M.: Fischer.
Dobzhansky, Th. (1973). Nothing in biology makes sense except in the light of evolution. *The American Biology Teacher, 35*(3), S. 125-129.
Eibl-Eibesfeldt, I. (1995). *Die Biologie des menschlichen Verhaltens. Grundriss der Humanethologie* (3., überarb. u. erw. Aufl.). München: Piper.

Engels, F. (1876/1962). Anteil der Arbeit an der Menschwerdung des Affen. In: K. Marx & F. Engels. *Werke*, Bd. 20 (S. 444-455). Berlin: Dietz.
Florey, E. (1972). *Aufgaben und Zukunft der Biologie*. Konstanz: Universitätsverlag.
Geissmann, Th. (2003). *Vergleichende Primatologie*. Berlin/Heidelberg/New York: Springer.
Griffin, D. R. (1985). *Wie Tiere denken. Ein Vorstoß ins Bewusstsein der Tiere*. München: BLV-Verlags-Gesellschaft.
Ders. (1992). *Animal minds*. Chicago: University of Chicago Press.
Hebb, D. O. (1949), *The Organization of Behavior. A Neuropsychological Theory*, New York: Wiley.
Hoffmann, E. (1999). *Lexikon der Steinzeit*. München: Beck.
Holzkamp, K. (1983). *Grundlegung der Psychologie*. Frankfurt a. M./New York: Campus.
Ders. (1993). *Lernen. Subjektwissenschaftliche Grundlegung*. Frankfurt a. M./ New York: Campus.
Holzkamp-Osterkamp, U. (1975). *Grundlagen der psychologischen Motivationsforschung 1*. Frankfurt a. M./New York: Campus.
Janich, P. (2010). *Der Mensch und andere Tiere. Das zweideutige Erbe Darwins*. Berlin: Suhrkamp.
Kandel, E. R. (2006). *Psychiatrie, Psychoanalyse und die neue Biologie des Geistes*. Frankfurt a. M.: Suhrkamp.
Ders. (2009). *Auf der Suche nach dem Gedächtnis. Die Entstehung einer neuen Wissenschaft des Geistes*. München: Goldmann.
Keiler, P. & Schurig, V. (1978). Einige Grundlagenprobleme der Naturgeschichte des Lernens. *Forum Kritische Psychologie* 3, S. 91-150.
Kutschera, U. (2010). *Tatsache Evolution. Was Darwin nicht wissen konnte* (3. Aufl.). München: Deutscher Taschenbuch Verlag.
Lexikon der Biologie. Hgg. v. R. Sauermost & D. Freudig, Bd. 5 (2000), Bd. 13 (2004). Heidelberg: Spektrum, Akademischer Verlag.
von Linné, C. (1758). *Systema Naturae* (10., verb. Aufl.). Stockholm: Holmiae.
Mayr, E. (1967). *Artbegriff und Evolution*. Hamburg/Berlin: Parey.
Ders. (1975). *Grundlagen der zoologischen Systematik*. Hamburg/Berlin: Parey.
Meadows, D. (1972). *Die Grenzen des Wachstums. Bericht d. Club of Rome zur Lage der Menschheit*. Stuttgart: Deutsche Verlagsanstalt.
Miller, R. (1998). *Umweltpsychologie. Eine Einführung*. Stuttgart: Kohlhammer.
Oldroy, D. R. (1980). *Darwinian Impacts. An Introduction to the Darwinian Revolution*. Milton Keynes: The Open University Press.
Pauen, M. (1999). *Das Rätsel des Bewusstseins. Eine Erklärungsstrategie*. Paderborn: Mentis.
Pinel, J. (2001). *Biopsychologie*. Hgg. v. W. Boucsein (2., neubearb. Aufl.). Heidelberg/Berlin: Spektrum, Akademischer Verlag.
Popper, K. R. (1976). *Unended Quest. An Intellectual Autobiography* (2., rev. Aufl.). London: Fontana.
Ders. (1978). Natural selection and the emergence of mind. *Dialectica* 32, S. 339-355.
Ders. & Eccles, J. C. (1982). *Das Ich und sein Gehirn* (2. Aufl.). München/Zürich: Piper.
Präve, P. (1992). *Jahrhundertwissenschaft Biologie?! Aktueller Stand der Biowissenschaften in Deutschland*. Weinheim/New York/Basel/Cambridge: VCH.
Roth, G. (2001). *Fühlen, Denken, Handeln: Wie das Gehirn unser Verhalten steuert*. Frankfurt a. M.: Suhrkamp.
Schedlowski, M. & Tewes, U. (1996). *Psychoneuroimmunologie*. Heidelberg: Spektrum, Akademischer Verlag.

Schurig, V. (1976). *Die Entstehung des Bewusstseins.* Frankfurt a. M./New York: Campus.
Ders. (1987). Kaspar Hauser: Erfahrungsentzug in Tierexperimenten und beim Menschen. In: C. Niemitz (Hg.). *Erbe und Umwelt. Zur Natur von Anlage und Selbstbestimmung des Menschen* (S. 30-54). Frankfurt a. M.: Suhrkamp.
Ders. (2008). Kampf ums Dasein. In: *Historisch-kritisches Wörterbuch des Marxismus,* 7/I, Sp. 75-86.
Sedlag, U. & Weinert, E. (1987). *Biogeographie, Artbildung, Evolution.* Jena: Fischer.
Singer, W. (2002). *Der Beobachter im Gehirn. Essays zur Hirnforschung.* Frankfurt a. M.: Suhrkamp.
Ders. (2006). *Vom Gehirn zum Bewusstsein.* Frankfurt a. M.: Suhrkamp.
Sommer, V. (1992). *Lob der Lüge. Täuschung und Selbstbetrug bei Tier und Mensch.* München: Beck.
Stamp Dawkins, M. (1994). *Die Entdeckung des tierischen Bewusstseins.* Heidelberg: Spektrum, Akademischer Verlag.
Stengel, M. (1999). *Ökologische Psychologie.* München: Oldenbourg.
Tomasello, M. (2009). *Die Ursprünge der menschlichen Kommunikation.* Frankfurt a. M.: Suhrkamp.
Tretter, F. & Grünhut, Chr. (2010). *Ist das Gehirn der Geist? Grundfragen der Neurophilosophie,* Göttingen/Bern/Wien: Hogrefe.
Voland, E. (2009). *Soziobiologie. Die Evolution von Kooperation und Konkurrenz* (3. Aufl.). Heidelberg: Spektrum, Akademischer Verlag.
Wieser, W. (2007). *Gehirn und Genom. Ein neues Drehbuch für die Evolution.* München: Beck.
Willmann, R. (1985). *Die Art in Raum und Zeit. Das Artkonzept in der Biologie und Paläontologie.* Berlin/Hamburg: Parey.
Zoglauer, Th. (1998). *Geist und Gehirn. Das Leib-Seele-Problem in der aktuellen Diskussion.* Göttingen: Vandenhoek & Ruprecht.

Joseph Kuhn

Evidenz in Interessenkonflikten: Das Beispiel Passivrauchen[1]

Doubt is our product since it is the best means of competing with the "body of fact" that exists in the mind of the general public. It is also the means of establishing a controversy.

Aus einem Strategiepapier der Tabakindustrie
http://tobaccodocuments.org/landman/332506.html

Evidenz und Denialism

In den letzten 150 Jahren hat die Medizin eine weite Strecke auf dem Weg der Verwissenschaftlichung zurückgelegt. Von der Kohärenz und Konsistenz naturwissenschaftlicher Fächer wie der Physik ist sie jedoch nach wie vor weit entfernt. Dieses Schicksal teilt die Medizin bekanntlich mit anderen humanwissenschaftlichen Fächern, etwa den Wirtschaftswissenschaften oder der Psychologie. Ob eine Medizin nach dem Vorbild der Physik überhaupt erstrebenswert wäre oder ob ihrem Gegenstand nicht eine andere Form von Verwissenschaftlichung angemessen wäre, sei dahingestellt. Eine bedenkliche Folge der nur partiellen Verwissenschaftlichung der Medizin ist es jedenfalls, dass gesundheitliche Fragestellungen häufig von einander widersprechenden Studien, Traditionen, Meinungen, Mutmaßungen, eklektizistischen Theoriekonglomeraten und manchmal auch seltsamen Heilslehren geprägt sind. Die Herausbildung der evidenzbasierten Medizin ist eine Reaktion auf die Probleme, die sich daraus für die medizinische Praxis ergeben. Häufig gibt es zu Arzneimitteln oder Behandlungsverfahren mehrere Studien mit mehr oder weniger voneinander abweichenden Ergebnissen. Ein halbwegs verlässliches Bild über die dem Stand des Wissens angemessene Behandlung ergibt dann erst die Zusammenschau der vorhandenen Studien, differenziert nach der Qualität der Studien. Evidenzbasierte Medizin strebt somit die Anwendung des jeweils besten verfügbaren Wissens in der Therapie an – eigentlich ein Pleonasmus, wenn man Medizin als wissenschaftsbasiertes System versteht. Es geht letztlich darum, Meinung von Wissen zu trennen, wo dies sinnvoll und möglich ist. Für die Arzneimittelforschung ist dies inzwischen Stan-

---

[1] Vortrag auf der 8. Deutschen Konferenz für Tabakkontrolle, Heidelberg, 9.12.2010.

dard, was Selbsttäuschungen oder auch bewusste Manipulationen dennoch nicht ausschließt und die Notwendigkeit sorgfältiger Reanalysen, Übersichtsarbeiten und Metaanalysen unterstreicht (vgl. Klemperer 2010, Pearce 2008).

In manchen Bereichen der Medizin ist das Herausfiltern eines verlässlichen Kenntnisstandes (noch) nicht möglich, weil die Evidenzbasis nicht ausreicht, z.b. bei neuen Gesundheitsrisiken oder bei innovativen Behandlungsverfahren oder weil die Anwendbarkeit bestimmter Evidenzkriterien an sich strittig ist, z.B. in einigen komplementärmedizinischen Bereichen. In manchen Gebieten der Medizin wäre es dagegen sehr wohl möglich, Meinung von Wissen zu trennen, es stehen aber manifeste Interessen dagegen und zur Durchsetzung dieser Interessen wird die verfügbare Evidenz manipuliert oder bestritten. Diethelm/McKee (2009) haben kürzlich die Auseinandersetzungen um die gesundheitlichen Folgen des Passivrauchens als Beispiel hierfür beschrieben und von „Denialism" gesprochen. Dieser Neologismus ist im Kontext US-amerikanischer Blogger-Debatten entstanden und bezeichnet das systematische Verleugnen und Bestreiten der wissenschaftlichen Evidenz zu einem Sachverhalt (http://www.giveupblog.com/2006/09/denialists.html). Nach Diethelm/McKee sind fünf Merkmale charakteristisch für die denialistische Leugnung von Evidenz:

- Identification of conspiracies/Verschwörungstheorien: Man vermutet hinter dem wissenschaftlichen Konsens eine Verschwörung, z.B. seitens militanter Nichtraucher, der Pharmaindustrie oder des wissenschaftlichen Establishments.

- Fake Experts/Scheinexperten: Man zitiert vorgebliche Fachleute, die die eigene Meinung stützen, aber keine wirklichen Experten sind.

- Selectivity/Selektivität: Man zitiert nur ausgewählte Studien oder Fachleute, die die eigene Meinung stützen.

- Impossible expectations/Überforderung: Man verlangt von der Wissenschaft ein Maß an Sicherheit, das sie nicht einlösen kann.

- Misrepresentation and logical fallacies/Trugschlüsse: Man arbeitet mit unzulässigen Analogien und logischen Sprüngen, z.B. dass Tabakkontrollpolitik abzulehnen sei, weil auch die Nationalsozialisten Tabakkontrolle betrieben haben.

Im Mittelpunkt der Ausführungen von Diethelm/McKee stehen die Strategien der Tabakindustrie. Es ist bekannt und hinreichend oft beschrieben worden, dass die Tabakindustrie bereits sehr früh begonnen hat, gezielt an der Zersetzung missliebiger wissenschaftlicher Evidenz zu arbeiten (siehe z.b. Francey/Chapman 2000, Ong/Glantz 2001, Michaels 2008, Proctor/Schiebinger 2008, Oreskes/Conway 2010 und für den deutschen Sprachraum z.b. Jazbinsek 2005, Malka/Gregori 2005, Grüning/Gilmore/McKee 2006, Bornhäuser/McCarthy/Glantz 2006, Grüning/Schönfeld 2007, Hien/Helmert 2009, Kyriss/Schneider 2010). Schon 1953, kurz nach dem Bekanntwerden tierexperimenteller Befunden zur Kanzerogenität von Tabakteer, trafen sich Manager großer Tabakkonzerne im Plaza Hotel New York mit Vertretern der Public Relations Agentur Hill & Knowlton, um den neuen Stand der Erkenntnisse zu besprechen. Das Ergebnis formulierte Hill wie folgt: „Scientific doubts must remain" (Oreskes/Conway 2010: 16). Ein anderer „Meilenstein" bei diesem Bemühen war die „Operation Berkshire", eine Absprache großer Tabakfirmen im Jahr 1977 u.a. zum Umgang mit den wissenschaftlichen Erkenntnissen zum Rauchen (Francey/Chapman 2000). Noch einen Schritt weiter ging Philip Morris Anfang der 1990er Jahre mit der Anwaltskanzlei Shook, Hardy & Bacon und der „Sound Science-Strategie". Hier ging es darum, gemeinsam mit anderen regulationsbetroffenen Industrien ein Bündnis gegen die amerikanische Umweltbehörde EPA und die Weltgesundheitsorganisation zu formen, bei dem der Vorwurf der wissenschaftlichen Unsauberkeit im Mittelpunkt stehen sollte. TASSC – The Advancement for Sound Science Coalition – war der organisatorische Rahmen. Ein Baustein dabei war der Versuch, eigene Grundsätze „guter epidemiologischer Praxis" zu etablieren bzw. Einfluss auf die Formulierung solcher Grundsätze durch die wissenschaftlichen Fachgesellschaften zu nehmen (Ong/Glantz 2001). Es wurde also nicht nur vorhandenes Wissen unterdrückt, es wurden nicht nur Wissenschaftler gekauft und Forschung verfälscht, man hat darüber hinaus versucht, die Kriterien von Wissenschaftlichkeit selbst zu korrumpieren. Die Tabakindustrie hat sozusagen Manipulation auf der Höhe der wissenschaftstheoretischen Diskussion betrieben: Dem Reliabilismus zufolge, einer von Alvin Goldman geprägten erkenntnistheoretischen Richtung (Goldman 1979), wird Wissen unter anderem dadurch gerechtfertigt, dass es aus verlässlichen Prozessen stammt, gemeinhin der Wissenschaft. Diese Verlässlichkeit wollte die Tabakindustrie untergraben. Der Versuch der Tabakindustrie, Einfluss auf die Definition von Wissenschaftlichkeit selbst zu nehmen, ist letztlich, zumindest wissenschaftsintern, gescheitert, auch durch das Bekanntwerden solcher Versuche. Die Tabakindustrie räumt auf ihren Internetseiten inzwischen die Gefahren des Aktiv- wie des Passivrauchens durchaus ein (siehe z.B. www.pmi.com/eng/tobacco_regulation/pages/tobacco_regulation.aspx, Zugriff 4.1.2011).

Denialism als Alltagsbewusstsein

Denialism ist aber nicht nur eine professionell mit Public Relations-Agenturen geplante Strategie interessierter Industrien, sondern kann auch eine Form des Alltagsbewusstseins in Interessenkonflikten darstellen. Dies ist beim Passivrauchen der Fall. Die Auseinandersetzung darum, ob und wie schädlich Passivrauchen ist, hat sich gewissermaßen an den Stammtisch verlagert. Die Raucher/innen selbst bekämpfen den wissenschaftlichen Konsens, um ihre Interessen durchzusetzen, im Wesentlichen, wenn es um Rauchverbote in öffentlichen Räumen geht. Genau spiegelbildlich zur Kritik an der Manipulation von Wissenschaft durch die Tabakindustrie wird der Vorwurf erhoben, die wissenschaftliche Evidenz zum Passivrauchen sei „junk science", verzerrt und gefälscht. Als Fallvignette hierzu sei auf die „Debatte" mit dem Technikphilosophen Günter Ropohl verwiesen. Ropohl hatte 2008 eine Kritik an der wissenschaftlichen Evidenz zum Passivrauchen veröffentlicht (Ropohl 2008). Es finden sich dort alle von Diethelm/McKee beschriebenen Elemente des Denialism und weitere falsche Behauptungen wieder: Krankheiten hätten viele Ursachen, in der Tabakforschung würde jedoch Tabakrauch als einzige Ursache isoliert (ebenda: 51, 52), die Epidemiologie schließe von Korrelation auf kausalen Zusammenhang (ebenda: 52), schon Paracelsus habe gewusst, dass jeder Stoff ein Gift sei, es komme aber auf die Dosis an und Umgebungsrauch sei stark verdünnt (ebenda: 52), Passivraucher nähmen nur eine geringe Nikotindosis auf, die kein Zusatzrisiko mit sich bringe (ebenda: 53), die vom Deutschen Krebsforschungszentrum genannten 3301 dem Passivrauchen zurechenbaren Todesfälle machten gerade einmal 0,4 % aller Todesfälle aus (ebenda: 54), in der Epidemiologie gehe man davon aus, dass ein relatives Risiko größer sein müsse als 2 (also größer als beim Passivrauchen beobachtet, JK; ebenda: 52) und es würden abweichende Minderheitsmeinungen (der Raucher, JK) von der dominierenden Mehrheit (der Tabakkontrolle, JK) angefeindet und unterdrückt (ebenda: 51). Einwände gegen diese Argumente (Kuhn 2008) werden reflexartig abgewehrt (Ropohl 2009, Paul 2009), selbst dann, wenn es um eindeutige Datenfehler ohne jeden Interpretationsspielraum geht (siehe die „Ropohlsche Tabelle" in Kuhn 2009).[2]

---

[2] Immerhin stillschweigend taucht in Ropohl (2009: 62) das Adjektiv „zusätzliche"

Darüber, dass das Passivrauchen gesundheitlich negative Folgen hat – angefangen von einer Reduktion des Geburtsgewichts bei Kindern, deren Mütter rauchen, über ein erhöhtes Risiko für Atemwegserkrankungen bei Kindern mit Passivrauchbelastung, bis eben hin zu einem erhöhten Sterblichkeitsrisiko für Passivrauchende – gibt es im Grundsatz keine ergebnisoffene wissenschaftliche Debatte mehr. Dass das Passivrauchen ernsthafte Gesundheitsschäden verursacht, stellt, mit Ludwik Fleck gesprochen, eine „wissenschaftliche Tatsache" dar, ungeachtet klärungsbedürftiger Details, die es bei diesem Thema natürlich auch gibt. Der wissenschaftliche Konsens zum Passivrauchen wird von Ropohl und anderen, die sich gegen die Rauchverbote engagieren, aber nicht anerkannt. Aus ihrer Sicht gibt es weiter wissenschaftlichen Dissens zur Frage der Schädlichkeit des Passivrauchens an sich, es werden eben die „abweichenden Minderheitsmeinungen" von der „dominierenden Mehrheit" unterdrückt.

Bei oberflächlicher Betrachtung könnte man diesen Austausch für eine – vielleicht im Tonfall etwas polemisch geführte – Debatte um wissenschaftlich strittige Aspekte des Passivrauchens halten. Genau dieser Anschein soll wohl auch aufrechterhalten werden, im Sinne der Hillschen Devise, dass Zweifel aufrechterhalten werden müssen. Die Raucher/innen bestärken sich gegenseitig in ihrer Meinung und wollen andere überzeugen. Sogar die Sound Science Strategie wird von ihnen weitergeführt. Auf der Internetseite http://brusselsdeclaration.org findet sich z.B. eine „Deklaration" der Rauchverbotsgegner, die den Anspruch erhebt, für wissenschaftliche Integrität einzutreten. Für Leser/innen, die mit der Geschichte der Manipulation der Wissenschaft durch die Tabakindustrie und mit dem Argumentationsniveau der Wissenschaftstheorie nicht vertraut sind, wirkt diese „Deklaration" wie eine Liste vernünftiger Wissenschaftsprinzipien und durchaus vertrauenswürdig. Sie zielt aber wie bereits die Sound Science Strategie der Tabakindustrie lediglich darauf ab, Verbündete im Kampf gegen eine regulative Politik zu gewinnen. Wissenschaftlich bzw. wissenschaftstheoretisch ist der Text wertlos.

---

bei den Sterbefällen infolge des Passivrauchens auf. Er gibt damit zu erkennen, dass er (jetzt) den Unterschied zwischen Sterbefällen infolge des Passivrauchens und der Mortalität der Passivrauchenden sieht. Die Konsequenzen daraus für seine Argumentation (siehe dazu Kuhn 2009) zieht er jedoch nach wie vor nicht.

> **„Brüsseler Deklaration" der Rauchverbotsgegner**
>
> 1. Wissenschaft und wissenschaftliches Arbeiten entwickeln aus Beobachtungen über Ursache-Wirkungs-Hypothesen Studiendesigns, die auf objektive und wahrhaftige Art und Weise die Validität der Hypothese zu überprüfen vermögen.
> 2. Wissenschaft und wissenschaftliches Arbeiten bedienen sich der Zahlensprache und der Mathematik, um die erforderliche quantitative Genauigkeit zu erzielen.
> 3. Wissenschaft und wissenschaftliches Arbeiten geben nicht vor, absolute Wahrheit zu erlangen. Vielmehr ermitteln sie in bestmögliche Schätzwerte im Rahmen von Wahrscheinlichkeiten und Fehlerbereichen.
> 4. Die quantitative Genauigkeit von Wissenschaft und wissenschaftlichem Arbeiten hängt von exakten und präzisen Messwerten mit hinreichend kleinen Fehlerbereichen ab.
> 5. Wissenschaft und wissenschaftliches Arbeiten erfordern für die vorliegende Fragestellung relevante Messungen, die das zutreffend wiedergeben, was gemessen werden sollte.
> 6. Bei wissenschaftlichen Beobachtungen und Experimenten gilt es sicherzustellen, dass die beobachteten Wirkungen spezifisch den untersuchten Elementen zuordenbar sind, und nicht etwa durch äußere Einwirkungen oder von finanziellen und politischen Interessen mit beeinflusst, verdorben oder verzerrt werden.
> 7. Valide Beobachtungen und Folgerungen über Ursache und Wirkung müssen von unabhängigen Dritten reproduzierbar sein.
> 8. Aus der Forschungstätigkeit resultierende Studien sollten auf wissenschaftlich üblichem Wege veröffentlicht und dem kritischen Auge der Fachwelt und der Öffentlichkeit ausgesetzt werden, bevor man aus politischen Erwägungen ihre Ergebnisse in der Presse verbreitet.
>
> (Quelle: http://brusselsdeclaration.org/download/bruesseler_erklaerung_deutsch.pdf)

Die propagandistische Funktion dieses Dokuments wird in seinen „Anhängen" offenkundig: Hier ist die Rede davon, dass die multifaktorielle Epidemiologie keine sauberen Primärdaten erhebe und es ihr generell an konsistent reproduzierbaren Ergebnissen mangeln würde, von der „kostspieligen Illusion von der Regulierbarkeit nicht erkennbarer Gefahren", von der „imaginären Gefahr des Umgebungsrauchs", von den „falschen Versprechungen des Kreuzzugs gegen Fettleibigkeit" und von der „verkommenen Alkoholwissenschaft" (ebenda).

Denialism als soziales Phänomen

Denialism gibt es nicht nur beim Thema Rauchen. Eine einfache google-Recherche im Internet öffnet ein Universum denialistischer Themen. Es gibt irrationale Impfgegner, die selbst die Existenz von Viren bestreiten, es gibt Menschen, die (mit nicht nachvollziehbaren Argumenten) bestreiten, dass industrielle Emissionen etwas mit dem Klimawandel zu tun haben, manche sind davon überzeugt, dass HIV eine Biowaffe ist oder auf Vitaminmangel beruht, andere glauben gegen jede wissenschaftliche Evidenz an die Erinnerungsfähigkeit von Wasser, manche glauben lieber an eine buchstäblich verstandene Schöpfungslehre oder an „intelligent design" statt an die Evolutionstheorie, es gibt gestandene Professoren, die die Gültigkeit der Relativitätstheorie anzweifeln, und selbst dass die Erde eine Kugel ist und wir auf ihrer Oberfläche leben, ist nicht unbestritten geblieben (sog. „Hohlwelttheorie"). Aus dem politischen Raum kennt man denialistische Argumentationen beispielsweise im Zusammenhang mit dem Holocaust. Dass auch im politischen Alltag die Wahrheit nicht immer oberstes Prinzip ist, ist bekannt – und wird in Grenzen hingenommen, weil man weiß, dass es in der Politik um die Durchsetzung von Interessen und nicht um Wahrheit geht. In der Wissenschaft sollten jedoch andere Spielregeln gelten.

Versucht man, die Gemeinsamkeiten denialistischer Bereiche zu beschreiben, so fallen insbesondere die folgenden Punkte auf:

– Die Themen berühren Grundüberzeugungen (Religion, politische Freiheit etc.).
– Sie haben oft, aber nicht immer, eine Nähe zum Alltag und zum eigenen Verhalten (Impfen, Rauchen etc.).
– Die Themen haben oft, aber ebenfalls nicht immer, eine Relevanz für industrielle Interessen (Einschränkung von Emissionen, Rauchverbote etc.).
– Es handelt sich häufig um Sachverhalte, zu denen es viele Studien gibt und damit auch „abweichende" Studien (wie die evidenzbasierte Medizin ist auch der Denialism eine Form des Umgangs mit Unsicherheit – nur dass hier das Ergebnis von vornherein feststeht).
– Es geht meist um Sachverhalte, die nicht durch bloßen Augenschein zu prüfen sind und bei denen die wissenschaftlichen Nachweise nicht unmittelbar „sichtbar" sind (Statistik, Mikrobiologie etc.).

Vor diesem Hintergrund kann die Verteidigung eigener Interessen gegen den wissenschaftlichen Konsens offensichtlich zu einer „Mission" werden:

– Es kommt zur Organisation der Interessen in Gruppen Gleichgesinnter.
– Es bildet sich ein Selbstverständnis als „Gegenöffentlichkeit" heraus, die Widerstand gegen „übermächtige Gegner" leistet.
– Der wissenschaftliche Konsens wird als „Verschwörung" interpretiert.
– Es werden scheinbar einleuchtende Gegenbeispiele vorgezeigt („Helmut Schmidt raucht und ist schon über 90"), d.h. es wird mit „anekdotischer Evidenz" gearbeitet.
– Es treten „Kronzeugen" aus der Wissenschaft auf (wie Günter Ropohl), die belegen sollen, dass es keinen Konsens in der Wissenschaft gibt. Diese „Kronzeugen" sind nicht selten aus fachfremden Disziplinen, Günter Ropohl ist beispielsweise Ingenieur und Philosoph.
– Es kommt zur Etablierung denialistischer Diskurse in eigenen Internetforen, Zeitschriften etc.
– Es gibt oft (nicht immer) Verbindungen zu radikallibertären und anarchokapitalistischen Initiativen, die generell gegen staatliche Regulation sind.
– Es entwickelt sich eine Gruppenidentität mit einem schroffen Freund-Feind-Schema. Wer Kritik übt, tut dies, weil er zu den „Anderen" gehört, daher ist die Kritik von vornherein nicht ernst zu nehmen.

Der Zusammenhang zwischen professionell gesteuertem Denialism und Denialism als Alltagsbewusstsein von Raucher/innen, die sich für ihre Interessen einsetzen, ist in Deutschland bisher nicht erforscht. Wie in den USA sind auch in Deutschland radikallibertäre Bündnisse aktiv, die gegen staatliche Regulation bei ganz verschiedenen Themen agitieren, vom Rauchen über CO_2-Emissionen bis zur Gentechnik. Zeitschriften wie „novoargumente" oder „eigentümlich frei" sind Teil solcher Bündnisse.[3] Auf den einschlägigen Internetseiten der Rauchverbotsgegner artikuliert sich ebenfalls ein themenübergreifender antiregulativer Impetus. Beispiels-

---

[3] In einem FAZ-Beitrag wurde vor einiger Zeit darauf hingewiesen, dass das britische „Schwestermagazin" von novoargumente, „spiked", aus einem Organ der trotzkistischen „Revolutionary Communist Party" hervorgegangen ist, mit dem Chefideologen Frank Furedi in personeller Kontinuität. Auch novoargumente hat eine ähnliche Geschichte und ist aus einer Darmstädter bzw. Frankfurter Unigruppe namens „Linkswende" entstanden (Jäger 2009). Denkt man andererseits an Vertreter des Denialism in den USA wie Fred Singer und Frederick Seitz mit einem eher antikommunistischen Hintergrund (siehe dazu Oreskes/Conway 2010), so wird deutlich, dass unter dem Dach der „Staatsfeindlichkeit" Bündnispartner recht unterschiedlicher politischer Provenienz zusammenfinden.

weise wird im Internetforum des Netzwerks Rauchen für einen Artikel von Günter Ropohl mit folgenden Worten geworben: „Sehr empfehlenswert. Nicht online verfügbar, aber zum Novo-Abonnement sei generell geraten. Wir sind hier schließlich Leute, die zu Themen wie Klimawandel, Ökologismus oder eben auch Rauchen gerne mal was anderes lesen als der Mainstream so ventiliert" (http://forum.netzwerk-rauchen.de/cgi-bin/YaBB. pl?num=1277991856/1, Zugriff 7.7.2010).

Psychologisch lässt sich Denialism, soweit er als Alltagsbewusstsein in Erscheinung tritt, als Form der Konfliktbewältigung in Lebensbereichen deuten, die für die eigene Handlungsfähigkeit bzw. Identität wichtig sind.[4] Wenn jemand z.b. nicht darauf verzichten will, in Gaststätten zu rauchen, sich aber auch nicht dem Vorwurf aussetzen möchte, wissentlich die Gesundheit anderer Gäste zu schädigen, ist eine mögliche Lösung dieses Dilemmas, Hinweise auf die schädlichen Wirkungen des Passivrauchens auszublenden oder zu verharmlosen. Stattdessen sucht man selektiv nach Bestätigungen der eigenen Meinung, zieht Selbstbewusstsein aus einem Dasein als „Kämpfer gegen den Mainstream" und erhält aus der Gruppe Gleichgesinnter Unterstützung, z.B. in den Internetforen. Hinzu kommt ein verbreitetes „statistisches Analphabetentum", welches auch andernorts als Problem der gesellschaftlichen Risikowahrnehmung beklagt wird (siehe www.harding-center.de).

Solche Überlegungen führen zur Frage nach der sozialen Konstruktion von Fakten. In der Wissenschaftstheorie besteht heute weitgehend Konsens darüber, dass Wissen nicht einfach ein Abbild der Wirklichkeit ist, das „entdeckt" wird. Vielmehr resultiert Wissen aus einem komplexen Zusammenspiel von wissenschaftlichen Verfahren und Wirklichkeit, wobei die wissenschaftlichen Verfahren abhängig von historischen, sozialen und psychologischen Einflussfaktoren sind. In der denialistischen Debatte zum Passivrauchen, die Wissenschaft simuliert, ist es nicht anders. Die Ebene des Sprechens über Risiken („ist Passivrauchen schädlich", „wie schädlich ist Passivrauchen") ist nicht unabhängig von einer Metaebene, in der es um die Motive und Bedingungen geht, aus denen heraus gesagt wird, etwas sei wahr oder nicht wahr. Auf dieser Ebene sind historische Erkenntnisbedingungen anzusiedeln, z.B. herrschende Paradigmen oder Denkstile, kulturelle Selbstverständnisse, oder eben Motive wie die Su-

---

[4] Eine weiterführende psychologische Interpretation könnte z.B. an die Theorie der kognitiven Dissonanz von Festinger (Festinger/Riecken/Schachter 1956) oder Holzkamps Konzept der Widerspruchseliminierung im Modus des „Deutens" anknüpfen (Holzkamp 1983). Ein Rückgriff auf die psychoanalytischen Abwehrmechanismen ist m.E. aufgrund der damit verbundenen Implikationen eher problematisch.

che nach Wahrheit oder das Verleugnen missliebiger Erkenntnisse (siehe dazu auch Latour 2007, Kahan/Jenkins-Smith/Braman 2010). Manches davon ist reflexions- und diskursfähig, manches nicht. Auch dies macht die Debatte um das Passivrauchen so schwierig. Wenn alle Befunde zur Schädlichkeit des Passivrauchens als Teil einer weltweiten Verschwörung der WHO abgewehrt werden, bewegt man sich auf einer solchen Metaebene, und zwar in einer Form, die ein Nachdenken über die Fakten selbst gar nicht mehr zulässt bzw. subjektiv nicht notwendig erscheinen lässt. Statt Argumente auszutauschen, werden nur noch Personen in Schubladen gesteckt („Freund oder Feind").

Forschungsperspektiven

Während die Denialismstrategien der Tabakindustrie inzwischen materialreich aufgearbeitet sind, gibt es zum Denialism als Alltagsbewusstsein bisher wenig Forschung. Unbekannt ist z.B.,

- wie die Tabakindustrie und der hier angesprochene „Alltagsdenialism" zusammenhängen, ob es beispielsweise in den Internetforen auch von der Industrie bezahlte Blogger gibt bzw. inwiefern die Internetforen anderweitig Funktionen des „online reputation managements" für die Tabakindustrie erfüllen,
- welche Rolle die mittelständischen Unternehmen der Tabakindustrie in diesem Zusammenhang spielen (siehe z.B. http://www.tabak-mittelstand.de/passivrauch-na-und.html),
- wie denialistische Internetforen als „Quellenangaben" in Facebook-Communities und Leserdebatten eingeschleust werden,
- wie denialistische Internetforen und Zeitschriften auf Dritte (z.B. Informationssuchende) wirken,
- was Denialism für das Health Literacy-Konzept (siehe dazu Institute of Medicine 2004) bedeutet,
- wie der Journalismus mit denialistischen Positionen umgeht (z.B. hinsichtlich der potentiellen Instrumentalisierung allgemeiner journalistischer Prinzipien wie der „ausgewogenen" Berichterstattung, in der „beide Seiten" zu Wort kommen sollen),
- welche Rolle die „Kronzeugen" tatsächlich für die Glaubwürdigkeit denialistischer Positionen spielen,
- wie die Politik auf denialistische Gruppen reagiert,

- wie die verschiedenen Denialism-Bereiche (Rauchen, Klimawandel, Impfen etc.) funktionieren und welche Gemeinsamkeiten bzw. Unterschiede zwischen diesen Bereichen bestehen,
- wie man Wissenschaftsmanipulationen in anderen Branchen wie z.B. der Pharmaindustrie vor diesem Hintergrund einzuordnen und zu bewerten hat,
- und vor allem: Wie man mit dem Denialism wissenschaftlich (auch wissenschaftsethisch) und politisch umgehen soll und welche zivilgesellschaftlichen Konfliktlösungen es gibt, wenn politische Debatten mit denialistischen Argumentationen kontaminiert sind.

Bei den vom Denialism betroffenen Themen führt aus den dargelegten Gründen politisches Handeln häufig zu Interessenkonflikten. Der wissenschaftliche Sachstand determiniert in der Regel nicht die Konfliktlösung, aber er sollte in der Begründung von Konfliktlösungen eine relevante Rolle spielen. Oft müssen dabei politische Entscheidungen unter Unsicherheit getroffen werden. Es geht darum, in welchem Umfang welche Risiken akzeptiert werden können bzw. wo dies nicht geschehen soll. Diese Entscheidungen sind umso besser, je eher es gelingt, Wissen und Meinung auseinanderzuhalten. Dies gilt insbesondere auch dann, wenn politische Entscheidungen basisdemokratisch legitimiert werden, z.B. durch Abstimmungen oder Volksentscheide. Nur wer richtig informiert ist, kann eine gute Entscheidung treffen und weiß, welche Risiken er gegebenenfalls für die eigene Person eingeht oder Anderen zumutet. Denialism zerstört die Voraussetzungen dafür, dass die Menschen bei den Dingen, die ihnen wichtig sind, bestmögliche und wirklich autonome Entscheidungen treffen können.

Literatur

Bornhäuser A, McCarthy J, Glantz SA (2006) Wie die Tabakindustrie in Deutschland durch die Erhaltung wissenschaftlicher sowie politischer Respektabilität Rechtsvorschriften zum Schutz vor Passivrauchen verhinderte. Deutsches Krebsforschungszentrum, Heidelberg.

Diethelm P, McKee M (2009) Denialism: what is it and how should scientists respond? European Journal of Public Health 19: 2-4. http://eurpub.oxfordjournals.org/cgi/reprint/19/1/2.

Festinger L, Riecken H, Schachter S (1956) When Prophecy Fails. University of Minnesota Press, Minneapolis.

Francey N, Chapman S (2000) „Operation Berkshire": the international tobacco companies' conspiracy. BMJ 321: 371-374.

Goldman A (1979) What is Justified Belief? In: Pappas GS (Ed.) Justification and Knowledge. D. Reidel Publishing Company, Dordrecht: 1-23.

Grüning T, Gilmore AB, McKee M (2006) Tobacco Industry Influence on Science and Scientists in Germany. American Journal of Public Health 96: 20-32.
Grüning T, Schönfeld N (2007) Vom Teufel bezahlt. Deutsches Ärzteblatt 104: A770-A774. http://www.aerzteblatt.de/v4/archiv/pdf.asp?id=54940.
Hien W, Helmert U (2009) Der verdeckte Einfluss der Tabakindustrie auf Personen und Institutionen der deutschen Arbeitsmedizin. Umwelt-Medizin-Gesellschaft 22: 46-54.
Holzkamp K (1983) Grundlegung der Psychologie. Campus, Frankfurt.
Hoofnagle M, Hoofnagle C (o.J.) http://scienceblogs.com/denialism.
Institute of Medicine (2004) Health Literacy. National Academies Press, Washington.
Jazbinsek D (2005) Forschen schadet Ihrer Gesundheit. Die Weltwoche 47. http://www.weltwoche.ch/ausgaben/2005-47/artikel-2005-47-forschen-schadet-ihrer-gesundheit.html.
Jäger L (2009) Die letzten Fortschrittsgläubigen. FAZ.NET 11.12.2009. http://www.faz.net/s/RubCF3AEB154CE64960822FA5429A182360/Doc~EE604428F360A4BE18ADB54220443B8B6~ATpl~Ecommon~Scontent.html.
Kahan DM, Jenkins-Smith H, Braman D (2010) Cultural Cognition of Scientific Consensus. Journal of Risk Research. http://papers.ssrn.com/sol3/papers.cfm?abstract_id=1549444.
Klemperer D (2010) Arzneimittelforschung: Marketing vor Evidenz, Umsatz vor Sicherheit. Deutsches Ärzteblatt 107 (16): 277-278.
Kuhn J (2008) Replik: Risikodiskurs und intellektuelle Redlichkeit. Novoargumente 97: 50-52. www.forum-rauchfrei.de/aktuelles/novoargumente_95_97_2008.pdf.
Kuhn J (2009) Gesundheitspolitik zwischen Evidenzbasierung und Bürgerorientierung – ein Kommentar zu einem Fortschrittsdilemma. Prävention 32: 88-92. http://www.josephkuhn.de/pdf/Passivrauchen_Buergerorientierung_Evidenz.pdf.
Kyriss T, Schneider N (2010) Ist Passivrauchen krebserzeugend? Deutsche Toxikologen und ihre Verbindungen zur Tabakindustrie. Prävention – Zeitschrift für Gesundheitsförderung 33: 106-108. Nachdruck in diesem Band.
Latour B (2007) Elend der Kritik. Vom Krieg um Fakten zu Dingen von Belang. Diaphanes, Zürich, Berlin.
Malka S, Gregori M (2005) Vernebelung. Wie die Tabakindustrie die Wissenschaft kauft. Orell Füssli Verlag, Zürich.
Michaels D (2008) Doubt Is Their Product: How Industry's Assault on Science Threatens Your Health. Oxford Univ Press, New York.
Ong EK, Glantz SA (2001) Constructing „Sound Science" and „Good Epidemiology": Tobacco, Lawyers, and Public Relations Firms. American Journal of Public Health 91: 1749-1757.
Oreskes N, Conway EM (Eds.) (2010) Merchants of Doubt: How a Handful of Scientists Obscured the Truth on Issues from Tobacco Smoke to Global Warming. Bloomsbury Press, New York.
Paul W (2009) Replik: Betrifft Günter Ropohl: "Passivrauchen als statistisches Konstrukt". Risikodiskussion zum Umgebungsrauch. Novoargumente 99: 49-50.
Pearce N (2008) Corporate influences on epidemiology. International Journal of Epidemiology 37: 46-53.
Proctor RN, Schiebinger L (Eds.) (2008) Agnotology. The Making and Unmaking of Ignorance. Stanford Univ Press, Stanford.
Ropohl G (2008) „Passivrauchen" als statistisches Konstrukt. Novoargumente 95: 51-55.
Ropohl G (2009) Replik: Betrifft Joseph Kuhn: „Risikodiskurs und intellektuelle Redlichkeit" (Novo96) zu Günter Ropohl: „Passivrauchen als statistisches Konstrukt" (Novo95). Novoargumente 98: 61-62.

Zusammenfassungen der Beiträge/Summaries

Ralph Baller: Auf der Suche nach der magischen Linie

Der Artikel versteht sich als Beitrag zu einem neu akzentuierten Selbst- und Gegenstandsverständnis der Kritischen Psychologie. Unter diesem Aspekt wird im ersten Schritt Morus Markards „Einführung" beleuchtet. Es wird aufgezeigt, wie Markard Störgefühle, die sich bei der Lektüre von Holzkamps „Grundlegung der Psychologie" einstellen, aufgreift und durch eine Revision kritisch-psychologischer Argumentationsfiguren überzeugend auflöst.

Im zweiten Schritt wird darüber hinausgehend dargelegt, wie Holzkamp selbst kurz vor seinem Tod den Umbau der Kritischen Psychologie geplant hatte. Dabei wird eindringlich auf die systematische Bedeutung seines Konzeptes der „alltäglichen Lebensführung" für Erkenntnisinteresse, Gegenstandbestimmung, Theoriesprache und psychologische Berufspraxis hingewiesen. Es wird gezeigt, dass dieses Konzept kein Seitenarm ist, sondern ein neues Grundverständnis einer weltzugewandten Psychologie markiert, durch das der kritisch-psychologische Ansatz zukunftsweisend auf neue Füße gestellt wird.

Ralph Baller: In Search of the Magical Line

The aim of this article is to further accentuate the self-understanding and subject matter of Critical Psychology. In a first step, Morus Markards's book *Einführung in die Kritische Psychologie* (*Introduction to Critical Psychology*, Hamburg, 2009) is discussed under this focus. By revisiting central concepts of Critical Psychology, Markard picks up and solves some of the irritations which can easily result from Klaus Holzkamp's original descriptions in the *Grundlegung der Psychologie* (Frankfurt/M, 1983). In a second step, Klaus Holzkamp's own project of reformulating his approach, which he started just before he died, is described. In this regard, the concept of "the conduct of everyday life" is considered systematically significant for epistemology, subject matter, conceptual issues and professional practice in psychology. Finally it is outlined, that the concept of "the conduct of everyday life" constitutes a new perspective for a life-world oriented psychology. According to the author, this concept bears the potential to give Critical Psychology a new and productive foundation for its future development.

Lorenz Huck: „Natürlich ist das alles glatter Unsinn..." (Wie) wird radikale Kritik an den Verfahren der Allgemeinen Psychologie in einführenden Texten dargestellt? – Eine Analyse aktueller Lehrbücher

Im vorliegenden Text werden aktuelle Lehrbücher daraufhin analysiert, ob sie Studenten mit der radikalen Kritik an den Verfahrensweisen der Allgemeinen Psychologie bekannt machen, die Klaus Holzkamp schon 1968 zu entwickeln begann. Der Autor kommt zu dem Schluss, dass Holzkamps (und ähnliche) Kritik in einführenden Texten entweder ausgeblendet oder zur Karikatur verzerrt wird. Studierende, die an kritischer Psychologie interessiert sind, müssen daher den engen

Raum kanonisierter Gewissheiten, den Lehrbücher eröffnen, überschreiten. Dies setzt allerdings eine radikale Veränderung der aktuellen Studienbedingungen voraus.

„That's all, of course, nonsense..." (How) is radical criticism concerning methodology in General Psychology presented in introductory texts? – An analysis of current textbooks.

This article examines recently published textbooks to answer the question if and how Holzkamp's radical criticism concerning the methodology in General Psychology (which he began to develop as early as 1968) are currently presented to students. The author arrives at the conclusion that Holzkamp's (or similar) critique is either neglected or reduced to a carricature in introductory texts. He argues that students who are interested in critical psychology need to think beyond the curriculum presented by textbooks. That implies the necessity of a radical change in learning conditions at universities.

Hans-Peter Michels: Soziale Beratung von Menschen in Armut. Die Entwicklung einer interdisziplinären Perspektive mittels Kritischer Psychologie

Konzepte der Sozialen Beratung von armen Menschen beinhalten schwerpunktmäßig Themen wie Beziehungsgestaltung und Gesprächsführung. Sie sind folglich eher psychologisch als gesellschaftswissenschaftlich ausgerichtet. Mit der Revision der Sozialgesetzgebung in Deutschland im Jahre 2005 (Stichwort: Hartz IV) gewinnen aktivierende Verfahren in der Beratung an Bedeutung. Ausgehend von einer Kritik dieser Entwicklungen wird die Kritische Psychologie als alternative Herangehensweise in der Beratung von Menschen in Armut empfohlen, da hier eine interdisziplinäre Perspektive unentbehrlich ist: Die Beratung muss neben interaktionellen Aspekten desgleichen rechtliche, institutionelle und gesellschaftliche Faktoren berücksichtigen, so z.B. die Veränderungen des Kapitalismus sowie den Abbau des Sozialstaats.

Social counseling of people living in poverty. The development of an interdisciplinary perspective by Critical Psychology

The concepts of social counselling of poor people focus on issues such as interpersonal relationship formation and communication skills. They are therefore more psychologically oriented than social science-based. The revision of social legislation in Germany in 2005 (Keyword: Hartz IV) led to activating policies in the domain of social counseling gaining in importance. Starting from a critique of these developments, Critical Psychology is recommended as a better alternative approach to the counselling of poor people since, in this situation, interdisciplinary aspects are essential. The counselling, in addition to interactive aspects, must also take into consideration the legal, institutional and social factors, i.e. the changes in capitalism and the dismantling of the welfare state.

Leonie Knebel & Marcel Thiel: Markard lesen? – Studentische Erfahrungen mit der „Einführung in die Kritische Psychologie"

Trotz oder vielleicht auch wegen der weitgehenden Abwesenheit kritischer Ansätze in der universitären Psychologie scheint es unter Studierenden ein gesteigertes Interesse an der Kritischen Psychologie zu geben. Mit der Veröffentlichung der *Einführung in die Kritische Psychologie* (Markard, 2009) verbanden die Autor/innen aus den autonomen Seminaren in Marburg (kp-marburg.de) und Trier (kp-trier.de) die Hoffnung auf einen kompakten und verständlichen Umriss des Paradigmas der Kritischen Psychologie und ihrer Grundbegriffe, der eine größere Zahl an Studierenden ansprechen und einen erleichterten Einstieg ermöglichen würde. Sie stellen in diesem Artikel ihre Leseerfahrungen dar und ergänzen diese durch Ergebnisse einer Umfrage. Es werden Lesetipps gegeben und die Frage aufgeworfen, wie das Interesse von Studierenden nach einer verständlichen Einführung mit dem Anspruch, die Kritische Psychologie in ihrer Komplexität ohne Trivialisierung und Kanonisierung darzustellen, vereinbar ist.

Reading Markard – Experiences of students with the „Einführung in die Kritische Psychologie"

Inspite – or perhaps because – of the absence of critical approaches in the current study programs in Psychology, a growing interest in Critical Psychology amoung students can be observed. With the publication of the *Einführung in die Kritische Psychologie* (*Introduction into Critical Psychology*, Markard, 2009) the authors – both active in autonoumous student seminars in Marburg (kp-marburg.de) and Trier (kp-trier.de) – have been looking forward to a concise and easy to read introduction into the framework and the main categories of Critical Psychology. They hoped that the book would appeal to a wide range of students and could be used as an helpful introduction in student seminars. In the article, the authors describe their reading experiences within such a student seminar. In addition, results from a small survey conducted within readers and non-readers of the book interested in Critical Psychology are presented. Helpful reading tips summ up the experiences. Finally, the question is raised whether the interest of students to have an easy to read introduction is compatible at all with the goal to present Critical Psychology in a way which avoids trivialization or canonization.

Vanessa Lux: Gattung – Gen – Epigen. Zu einigen empirischen Befunden der Genomforschung und dem Wandel in der Vorstellung von Vererbung: Konsequenzen für das Konzept der „gesellschaftlichen Natur"

Um das Verhältnis von biologischer Grundlage und Gesellschaftlichkeit menschlicher Subjektivität in seiner Verschränkung aber gleichzeitigen Hierarchisierung theoretisch zu fassen, wurde in der Kritischen Psychologie das Konzept der „gesellschaftlichen Natur", verstanden als gattungsmäßige Potenz zur Vergesellschaftung, eingeführt. Damit ist es gelungen, das Primat der Biologie bzw. Naturwissenschaften für eine aktual-empirische Erforschung psychischer Prozesse als biologistisch zurückzuweisen – und dies auch aus der Biologie heraus zu begründen. Diese Zurückweisung basierte allerdings auf einigen Annahmen über Vererbung und die Zentralität genomischer Information, die durch die Genomforschung infragestellt wurden. Im Beitrag wird dieser Diskrepanz nachgegangen. Abschließen wird dafür plädiert, Susan Oyamas Ansatz einer Developmental Systems Theory als Ausgangspunkt für ein neues Verständnis von Vererbung in die kritisch-psychologische Theoriebildung zu übernehmen und die gesellschaftliche Natur des Menschen als gesellschaftlich vermitteltes Entwicklungssystem zu fassen. Nicht zuletzt ergeben sich hieraus neue Argumente, um auch zukünftig biologistische Denkformen in Bezug auf das Psychische zurückweisen zu können und einer fortschreitenden Genetifizierung menschlicher Lebensäußerungen etwas entgegenzustellen.

Genus – Gene – Epigene. Some empirical findings of genome research and changes in the concept of inheritance: consequences for an understanding of the „societal nature" of the human being

In Critical Psychology, the concept of the "societal nature" of the human being – understood as general developmental potential of human beings to live in societies – was introduced to conceptualize the intertwined but hierarchical relationship between the societal character of subjectivity in humans and its biological basis. With this concept it was possible to reject a primarily and solely biological or biomedical approach to psychological phenomena as biological determinism. Underlying this rejection is a notion of inheritance according to which the genomic information is the only player on the field of transgenerational transmission. However, this notion has been challenged by recent genomic research. The article discusses this discrepancy. In addition, the author proposes to use Susan Oyama's Developmental Systems Theory as starting point to formulate a new understanding of inheritance within the framework of Critical Psychology conceptualizing the societal nature of the human being as societal embedded developmental system. Last but not least this would enable further rejection of biological determinism in psychology as well as a critique of the ongoing genetification of human life based, again, on the state of the art of biological theory and research.

Volker Schurig: Ausgewählte biologische Grundlagen der Kritischen Psychologie I: Populationsgenetik, Gehirnforschung und Tier-Mensch-Übergangsfeld (TMÜ)

Unter dem Schlagwort life sciences wird anwendungsorientierten Aspekten biologischer Grundlagenforschung im Verbund von Neurowissenschaften, Biotechnologie, Gentechnik und Technologiefolgenabschätzung der Status einer Leitwissenschaft des 21. Jh. zugeschrieben. Ausgehend von der Abgrenzung und Wechselbeziehung der über ihren historischen Charakter und evolutionstheoretische Grundlagen verbundenen Ansätze moderner Biologie und der Kritischen Psychologie werden folgende mit biologischen Erkenntnisfortschritten verbundene Problemzonen vorgestellt: Humanökologie und Umweltbewusstsein; Genetik und Anlage-Umwelt-Problem; Gehirnforschung und Bewusstseinsprozesse; Tier-Mensch-Übergangsfeld und Kulturentwicklung.

Selected biological foundations of critical psychology I: population genetics, brain research and the animal-human-transition-field

Talking about life sciences, application-oriented biological research in the network of Neuro sciences, biotechnology, genetic engineering and Technology Assessment is ascribed a leading role in the scientific venture of the 21st century. Modern biology and Critical Psychology share a basic historical approach as well as foundations in evolutionary theory. Delineating and interrelating the two scientific formations in the light of new biological insights the author outlines the following problems: human ecology and environmental awareness; genetics and nature/nurture-problem; brain research and processes of consciousness; animal-human-transitions-field and cultural evolution.

Joseph Kuhn: Evidenz in Interessenkonflikten: Das Beispiel Passivrauchen

In der Regel werden Entscheidungen weder im persönlichen noch im politischen Alltag alleine nach Maßgabe wissenschaftlicher Erkenntnisse getroffen. Meist spielen auch andere Faktoren eine Rolle. In der Diskussion um die gesundheitlichen Folgen des Passivrauchens und die daran anknüpfenden Maßnahmen des Nichtraucherschutzes ist dies besonders augenfällig. Bei diesem Thema ist häufig sogar die Akzeptanz des wissenschaftlichen Erkenntnisstandes an sich durch Interessenkonflikte geprägt. In der amerikanischen Diskussion wird in diesem Zusammenhang seit einiger Zeit das Phänomen des sog. „Denialism" untersucht. Man versteht darunter das systematische Bestreiten wissenschaftlicher Erkenntnisse von einem interessengebundenen Standpunkt aus. Dabei geht es weniger um den Nachweis der Einflussnahme der Tabakindustrie auf die Wissenschaft als um typische Argumentationsmuster im Umgang mit missliebigen wissenschaftlichen Erkenntnissen. „Denialism" in diesem Sinne kann Teil des Alltagsbewusstseins bestimmter Personengruppen sein. Der Beitrag führt in die Problematik ein, versucht Hintergründe von „Denialism" beim Thema Passivrauchen verständlich zu machen und einige Schlussfolgerungen abzuleiten.

Evidence in conflicts of interest: the example passive smoking

Usually neither personal nor political decisions are taken solely on the basis of scientific findings. Very often other factors come into play, too. In the discussion on the health related consequences of passive smoking and the ensuing measures of non-smoker protection this appears particularly striking. Within this area even the acceptance of the scientific body of evidence itself is often marked by conflicts of interest. In the American discussion the notion of the so called denialism has been considered for some time. Denialism means the systematic challenging of scientific findings from a position tied to certain interests. The issue of interest is not that much the influence the tobacco industry exerts on science but the typical patterns of arguing against inconvenient scientific results. Denialism in that sense can be a part of the everyday reasoning of certain groups of people. This paper provides an introduction into the topic and attempts to clarify the reasons behind denialism in the area of passive smoking and ends with some conclusions on the subject matter.

Über die Autorinnen und Autoren

Baller, Ralph, geb. 1959, Dr. phil., Dipl.-Psych., Personalreferent. Arbeitsschwerpunkte: Kritische Psychologie, Altersforschung.

Huck, Lorenz, geb. 1979, Dipl.-Psych. Dr. phil. Aktuelle Arbeitsgebiete: (Kritik der) Kriminologie, Lernschwierigkeiten im Kontext des schulischen Unterrichts.

Knebel, Leonie, geb. 1983, Dipl.-Psych., zur Zeit Ausbildung zur Psychotherapeutin, Arbeitsschwerpunkte: Prekarisierung und Depression, Kritik der psychologischen Intelligenzforschung, Veröffentlichung: Breuer, L., Eckart, M.T., Knebel, L. & Thiel, M. (2011): Aneignungsschwierigkeiten: Wege zur Kritischen Psychologie. *Contraste – Monatszeitung für Selbstorganisation*, 318.

Dr. Joseph Kuhn, geb. 1958, Arbeitsschwerpunkte: Gesundheitsberichterstattung, Prävention. Bayerisches Landesamt für Gesundheit und Lebensmittelsicherheit

Vanessa Lux, geb. 1978, Dr. des. phil., Dipl.-Psych, Wiss. Mitarbeiterin am Zentrum für Literatur- und Kulturforschung Berlin im Projekt „Kulturelle Faktoren der Vererbung". Veröffentlichungen: Genetik und psychologische Praxis (i.E.), Erkenntnis und Kritik. Zeitgenössische Positionen (Mithg., 2009); „Abstrakt negiert ist halb kapiert". Beiträge zur marxistischen Subjektwissenschaft (Mithg., 2008). Aktuelle Arbeitsgebiete: Biologische und psychologische Entwicklungstheorien, Schnittstellen von Bio-/Neurowissenschaften und Psychologie

Markard, Morus, geb. 1948, Prof. Dr. phil. habil., Dipl.-Psych., lehrt im Diplom-Studiengang Psychologie der FU Berlin Forschungsmethoden und im Bereich Praxisintegration. Arbeitsschwerpunkt: nach Lust und Laune bzw. Gott und die Welt, soweit subjektwissenschaftlich untersuchbar.

Michels, Hans-Peter, geb. 1956, Prof. Dr. phil., Dipl.-Psych., lehrt Psychologie im Studiengang Soziale Arbeit an der Hochschule Lausitz in Cottbus. Arbeitsgebiet: Sozialpsychologie

Schurig, Volker, Dr. Phil., geb. 1942. Prof. em. an der Universität Hamburg, Zentrum für Hochschul- und Weiterbildung. Zahlreiche Veröffentlichungen im Bereich Kritische Psychologie, Verhaltensforschung, Ökologie, Naturschutz

Thiel, Marcel, geb. 1986, cand. Dipl.-Psych., Student an der Universität Trier. Veröffentlichung: Thiel, M. (2009). Probleme selbstbestimmten Lernens in der neoliberalen Dienstleistungshochschule am Beispiel eines autonomen Seminars zur Kritischen Psychologie. Ergebnisse eines Forschungspraktikums. *Forum Kritische Psychologie*, 54, S. 112-124.

DIE KLAUS-HOLZKAMP-WERKAUSGABE

Im Auftrag des Instituts für Kritische Theorie herausgegeben von
Frigga Haug, Wolfgang Maiers und Ute Osterkamp

Normierung, Ausgrenzung, Widerstand
Schriften I, 1997, ISBN 978-3-88619-397-4

Theorie und Experiment in der Psychologie
Eine grundlagenkritische Untersuchung
Schriften II, 2005, ISBN 978-3-88619-398-1

Wissenschaft als Handlung
Versuch einer neuen Grundlegung der Wissenschaftslehre
Schriften III, 2006, ISBN 978-3-88619-399-8

Sinnliche Erkenntnis
Historischer Ursprung und gesellschaftliche Funktion der Wahrnehmung
Schriften IV, 2006, ISBN 978-3-88619-405-6

Kontinuität und Bruch
Aufsätze 1970–1972
Schriften V, 2009, ISBN 978-3-88619-406-3

Einzelpreis je Band: 33 €, bei Subskription: 24,90 €

Bezug einzelner Bände und Subskriptionsbestellungen über:
Argument Versand · Reichenberger Str. 150 · 10999 Berlin
Telefon: 030/611 39 83 · Fax: 030/611 42 70 · Mail: versand-argument@t-online.de